D1674123

Zum Kennenlernen,
Erinnern &
Weitergeben.

HEIMATSUCHER e.V.
Schoah-Überlebende heute

Bibliografische Informationen der Deutschen Bibliothek
Die Deutsche Bibliothek verzeichnet diese Publikation in der Deutschen Nationalbibliografie; detaillierte bibliografische Daten sind im Internet über https://www.dnb.de abrufbar.

Fotografie, Konzept und Interviews: Anna Damm, Sarah Hüttenberend
Weitere Autoren: Katharina Müller-Spirawski, Sarah Boll, Vanessa Eisenhardt, Marina Kauffeldt, Franziska Penski, Pia Weber, Lena Hartmann
Deutsche Übersetzungen: Sarah Boll, Charlotte Fricke, Dora Josaf
Lektorat: Ludger Müller, Corinna Götte, Ruth-Anne Damm, Alina Gierke
Korrektorat: Franziska Penski, Svenja Höfler, Andrea Schlosser, Annelie Spirawski, Wiebke Hiemesch
Gestaltung: Freya Paul
Druck und Bindung: Buch- und Offsetdruckerei H. Heenemann GmbH & Co. KG, Buchbinderei buks! GmbH, Reinhart & Wasser Bibliotheks- und Verlagsbuchbinderei GmbH, Papier Union GmbH

und über 100 Ehrenamtliche des Vereins HEIMATSUCHER e.V.

Verantwortlich für den Inhalt ist HEIMATSUCHER e.V.
2. erweiterte und überarbeitete Auflage
ISBN 978-3-935431-54-5
© 2019 HEIMATSUCHER e.V.

Die vorliegende Publikation ist urheberrechtlich geschützt.
Alle Rechte sind vorbehalten.
HEIMATSUCHER e.V. achtet auf eine sozial- und umweltverträgliche Produktion!
Weitere Informationen erhalten Sie auf unserer Internetseite oder auf Anfrage.

www.heimatsucher.de

INHALT

06 Inhalt

10 Grußwort

14 Gedanken

16 *Einleitung*

20 *zu diesem Buch*

26 Begegnungen

unsere Reise nach Israel

30 Shoshana Maze

48 Israel Lichtenstein

62 Chava Wolf

80 Eliezier Ayalon

		156 — Hannah Pick-Goslar
	136 — Tibi Ram	
116 — Elisheva Lehmann		178 — Chanoch Mandelbaum

| 198 | Frieda Kliger

| 228 | Erna de Vries

| 260 | Stumm

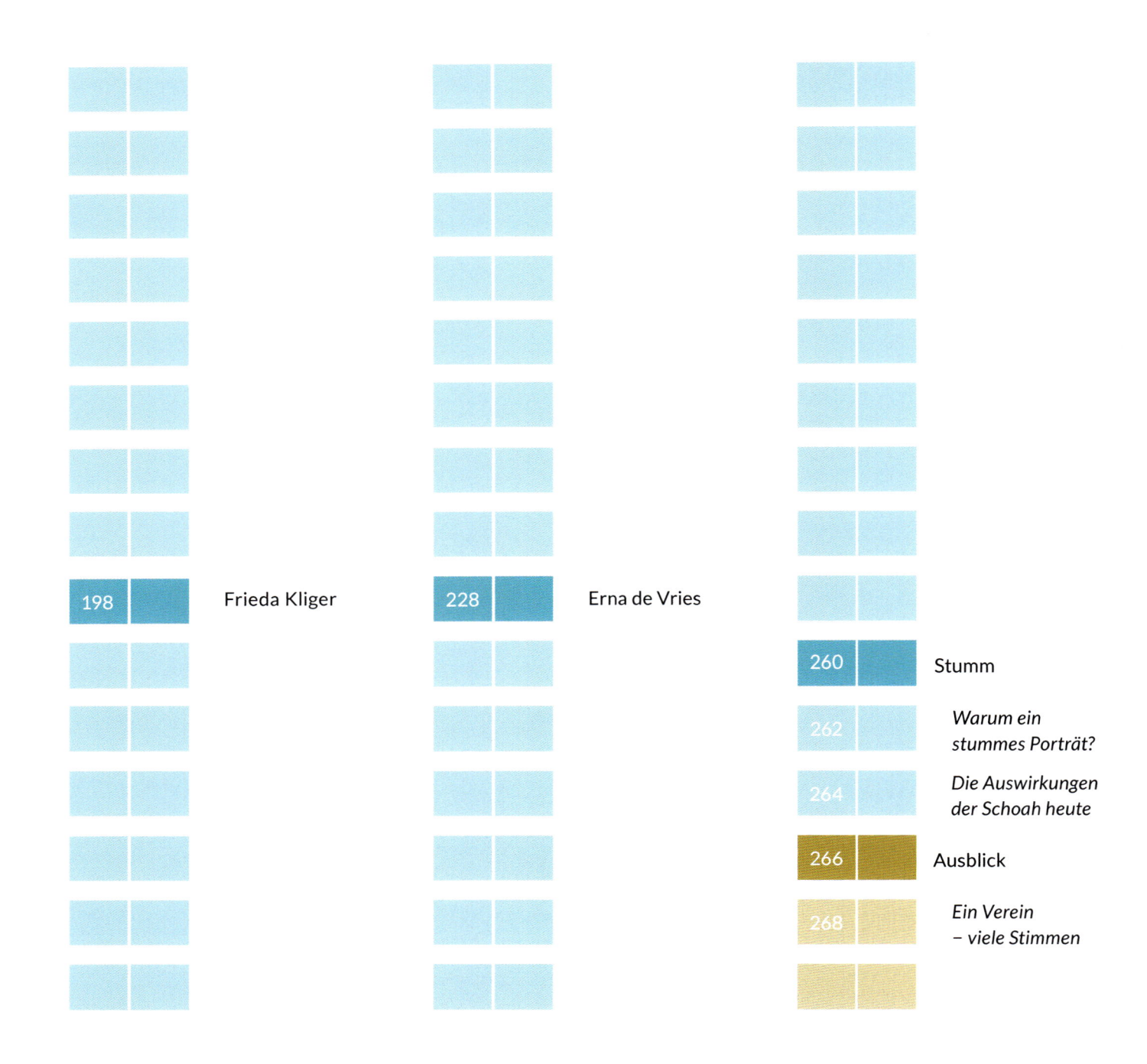

262 Warum ein stummes Porträt?

264 Die Auswirkungen der Schoah heute

| 266 | Ausblick

268 Ein Verein – viele Stimmen

281 Wir danken

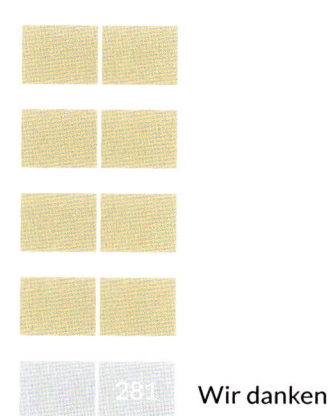

GRUSSWORT

»Was bedeutet ein Name? Meinen Namen haben mir meine Eltern gegeben. Sie haben ihn für mich ausgesucht. Er begleitet mich mein Leben lang. Ich bin mein Name. Er ist meine Identität, meine Persönlichkeit, meine Individualität. Ich präge ihn und er prägt mich. Spricht mich jemand mit meinem Namen an, freue ich mich darüber. Ich fühle mich anerkannt und gesehen. Ich werde wertgeschätzt. Niemand kann mir meinen Namen nehmen, oder doch?«

Dieser Text stammt von Vanessa Eisenhardt. Von einer jungen Frau, die ehrenamtlich bei den HEIMATSUCHERn mitarbeitet, im Verein Verantwortung übernommen hat. Vanessa Eisenhardt beschreibt mit diesen Zeilen ihre Gedanken und Gefühle, die während eines Gruppenbesuchs in Auschwitz, den sie für die HEIMATSUCHER begleitet hat, entstanden sind.

Was bedeuten Namen? Namen wie etwa Paul, Ruth, Oded, Sarah, Josef, Ilse, Michael.

Erzählen Namen Geschichten? Wecken Namen Gefühle und Erinnerungen? Schaffen Namen Wiedererkennung? Geben Namen Individualität? »Ich bin mein Name«, sagt Vanessa. Und wenn es keine Namen mehr gibt? Bin ich dann nicht mehr ich? Geht dann das Menschliche verloren? Falls ja, bei wem? Bei dem, der keinen Namen mehr hat? Oder bei dem, der sein Gegenüber des Namens beraubt?

So viele Fragen. Fragen, die nicht etwa aus der Luft gegriffen sind. Fragen, die die grauenvolle und grausame Geschichte unseres Landes im sogenannten »Dritten Reich« in menschenverachtender und menschenvernichtender Weise beantwortet hat. Aber vor allem sind das Fragen, deren Antworten nie in Vergessenheit geraten dürfen. Namen geben nämlich der Erinnerung ein Gesicht. Namen helfen uns zu verstehen. Namen verhindern das Verschweigen und das Vergessen. Das meint die Auschwitz-Überlebende Zdzislawa Wlodarczyk, wenn sie sagt: »Ich wünsche Euch, dass es Euch immer erlaubt ist, Euren Namen zu behalten und Ihr nie zu einer Nummer werdet.«

Mein erstes Treffen mit den HEIMATSUCHERn, unser Kennenlernen, fand am 9. November 2012 statt. Ich erinnere mich gut, und ich erinnere mich wie heute. Es war der Freitagmorgen in der Plenarwoche. Anlässlich des Gedenktages zur Pogromnacht haben wir frühmorgens vor der Plenarsitzung eine Ausstellung eröffnet. Diese Ausstellung trug den Titel »HEIMATSUCHER – Schoah-Überlebende in Israel heute«. Und die Eröffnung war – für die frühe Uhrzeit und den dritten Plenartag – ausgesprochen gut besucht.

Mein Büroteam hatte mich schon vor vier jungen engagierten Studierenden, allesamt weiblich, »vorgewarnt«, die mit erfrischendem Optimismus und jeder Menge Herzblut dieses schwierige Thema zu ihrem Thema gemacht hatten.

Ich war also ein wenig vorbereitet und gerade deshalb umso gespannter, wem ich da begegnen würde. Und ich muss sagen: Gleich der erste Händedruck, die erste Begegnung mit den vier jungen Frauen – Ruth-Anne, Anna und zweimal Sarah – war etwas ganz Besonderes.

Der sprichwörtliche Funke ist sofort übergesprungen. Ich war schlichtweg fasziniert und fast sprachlos – was übrigens bei einer Ausstellungseröffnung nicht wirklich toll wäre – ob der Energie, der Kraft und der Entschlossenheit, mit der mir diese jungen Frauen ihr Projekt präsentiert haben.

Es war mit Händen zu greifen: Hier hatten junge Menschen ihr Herzensprojekt gefunden. Ein Herzensprojekt, das einen eigenen Namen hatte und hat: HEIMATSUCHER!

In den Wochen danach habe ich die HEIMATSUCHER dann im Landtag bei ihrer »Arbeit« beobachtet und erlebt. Ich habe gesehen, wie sie mit Mädchen und Jungen ab der 4. Klasse kommuniziert haben. Auf dem Boden in unserer Bürgerhalle sitzend, haben sie den Kindern von ihren Begegnungen mit den Überlebenden erzählt, haben geredet und geschwiegen. Haben die Bilder der Ausstellung wirken lassen.

Das alles geschah mitten im laufenden Parlamentsbetrieb, nur durch ein paar Stellwände etwas abgetrennt vom regen und manchmal hektischen Geschehen ringsherum. Die Zweitzeugen-Arbeit der HEIMATSUCHER war für jeden sichtbar. Die HEIMATSUCHER waren für jeden ansprechbar. Sie waren einfach mittendrin. Dort, wo Zweitzeugen eben sein sollten.

Wer damals im Landtag auch nur für ein paar Minuten das Geschehen beobachtete, dem wurde schnell klar: Den Gedanken, ob Kinder mit dem Thema »Schoah-Überlebende« nicht überfordert seien, konnte man ganz schnell vergessen. Die Mädchen und Jungen waren mit so viel Aufmerksamkeit bei der Sache, mit Eifer und vor allem mit Empörung über so viel Unrecht, dass man schnell zu dem Ergebnis kam: Die HEIMATSUCHER schaffen es, das Konzept des Zweitzeugens kindgerecht in die Köpfe und Herzen junger Menschen zu bringen, damit das Wissen der Zeitzeugen nicht verloren geht. Einfach faszinierend!

Bei allem, was ich in dieser Zeit beobachtet habe, stellten sich mir immer wieder die Fragen: Warum machen die das eigentlich? Wie schaffen die jungen Frauen all das neben Studium, Beruf und Ausbildung? Warum engagieren sie sich in dieser Intensität? Wo nehmen sie nur die Kraft und die Energie her? Und vor allem: Wie lange halten Körper und Seele das aus?

Auf manche dieser Fragen habe ich im Laufe der zwei Wochen Antworten bekommen. Auf andere Antworten musste ich dann doch noch länger warten. Und jede neue Antwort hat auch wieder neue Fragen nach sich gezogen.

Die Antwort auf die Frage »Warum machen die das eigentlich?« haben die HEIMATSUCHER übrigens längst auch selbst gegeben, und sie lautet: »Als wohl letzte Generation, die noch einen Zeitzeugen persönlich treffen kann, begreifen wir dies als Ansporn, Aufgabe und Aufforderung an uns als Zweitzeugen.«

Seit unserem ersten Kennenlernen bin ich den HEIMATSUCHERn immer wieder begegnet. Die weitere Entwicklung, vom Studienprojekt zum Verein, und vom kleinen Verein zu einem Verein, auf den viele aufmerksam werden, habe ich kontinuierlich verfolgt. Ich habe gesehen, dass Strukturen geschaffen wurden, dass immer mehr Professionalität Einzug hielt, dass eine feste Geschäftsführung installiert wurde, dass Themen wie Fundraising und Spendenakquise eine Rolle spielen und dass die HEIMATSUCHER Anerkennung, Würdigung und manchmal auch Auszeichnungen erfahren haben.

Das alles gab und gibt mir die beruhigende Gewissheit, dass es nicht nur eine Zukunft, sondern auch eine »gesunde« Zukunft für den Verein geben wird.

Ich will hier von Herzen Danke sagen. Danke für so mutige, engagierte, liebenswerte und entschlossene junge Frauen und Männer.

Liebe HEIMATSUCHER, ich bin glücklich und froh, euch zu kennen. Ich bewundere eure Arbeit und euch. Ihr seid ein ganz besonderer Teil der Erinnerungskultur in unserem Land. Ihr leistet die Erinnerungsarbeit, die so notwendig ist, die so dringend gebraucht wird. Ganz besonders in unserer heutigen Zeit, in der selbst in Parlamenten Reden gehalten werden, die an erschreckender und abstoßender Deutlichkeit eigentlich nicht zu überbieten sind.

Der Landtag war ein guter Ort, eine gute Station, auf eurem Weg vom Projekt zum Verein. Und euer Weg verdient Bewunderung, Unterstützung und Anerkennung.

Von Carina Gödecke, 1. Vizepräsidentin des Landtags Nordrhein-Westfalen
Aus der Laudatio zur Verleihung der Josef-Neuberger-Medaille der Jüdischen Gemeinde Düsseldorf am 19. Oktober 2017

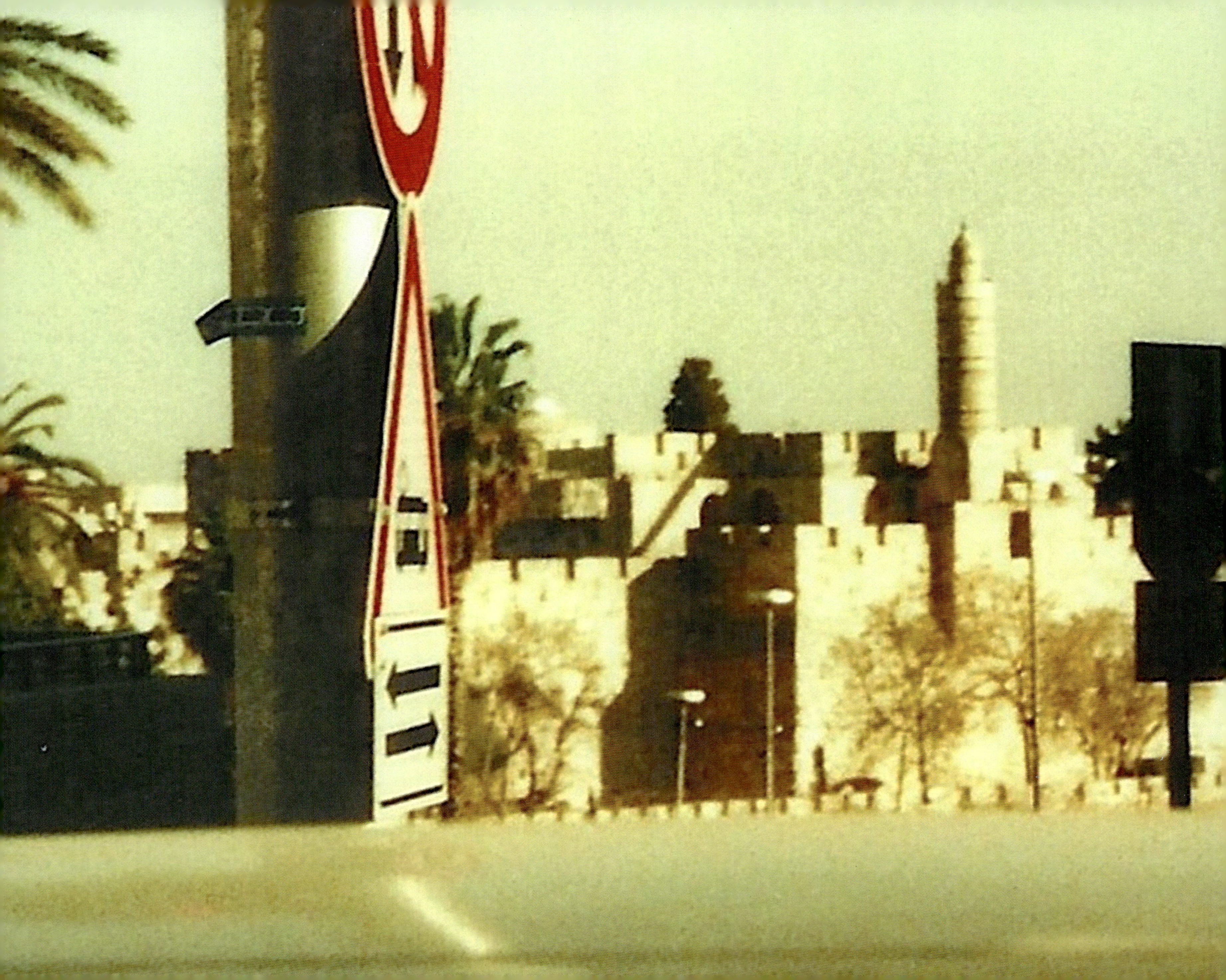

GEDANKEN

EINLEITUNG

Ich glaube von ganzem Herzen an eine vernünftige Menschheit ohne Rassismus. Und diese Vision war nie wichtiger als in einer Zeit, in der Rechtspopulismus und Fremdenfeindlichkeit zur Normalität geworden sind.

Und obwohl ich mich hauptberuflich mit der Zeit des Holocausts beschäftige, kann ich optimistisch in die Zukunft schauen – weil ich täglich miterleben darf, wie Menschen aus Geschichte lernen, wie sie mitfühlen und sich engagieren: als Zweitzeug*innen.

Der Leitspruch unserer Arbeit ist ein Zitat von Elie Wiesel, selbst Überlebender der Schoah: »All jene, die einem Zeitzeugen zuhören, werden selbst zu Zeugen werden«, sagte er einst. Ganz in diesem Sinne begreifen wir uns selbst als Zweitzeug*innen – eine eigene Wortschöpfung. Diese beschreibt, dass wir den Zeitzeug*innen zuhören, ihre Lebensgeschichten dokumentieren, um sie an ihrer statt, also als zweite Zeug*innen, weiterzuerzählen und jungen Menschen die Bedeutung von Geschichte für ihr eigenes Leben begreiflich zu machen. Wir ermutigen andere, selbst als Zweitzeug*innen gegen gruppenbezogene Menschenfeindlichkeit aktiv zu werden, denn die Zeitzeug*innen werden nicht mehr lange sprechen können.

Unsere Arbeit ist für uns Herzensangelegenheit und gesellschaftliche Verantwortung gleichermaßen. Seit über sieben Jahren arbeiten wir, zum größten Teil ehrenamtlich, mit drei Zeitabschnitten: der Vergangenheit, der Gegenwart und der Zukunft. Wir bauen Brücken und verbinden Menschen. Hierfür treffen wir Verfolgte des NS-Regimes. Sie laden uns zu sich nach Hause und in ihr Leben ein. Sie nehmen uns mit in ihre Vergangenheit. Wir sitzen dabei Menschen gegenüber, deren Würde angetastet wurde, deren Leben durch Feinde der Demokratie zerstört wurde. Wir hören Überlebenden wie Rolf Abrahamsohn, Chava Wolf oder Siegmund Pluznik zu, die uns erzählen, wie es war, ausgegrenzt, verfolgt und entwürdigt zu werden. Wir weinen mit ihnen und können nicht fassen, wovon sie uns berichten.

Aber die Überlebenden erzählen uns auch von ihrer noch unbeschwerten Kindheit, von besten Freunden, Lieblingsfächern in der Schule und dem Leben vor der Verfolgung. Wir hören davon, wie es war, nach der Befreiung weiterzumachen. Wie Heimat neu gesucht, Liebe neu zugelassen, mit den Erinnerungen und Verlusten umgegangen werden musste, neue Familien gegründet wurden. Wir hören vom Weiterleben. Und wir freuen uns, nehmen Anteil, schauen uns Fotos von Kindern, Enkeln und den Liebsten an.

Die Vergangenheit kommt uns in diesen Treffen ganz nah. Sie bedeuten uns eine Menge und wir sind dankbar, inzwischen 28 Zeitzeug*innen unsere Freund*innen nennen zu dürfen. Die Überlebenden geben uns ihre Lebensgeschichten mit. Wir gestalten damit unsere Gegenwart, denn wir erzählen sie als Zweitzeug*innen in Bildungsprojekten Kindern und Jugendlichen in ganz Deutschland weiter.

Aus unserem eigenen Geschichtsunterricht haben wir gelernt: Die Verfolgung während des NS-Regimes kann nicht allein durch Zahlen und Fakten begriffen werden. Nur aus Geschichtsbüchern erfahren, bleibt sie sonst ein abstraktes und anonymes Thema, weit weg vom eigenen Leben. Wir teilen die Meinung von Joachim Gauck, der sagte: »Erinnern bedeutet eben nicht nur, etwas Vergangenes neu zu wissen, sondern auch, Vergangenes und Verdrängtes neu zu fühlen.«[1] Wir sind der Überzeugung: Erinnerung in diesem Sinne ist für unsere Gesellschaft essentiell. Vergessen keine Option.

[1] Gauck, Joachim, In: Bauerkämper, Arnd: Das umstrittene Gedächtnis. Die Erinnerung an Nationalsozialismus, Faschismus und Krieg in Europa seit 1945, Paderborn 2012, S.11.

Die persönlichen Erfahrungen der Zeitzeug*innen sind eines der höchsten Güter unserer erinnerungskulturellen Möglichkeiten. Wir dürfen die Stimmen der Überlebenden nicht verstummen lassen. Und wir müssen durch sie lernen. Durch die Weitergabe der Erinnerungen der Zeitzeug*innen wird für junge Menschen spürbar, wozu Diskriminierung und Rassismus führen können. Sie spüren in unseren Projekten die eigene gesellschaftliche Verantwortung und werden motiviert, aktiv Demokratie mitzugestalten. Daran arbeiten wir seit mehreren Jahren mit Nachdruck.

Inzwischen haben wir über 6.000 Schüler*innen erreicht und etwa 18.000 Menschen haben unsere Wanderausstellung besucht. So gestalten wir die Zukunft mit. Und wir sind unbeschreiblich froh, dass wir immer wieder Wertschätzung sowie Rückhalt für unser Engagement erhalten.

In unserer heutigen Zeit, in der Hass- und Ausgrenzungsgedanken einen fruchtbaren Boden finden und zum ersten Mal seit Ende des Zweiten Weltkriegs eine rechte Partei im Bundestag vertreten ist, sind wir davon überzeugt, dass vor allem die Aufklärung unserer Vergangenheit dem entgegenwirken kann.

Wir möchten nicht nur zuschauen, können nicht einfach hinnehmen. Wir möchten bewirken.

»Wer die Vergangenheit nicht kennt, kann die Gegenwart nicht verstehen und die Zukunft nicht gestalten«[2] sagte einst Helmut Kohl und unsere Erfahrung lehrt uns, wie Recht er damit hatte.

[2] *Kohl, Helmut: Bundestagsrede vom 1. Juni 1995 zur Geschichte der Vertreibung, Plenarprotokoll 13/41 vom 01. Juni 1995. Seite 03183.*

Wenn ich von »wir« spreche, meine ich einen Verein bestehend aus 150 Mitgliedern und etwa 100 ehrenamtlichen Helfer*innen. Danke an unsere Ehrenamtlichen für Eure unermüdliche Arbeit und unsere Mitglieder und Kooperationspartner*innen für die finanzielle und ideelle Unterstützung auf so vielfältige Weise.

Der wichtigste Dank gebührt natürlich den Zeitzeug*innen. Schon zu Beginn unserer Arbeit vor acht Jahren haben sie ihre persönlichsten Geschichten einer Handvoll Studentinnen mit einer großen Vision anvertraut. Dass unser Ausstellungsbuch inzwischen in zweiter Auflage erscheint, macht uns stolz und froh. Es bestätigt uns in der Gewissheit, dass ihre Lebensgeschichten nicht vergessen werden!

Von Katharina Müller-Spirawski, Vorstandsmitglied von HEIMATSUCHER e.V.

»*Erinnern bedeutet eben nicht nur, etwas Vergangenes neu zu wissen, sondern auch, Vergangenes und Verdrängtes neu zu fühlen.*«

Joachim Gauck

ZU DIESEM BUCH

Die ersten Schritte

Während das Thema der Schoah schon unzählige Male auf unterschiedlichste Art und Weise aufgearbeitet wurde, bleiben die Auswirkungen über das Kriegsende hinaus oft unbeachtet. Die jahrzehntelangen Leidenswege der Opfer existieren höchstens am Rande des kollektiven Bewusstseins unserer Gesellschaft. Was ist aus den betroffenen Personen geworden? Haben sie ein erfülltes Leben führen können, vielleicht eine neue Familie gegründet? Oder hat die Schoah ihr Glück nachhaltig und unwiderruflich zerstört? Mit diesen und ähnlichen Fragen sind Anna Damm und Sarah Hüttenberend, die Initiatorinnen von HEIMATSUCHER, Anfang 2011 im Rahmen eines Studienprojekts nach Israel aufgebrochen, um vom Leben jüdischer Zeitzeug*innen vor, während und nach dem Zweiten Weltkrieg zu erfahren.

Ihr Ziel war es, dem Thema Schoah durch persönliche Lebensgeschichten ein Gesicht zu geben und es aus der Geschichtsvergessenheit ins Jetzt zu holen. Was sie erlebten, waren unfassbar eindrückliche Begegnungen mit Menschen: Kämpfer*innen, stolze Juden*Jüdinnen, Patriot*innen, Menschen voller Liebe, die leben und die Zeug*innen eines Teils unserer gemeinsamen Geschichte sind. Sie haben Menschen getroffen, die den Schatten ihrer Vergangenheit in ihre Weisheit aufgenommen und in sich Frieden gefunden haben. Sie haben ebenso gebrochene Menschen kennengelernt, die bis heute kein unbeschwertes Leben führen können. So unterschiedlich die Schicksale der Schoah-Überlebenden nach dem Ende des Krieges verlaufen sind; gemeinsam ist allen Betroffenen der Verlust ihrer Heimat im Sinne von Sicherheit, Zugehörigkeit, dem Gefühl, angenommen und geliebt zu werden. Dieses Buch beschreibt diesen Verlust am Beispiel von zehn Überlebensgeschichten und stellt zugleich die Frage nach einer möglichen neuen Heimat.

Das Konzept dieses Buches

Unsere Begegnungen mit Shoshana, Chava oder Chanoch sind uns bis heute unvergessen. Dieses Buch möchte sie nun mit Dir und Ihnen teilen.

Da Begegnungen auf unterschiedlichsten Ebenen wahrgenommen werden, haben wir versucht, vielschichtige und sehr persönliche Porträts festzuhalten. Sie geben den einzelnen Persönlichkeiten Raum, fangen gleichzeitig die Emotionalität der Situation ein und zeichnen gemeinsam einen vielfältigen Gesamteindruck einer gesellschaftlichen Gruppe. Auch wenn uns bewusst ist, dass die Menschen, denen wir begegneten, uns nur fragmentiert von ihren Erlebnissen berichteten; auch wenn nur ein kleiner Teil der Zeitzeug*innen überhaupt über das Erlebte sprechen kann, möchten wir mit diesem Buch versuchen, eine Darstellung zu finden, die den Interviewten und ihrem Leben vor, während und insbesondere nach der Schoah gerecht wird.

So sind die Bilder in diesem Buch das Ergebnis eines Prozesses. Sie zeigen keine neutrale und unwissende Sicht, sondern unseren subjektiven Eindruck, der nach einem Gespräch oft ein vollkommen anderer war als zu Beginn der Begegnung. Ein Mensch ist jedoch zu facettenreich, um ihn gänzlich in einem Bild beschreiben zu können. Wir haben mit den Porträts versucht, jeweils den für uns prägnantesten Eindruck festzuhalten.

Wir hatten die Möglichkeit, die Überlebenden in ihrem privaten Raum zu fotografieren, dem Ort, der einen großen Teil ihrer neuen Heimat ausmacht. Auf diese Weise bekommt der*die Betrachter*in einen persönlichen Einblick in die aktuelle Lebenssituation des*der Porträtierten – eine gewisse Nähe und Vertrautheit entsteht.

Das zweite Bild der Serie ist ein fotografischer Kommentar, der den Fokus darauf legt, was unserer Ansicht nach geholfen hat, weiterzuleben. Die jeweiligen Bildkommentare sind auf unterschiedlichste Art und Weise entstanden. Manchmal gibt es einen besonderen Gegenstand, der symbolisch für das Leben nach dem Krieg steht, häufig geben Familienangehörige Halt, aber auch bestimmte Ausdrucksmittel wie Kunst, Gedichte oder Musik können die Darstellung des Überlebenden ergänzen.

Jede*r Überlebende hat eine eigene, wichtige Geschichte. In den Gesprächen ging es dabei nicht ausschließlich um die Erlebnisse während der NS-Zeit, sondern ebenso wurde die Kindheit und die Zeit nach dem Krieg thematisiert. Wir wollten erfahren, wer die Menschen sind, woher sie kommen und wie sich ihr Leben entwickelt hat. Um auch hier ein möglichst authentisches Bild weitergeben zu können, haben wir uns dazu entschlossen, das Gesagte ohne grammatische Korrektur zu verschriftlichen. In Israel haben sich Heimatsucher*innen aus ganz Europa zusammengefunden. Damit sie sich mit uns verständigen konnten, haben viele der Überlebenden in einer Fremdsprache mit uns gesprochen. Dennoch wollten wir die Worte, mit denen sie das Erlebte schilderten, so wenig wie möglich verändern. Aus diesem Grund haben wir große Pausen im Gespräch dargestellt, indem der Textfluss in eine neue Spalte umbricht.

Jedes Interview ist schließlich um unseren unmittelbaren und persönlichen Eindruck der gesamten Begegnung ergänzt. Denn die sehr intensiven Interviews wurden meist von einer unglaublich liebevollen, teils lustigen Begrüßung, sehr viel Essen und einer vertrauten Verabschiedung gerahmt. Wir sind von jeder Begegnung mit unzähligen Gefühlen und Erinnerungen zurückgekehrt, die für uns Teil der Porträts geworden sind. Ebenso äußern sich die Gefühle und Reaktionen der Kinder und Jugendlichen, die an unserem Projekt teilgenommen haben, in Form von Briefen. Sie sind im Anschluss an die Interviews in der zweiten Auflage abgedruckt.

Und wir tragen sie weiter. Dieses Buch ist kein Endergebnis eines abgeschlossenen Projektes. Jeden Tag versuchen wir Möglichkeiten zu finden, die besonderen Begegnungen vor allem für junge Menschen nachfühlbar zu machen. Und so geben die zu jedem Porträt abgedruckten Briefe der Kinder und Jugendlichen einen kleinen Eindruck, was aus jeder einzelnen Geschichte gewachsen ist und wie viele Menschen sie berührt haben.

Gewachsen ist auch unser Projekt: Was als Studenteninitiative begann, ist mittlerweile der beschriebene Verein HEIMATSUCHER e.V. geworden. Wir haben unseren Blick geweitet, weitere Interviews in Deutschland geführt, wie das Gespräch mit Erna de Vries, das hier als zehntes Porträt in diesem Buch abgedruckt wurde. Inzwischen haben wir nicht nur jüdische, sondern auch andere Verfolgte des NS-Regimes interviewt. Aus diesem Grund beschreibt die Bezeichnung »Schoah-Überlebende« zwar den Fokus dieses Buches, nicht aber unsere aktuelle Arbeit in ihrer Gesamtheit.

Dieses Buch ist ein Zeugnis der Anfänge von HEIMATSUCHER e.V.. Es ist aber noch vielmehr eine Einladung an Sie/Dich, die Menschen darin selbst, kennenzulernen.

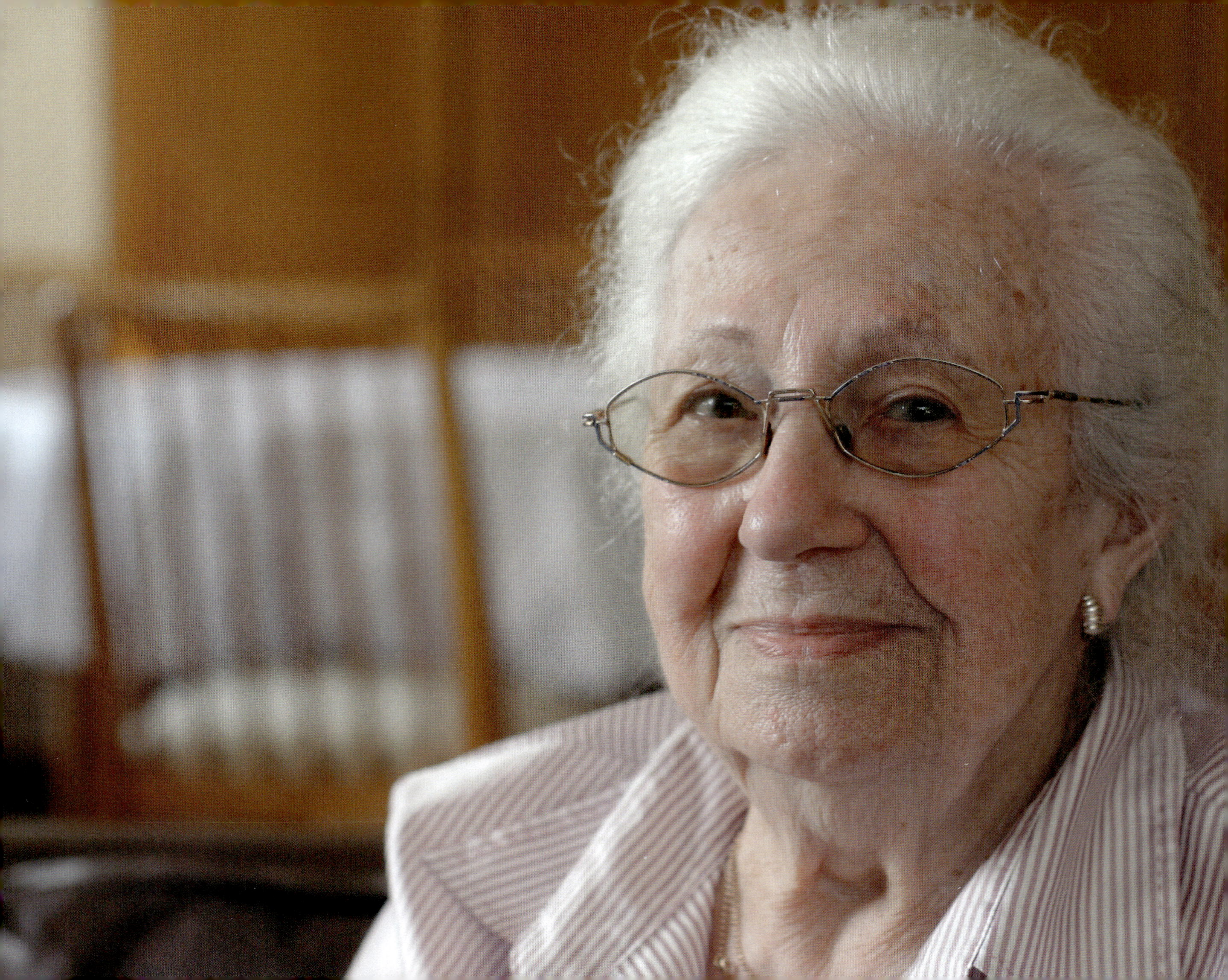

»Das Schweigen bringt die Menschen einander auch nicht näher. Ich finde, man sollte versuchen aufeinander zuzugehen, und wenn man einen Menschen anguckt und das ist ein Deutscher oder ein Farbiger oder sonst noch was, und das ist ein anständiger und guter Mensch. Was kann ich denn dagegen haben?«

Erna de Vries

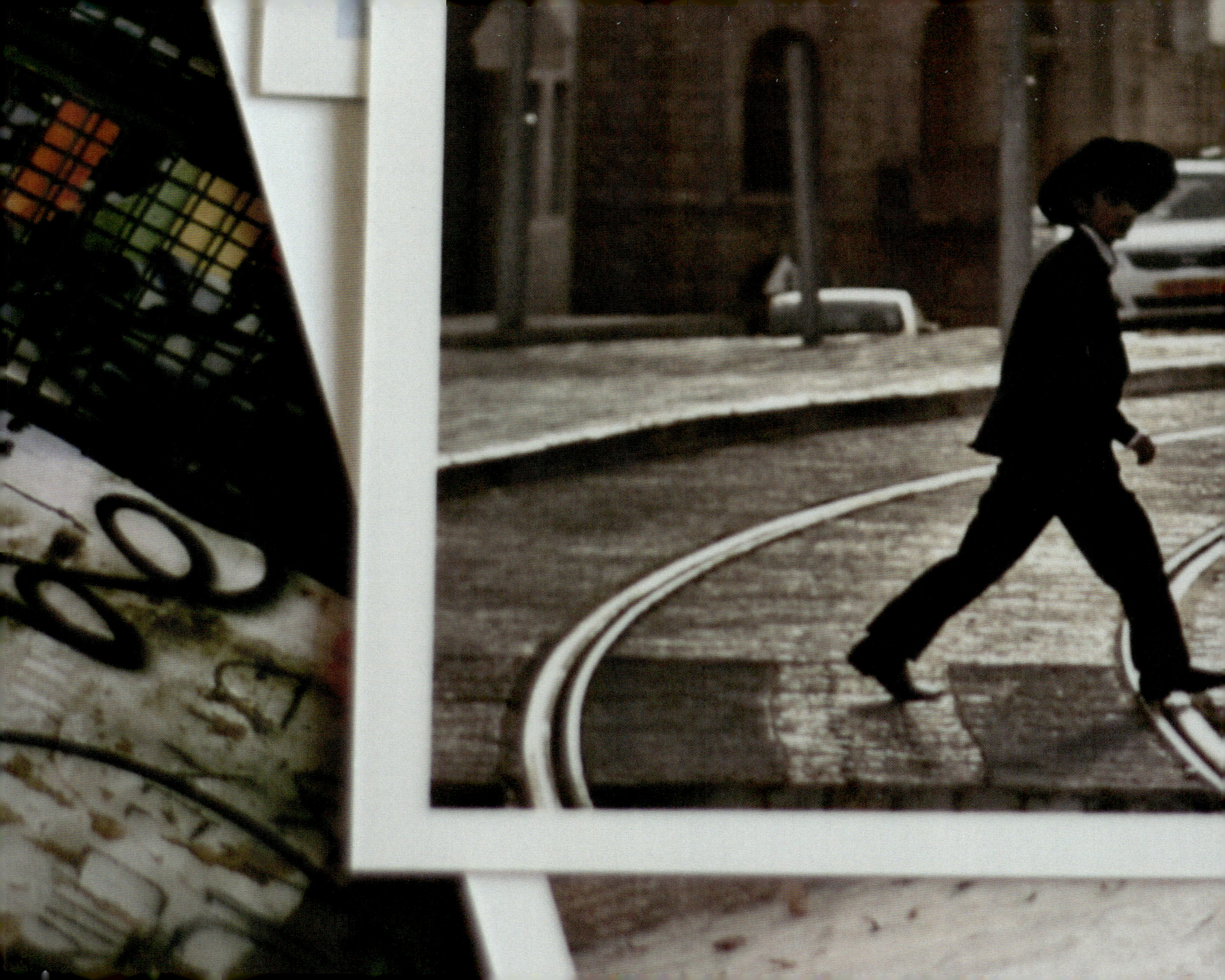

BEGEGNUNGEN

»All jene, die einem Zeitzeugen zuhören, werden selbst zu Zeugen werden.«

Elie Wiesel, Überlebender und Friedensnobelpreisträger

ZU DIESEM BUCH

Israel ist ein Staat im Nahen Osten, der an den Libanon, Syrien, Jordanien, die Palästinensischen Autonomiegebiete und Ägypten grenzt. Doch obwohl David Ben Gurion am 15. Mai 1948 die Unabhängigkeitserklärung des Staates Israels offiziell verkündete, ist das Gebiet noch heute umstritten und von den angrenzenden arabischen Staaten nicht als solcher akzeptiert.

Vom ersten Augenblick an haben wir in Israel der Situation des Landes entsprechend ein unerwartet starkes politisches Bewusstsein gespürt. Kaum eines der geführten Gespräche war nicht von den Themen der aktuellen Politik Israels, von Rechtfertigung oder kritischer Betrachtung ebendieser begleitet. Auf diese Weise haben wir mit Israel von Anfang an sehr intensive Bekanntschaft gemacht und fanden einen direkten und eindrücklichen Weg in die Geschichte des Landes.

Wir haben Israel auf ganz besondere Weise kennengelernt: Weniger über Attraktionen und durch Reisen, sondern vielmehr über die Menschen, die uns ausnahmslos freundlich in Empfang genommen haben. Gleichzeitig ist der Staat ein kontroverses Konstrukt. Noch nie in unserem Leben haben wir so eindrucksvoll gespürt, wie schwierig es ist, sich eine absolute Meinung über Israel zu bilden. Die Fronten sind hier so verhärtet und die Geschichte des Konfliktes so lang und kompliziert, dass die Festlegung auf eine Position schier unmöglich gemacht wird. Das Einzige, das hingegen immer wieder deutlich für uns geworden ist, ist die Tatsache, dass vor allem Unschuldige unter dem Konflikt leiden.

Wir sind mit dem Wunsch, Überlebende der Schoah und ihre Lebensgeschichten kennenlernen zu dürfen, nach Israel gereist und unglaublich beeindruckende Menschen haben uns ihr Leben und auch ihr Israel gezeigt. Wir verstehen uns nicht als Projekt, das den Nahostkonflikt in den Fokus rückt. HEIMATSUCHER e.V. zeigt Menschen und ihre Schicksale. Genauso möchten wir verstanden werden.

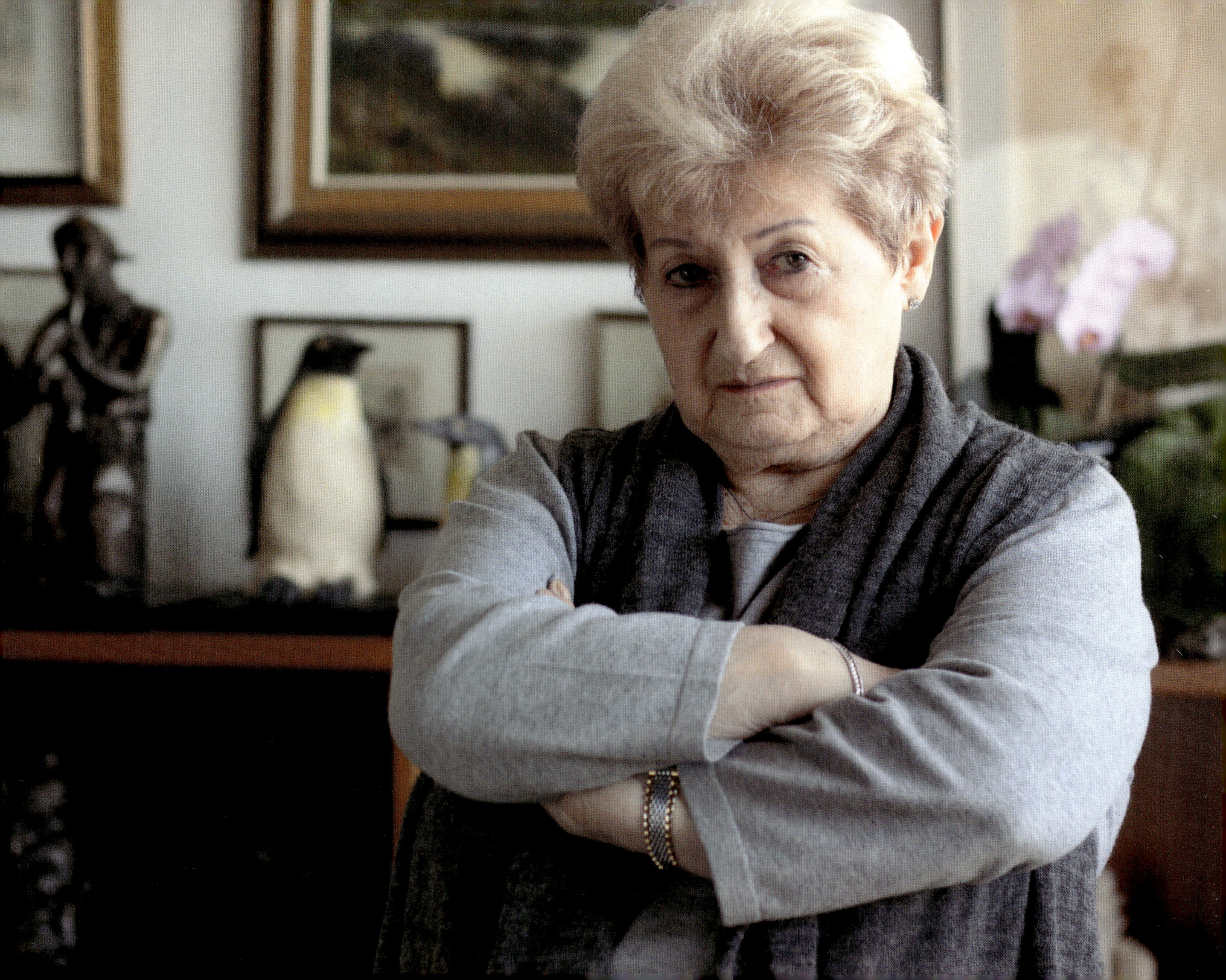

SHOSHANA MAZE

geboren 1932 in Polen,
lebt heute in Jerusalem

LEBENSSTATIONEN

Die gebürtige Polin Shoshana Maze kam am 15. Mai 1948 ganz alleine in ein fremdes Land.

Es war der erste Tag des neuen Staates Israel, der von diesem Moment an ihr neues Zuhause war. Über die Jahre, in denen sie versteckt auf engstem Raum mit ihrer Familie lebte, redet sie nicht. Dafür erinnert sie sich umso lebhafter an ihre Kindheit in einer glücklichen Familie, an Birken und Maiglöckchen.

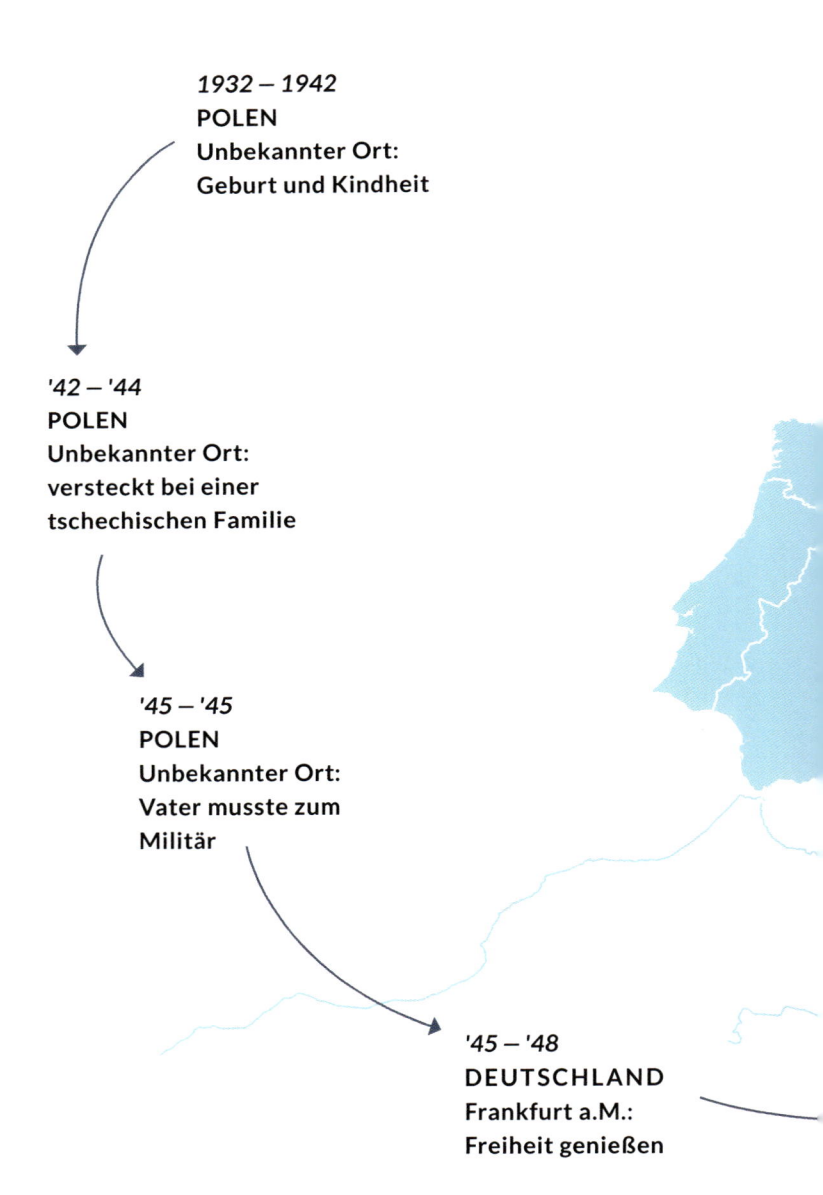

1932 – 1942
POLEN
Unbekannter Ort:
Geburt und Kindheit

'42 – '44
POLEN
Unbekannter Ort:
versteckt bei einer tschechischen Familie

'45 – '45
POLEN
Unbekannter Ort:
Vater musste zum Militär

'45 – '48
DEUTSCHLAND
Frankfurt a.M.:
Freiheit genießen

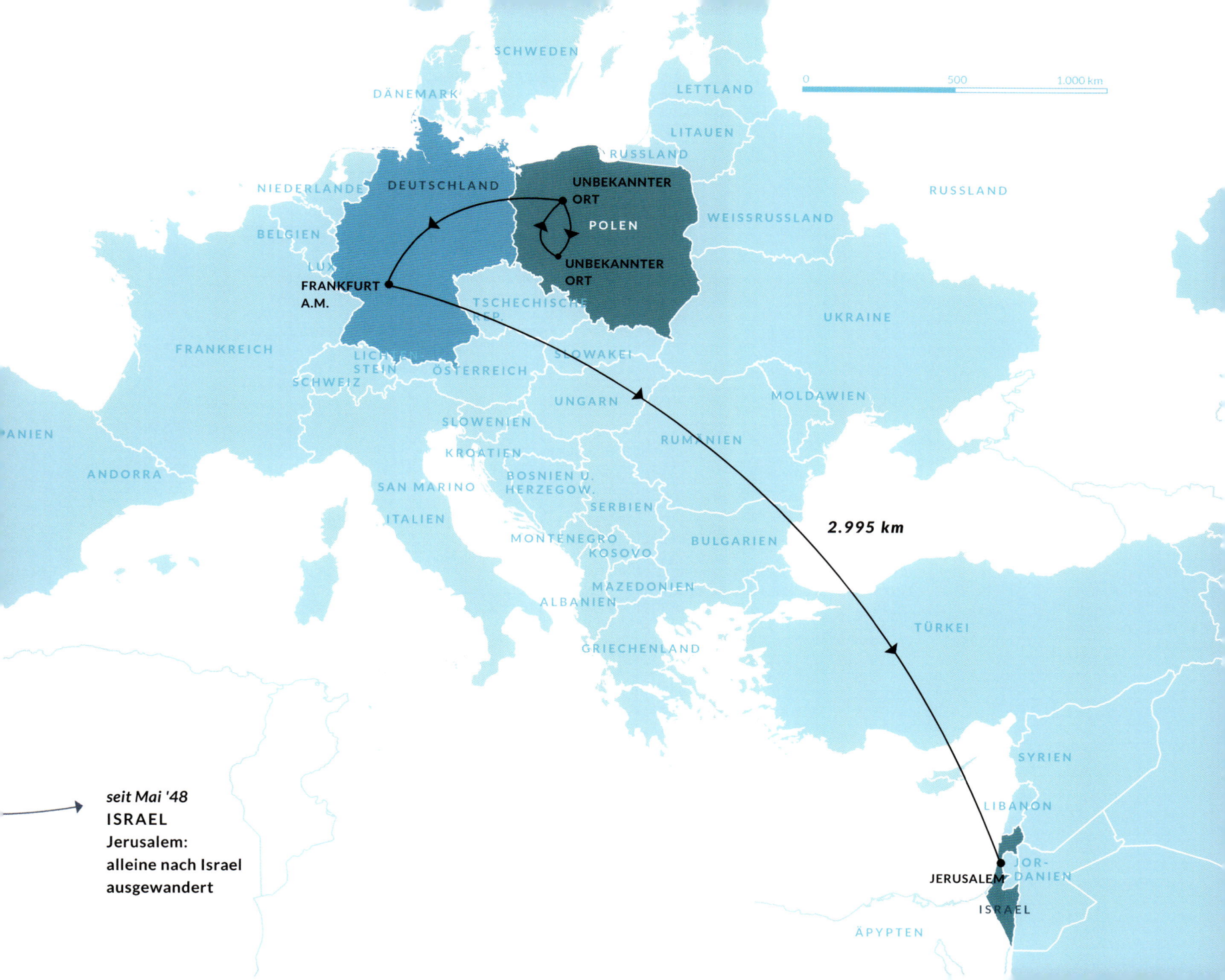

seit Mai '48
ISRAEL
Jerusalem:
alleine nach Israel
ausgewandert

2.995 km

22. Februar 2011, Jerusalem

Hey, Shoshana. So tell me about you and your life. During the Schoah I was very young and I lived with my parents. And my parents and I, we were the only family – father, mother and child – who survived.

In the whole village? Only you? Yes, only we survived. After the war we stayed in Poland until '45, then we went to Germany and there was such a big camp for Jewish people who survived.

In Germany? Yes, in Frankfurt am Main. And then we began our way to Israel. I arrived in Israel on a very interesting day, it was the first day of Israel.

The Foundation Day? Yes, it was on May 15th, '48. I arrived in Israel without my parents. I was 16 and five months, now I'm 79 years old.

Wow, what do you remember from your childhood? Everything!

Everything from Poland? How was it? Describe it! I've never been to Poland. First of all, my memory is still not bad and I remember everything, but I don't know what you want to hear. What do you want to know?

What is the best memory of your childhood in Poland? Before the Schoah?

Yes. The best moment... I had a wonderful family, grandma and grandpa, my father and my mother. And my mother, she had six brothers and sisters and my father the same. I was the only grandchild – I was so loved! I think I was really spoilt and my grandfather, one of them, he always wanted me to sleep in his bed with the grandmother and he paid me one slot to sleep in their bed. But I didn't want to because he was snoring. And what else do I remember,

I went to school when I was seven years old. After two years, the Schoah came, of course you don't want to hear about the Schoah. It was a...
I don't want to speak about it!

And in July '44, the Russians came and then we were underground, hidden in a place.

Where did you hide? We were hidden at a Czech family, they were very religious and they promised my parents if something would happen to my parents, they would take care of me. But nothing happened to them, so then we left the underground.

After the war, the military took my father to the army and my mother and me stayed. We started waiting for him and I began to go to school. I did two years in one year because I lost so many years. So now ask! It was very difficult because I lost so many years.

How many years did you lose? How many years I lost by not going to school? From '42 till '44, two and a half years, then I had to learn... It was a Polish school. I had to learn Russian, because the Russians came in, so I learned Russian very good.

And what else you want to know?

EINMARSCH DER NATIONALSOZIALISTEN   WEITERLEBEN

At first I wanted to ask, going to the underground saved you and your family, right? Yes! From our town nearly no one survived. It was very difficult but we don't speak about it, right?

No, we would like to talk about your childhood. Before it was like all the children.

Was religion a big part of it? No, my parents weren't religious at all. But my grandparents very much.

But you always knew that you are Jewish? Yes, of course. But my parents called me Shoshana, that is not usual. It's a Hebrew name, but they were both Zionists and they both went to Hebrew High School and when I was born, they called me Shoshana and they wanted to speak Hebrew with me. So my grandfathers said: »But if she doesn't speak Yiddisch how can we talk to her?« So I learned Yiddish. And I speak Ukrainian but I don't remember it anymore. But I spoke Ukrainian with my maid who I loved more than my mother. We had really good years and much fun when I was a kid.

So you said that after the hiding time you went to Germany? With your parents? Yes, with both of them. My father came back, he was wounded and he was in hospital not far away. When he came back, my father was a teacher in High School and he started to teach the few children and then we went to Germany.

Wasn't it hard to go to exactly this country that caused all that? You know what, I always try to think about that. I took piano lessons with German teachers in Offenburg. I don't know I was so stupid. I didn't think of it. Whether the Germans were bad or good. You know what?

After the Schoah we wanted to live. I went to school, I learned piano, and I went to a Zionistic Organization, we sang, danced, we started to live. And I don't know, sometimes I try to remind me what I was thinking in those years, but I don't remember. Of course for the first time we had the freedom to go from one place to another.

The relationship to Germans wasn't very good – like you can imagine.

But I don't remember what I thought about it. When I went to Conservatories, we had German teachers, we spoke to them. It's funny, but perhaps I was too stupid and naive.

Maybe you can't just always remember all this. You know, many Jewish people married German boys just very shortly after the Schoah. So in Germany, two and a half of it were very good.

It is hard to image, I started to go to school. Every teacher came from a different country, it was such a big mess, so when I came to Israel first of all I started to learn Hebrew. In Israel, I went to High School and finished my Matura. I studied every day and night.

When you talk about your time in Germany, it sounds so wonderful, why was there still the plan to go to Israel? Move again? Because we wanted our country! Not in Germany at all, not in Poland because they are still enemies, just a few stayed, most of them moved to Israel – we had a country! My parents were big Zionists before the Schoah, and they wanted to go to Israel. So my mother had a big family here. It was a big dream came true.

How was it for you to come to Israel?
You know, it was difficult.

I wanted to study music but my father said no. You have to finish High School. And what he said, I did. I went to University Education for Social Work. I liked it very much.

And in the middle of my life, I went with my husband to see the sea, and I saw a man picking up stones, putting them together and doing sculptures out of them. After a time, I asked my husband to pick up stones, too, and I started sculpturing! And then I started to learn sculpturing and since then I'm doing it.

How did you meet your husband? This is my second husband. My first husband, I met him at a party. He was eleven years older than me. We played a game, ›who knows twenty‹, one person goes out and all the people decide for something...

It was a long try, after three years my son came and two and a half years later my daughter. So when we moved to Jerusalem, my husband worked as a lawyer and then he became very ill and died. Then I met Eli. His wife also died, and we became friends. And we lived together very soon after.

Have you come to a time when you could say: »This is my new home.«? From the first moment! We wanted it so much, and you know, after so many years, we had a country for our own. For me, it's impossible to live somewhere else. The good things and the bad things.

A lot of times we travelled but when the evenings came, I didn't feel home. Because of what I had experienced.

Did you read Anne Frank? The difference between Anne Frank and me is that she had a good place. We lived underground, a place not bigger than this table. We lived in hell, but now I still live, and Anne Frank is dead.

KINDHEIT — ÜBERLEBEN IM VERSTECK

22. Februar 2011, Jerusalem, Übersetzung

Hey, Shoshana. Erzähle uns von Dir und Deinem Leben. Während der Schoah war ich sehr jung und ich lebte mit meinen Eltern zusammen. Meine Eltern und ich, wir waren die einzige Familie – Vater, Mutter und Kind –, die überlebte.

Im ganzen Dorf? Nur Ihr habt überlebt? Ja, nur wir haben es überlebt. Nach dem Krieg blieben wir in Polen bis '45, dann gingen wir nach Deutschland. Dort gab es ein großes Lager für jüdische Menschen, die überlebt hatten.

In Deutschland? Ja, in Frankfurt am Main. Und dann begannen wir unseren Weg nach Israel. Ich kam an einem sehr interessanten Tag in Israel an. Es war der erste Tag des Staates Israel.

Der Gründungstag? Ja, es war der 15. Mai '48. Ich kam ohne meine Eltern nach Israel. Ich war 16 Jahre und fünf Monate alt, jetzt bin ich 79 Jahre alt.

Wow, an was erinnerst Du Dich aus Deiner Kindheit? An alles!

Wie war es? Beschreib es uns doch bitte. Ich war noch nie in Polen. Zunächst einmal ist mein Gedächtnis immer noch nicht schlecht und ich erinnere mich an alles, aber ich weiß nicht, was Ihr hören wollt. Was wollt Ihr wissen?

Was ist die beste Erinnerung an Deine Kindheit in Polen? Vor der Schoah?

Ja. Der beste Moment... Ich hatte eine wunderbare Familie, Oma und Opa, mein Vater und meine Mutter. Meine Mutter hatte sechs Geschwister und mein Vater genauso. Ich war die einzige Enkelin – ich wurde so sehr geliebt! Ich glaube, ich war sehr verwöhnt. Mein Großvater wollte immer, dass ich bei ihm und der Großmutter schlief, und er bezahlte mir einen Slot dafür. Aber ich wollte nicht, weil er schnarchte. An was erinnere ich mich sonst noch?

Ich ging zur Schule, als ich sieben Jahre alt war. Nach zwei Jahren kam die Schoah. Ich denke nicht, dass Ihr etwas über die Schoah wissen wollt! Es war ein...
Ich möchte nicht darüber sprechen!

Im Juli '44 kamen die Russen und dann mussten wir uns im Untergrund an einem Ort verstecken.

Wo habt Ihr Euch versteckt? Wir waren bei einer tschechischen Familie versteckt, sie waren sehr religiös und sie versprachen meinen Eltern, wenn etwas mit meinen Eltern geschehen würde, würden sie sich um mich kümmern. Aber es geschah ihnen nichts und wir konnten unser Versteck verlassen.

Nach dem Krieg zog das Militär meinen Vater ein und meine Mutter und ich blieben zurück. Wir warteten auf ihn und ich besuchte die Schule. Ich habe zwei Schuljahre in einem Jahr nachgeholt, da ich so viele Jahre zuvor verloren hatte. So, jetzt dürft Ihr wieder fragen. Es war schwierig, weil ich so viele Jahre verloren hatte.

Wie viele Jahre hast Du verloren? Wie viele Jahre ich verloren habe, in denen ich nicht zur Schule gehen konnte? Von '42 bis '44, zweieinhalb Jahre. Es war eine polnische Schule. Ich musste Russisch lernen, denn die Russen kamen ja herein. So lernte ich gut Russisch.

Und was wollt Ihr noch wissen?

38
Shoshana Maze

EINMARSCH DER NATIONALSOZIALISTEN   WEITERLEBEN

Zunächst möchte ich fragen: Du und Deine Familie, Ihr wurdet nur aufgrund des Verstecks im Untergrund gerettet, oder? Ja! Von unserer Stadt hat sonst fast niemand überlebt. Es war sehr schwierig, aber wir sprechen nicht darüber, richtig?

Nein, wir möchten mit Dir über Deine Kindheit sprechen. Vor der Schoah war es wie bei allen Kindern.

War die Religion ein großer Teil davon? Nein, meine Eltern waren überhaupt nicht religiös. Aber meine Großeltern sehr.

Aber Du wusstest immer, dass Du Jüdin bist? Ja, natürlich. Meine Eltern nannten mich Shoshana, das ist nicht üblich. Es ist ein hebräischer Name, sie waren beide Zionisten und besuchten beide eine hebräische Schule. Als ich geboren wurde, nannten sie mich Shoshana und wollten mich in der hebräischen Sprache erziehen. Doch als mein Großvater einwandte, dass, wenn ich nicht Jiddisch lerne, er nicht mit mir reden könne, lernte ich auch Jiddisch. Damals lernte ich auch Ukrainisch zu sprechen, aber daran erinnere ich mich nicht mehr. Ich sprach damals immer mit meinem ukrainischen Kindermädchen Ukrainisch, welches ich mehr liebte als meine Mutter. Es waren wirklich sehr gute Jahre! In meiner Kindheit hatte ich eine Menge Spaß.

Und dann bist Du nach der Schoah mit Deinen Eltern nach Deutschland ausgewandert? Ja, mit beiden Elternteilen. Mein Vater kam zurück, weil er verwundet war und das Krankenhaus nicht weit von uns entfernt war. Als er zurückkam, arbeitete mein Vater als Lehrer an einer Schule, bis wir nach Deutschland gingen.

War es nicht schwer für Dich, genau in das Land zu gehen, das all das verursacht hat? Weißt Du, ich versuche immer darüber nachzudenken, was ich damals gefühlt habe. Ich nahm Klavierstunden bei deutschen Lehrern in Offenburg. Ich weiß es nicht, ich war so naiv und dumm. Ich habe nicht darüber nachgedacht, ob die Deutschen schlecht oder gut waren. Versteht Ihr?

Nach der Schoah wollten wir leben. Ich besuchte die Schule, lernte Klavier spielen, und ich ging zu einer zionistischen Organisation. Wir sangen, tanzten, und wir fingen an zu leben. Ich versuche mich immer wieder daran zu erinnern, was ich in jenen Jahren dachte, aber ich erinnere mich nicht. Natürlich hatten wir zum ersten Mal die Freiheit, von einem Ort zum anderen zu gehen.

Die Beziehung zu den Deutschen war nicht sehr gut, wie man sich vorstellen kann.

Aber ich kann mich nicht dran erinnern, was ich darüber gedacht habe. Als ich zur Musikschule gegangen bin, hatten wir deutsche Lehrer und wir sprachen mit ihnen. Es war komisch, aber vielleicht war ich einfach zu dumm und naiv.

Vielleicht kann man nicht immer nur daran denken. Ihr müsst wissen, viele Jüdinnen heirateten bereits kurz nach der Schoah deutsche Jungen. Die Deutschen waren wie zweigeteilt und eine Hälfte davon war sehr gut.

Es ist einfach schwer, sich das vorzustellen. Als ich begann die Schule zu besuchen, stammte jeder Lehrer aus einem anderen Land, und so war es ein großes Durcheinander. Nachdem ich nach Israel ausgewandert bin, habe ich angefangen Hebräisch zu lernen. In Israel ging ich zur High School und beendete meine Matura [Abitur]. Ich lernte Tag und Nacht.

Wenn Du von Deiner Zeit in Deutschland sprichst, klingt es so wunderbar. Warum wolltest Du trotzdem nach Israel ziehen? Wieder umziehen? Weil wir in unser Land wollten und nicht in Deutschland oder Polen bleiben wollten. Dort lebten auch unsere Feinde, und darum blieben nur wenige in ihren ursprünglichen Heimatländern. Die meisten von uns gingen nach Israel, denn wir hatten endlich ein eigenes Land! Meine Eltern waren bereits vor der Schoah Zionisten und wollten daher schon immer nach Israel gehen. Sie hatten eine große Familie hier. Das war ein großer Traum, der wahr geworden ist.

Wie war es für Dich, nach Israel zu kommen? Wisst Ihr, es war am Anfang sehr schwierig.

Ich wollte Musik studieren, aber mein Vater sagte nein, und so musste ich die Schule erst beenden, denn was er sagte, tat ich. Ich absolvierte ein Hochschulstudium für Soziale Arbeit, was mir sehr gefiel.

Ich ging einmal mit meinem Mann am Meer spazieren und sah einen Mann, der Steine aufsammelte. Er legte sie zusammen und formte Skulpturen daraus. Nach einer Weile bat ich meinen Mann, mir auch Steine zu sammeln, und ich begann mit der Bildhauerei. Später belegte ich einige Bildhauerkurse und mache das seitdem.

Wie hast Du Deinen Mann kennengelernt? Dies ist mein zweiter Ehemann. Meinen ersten traf ich auf einer Party. Er war elf Jahre älter als ich. Wir spielten ein Spiel, bei dem eine Person raus geht und alle Leute entscheiden sich für etwas.

Nach drei Jahren kam mein Sohn zur Welt und zwei Jahre später meine Tochter. Als wir nach Jerusalem zogen, arbeitete mein Mann als Anwalt, wurde dann aber sehr krank und verstarb. Dann traf ich Eli, seine Frau war auch verstorben, und wir wurden Freunde und lebten sehr bald zusammen.

Kannst Du mittlerweile behaupten, dass Israel Dein Zuhause ist? Vom ersten Moment an fühlte ich mich in Israel zu Hause! Wir wollten es so sehr, und jetzt, nach so vielen Jahren, haben wir ein Land für uns. Für mich ist es unmöglich, irgendwo anders zu leben. Ich liebe es hier, mit den guten Dingen und den schlechten Dingen.

Oft fuhren wir in den Urlaub, aber wenn der Abend kam, fühlte ich mich dort nicht zu Hause – aufgrund meiner Erlebnisse in der Vergangenheit.

Hast Du das Buch von Anne Frank gelesen? Der Unterschied zwischen Anne Frank und mir ist, dass sie ein gutes Leben in ihrem Versteck hatte, bevor sie ins KZ deportiert wurde. Wir lebten in einem Loch, nicht größer als dieser Tisch hier[3], es war die Hölle. Aber ich lebe noch und Anne hat es nicht überlebt.

[3] *Der Tisch, an dem wir saßen, war von der Größe her ein normaler Küchentisch, an dem vier Personen Platz nehmen konnten.*

DIE BEGEGNUNG

Shoshana Maze ist eine stolze Frau. Mit erhobenem Kopf steht sie vor unserer Kamera in ihrem Wohnzimmer, als wolle sie sagen: »Ich lasse mich nicht unterkriegen.« Im nächsten Moment schneidet sie eine Grimasse, bringt uns zum Lachen, fordert uns zu einem Tänzchen auf. Sie überredet uns, doch bitte noch zum Abendessen zu bleiben. Aber immer wieder gibt es auch Momente dazwischen. Augenblicke, in denen sie müde aus dem Fenster schaut, und Pausen im Gespräch, weil sie nicht weiter erzählen kann.

Shoshana hat eine neue Heimat in Israel gefunden. Von diesem ihrem Land, ihrer Kunst und vor allem ihrer Familie erzählt sie, wenn man nach ihrem Leben danach fragt. Ihr Wohnzimmer ist eine große Galerie, die all ihre Kunstwerke zeigt. Mit ihrer großen Leidenschaft, der Bildhauerei, hat sie für sich einen Weg gefunden, mit den Bildern in ihrem Kopf umzugehen. Sie verarbeitet auf ihre eigene Weise.

Über die Zeit während der Schoah redet sie nicht gerne, das ist abgeschlossen. In ihrem Gesicht erkennen wir einen Funken ihres Schmerzes der Erinnerung. Sie lebt in der Gegenwart. Und sie lebt voller Freude. Als eine ihrer Töchter zu Besuch kommt, erzählt sie mit dem Stolz einer Großmutter von ihren Enkeln und deren Leben.

Zum Ende unseres Treffens sitzen wir gemütlich in der Küche beisammen und Shoshana fragt uns über unser Leben in Deutschland aus: Was unsere Interessen sind und wie wir unser Leben gestalten? Es seien doch fast die gleichen Themen, wie sie die israelische Jugend beschäftigen. Nur ist in Israel das Leben nach wie vor stark durch die politische Unsicherheit geprägt. Darüber ist Shoshana müde.

In Deutschland war sie nur ein einziges Mal, aber da will sie auch nicht wieder hin. Ihr Zuhause ist Israel. Hier kommt sie zur Ruhe, kann nachts schlafen.

Ihren Enkel Daniel haben wir auf dem großen Markt in Tel Aviv getroffen. Er ist in unserem Alter, liebt Israel und erzählte uns mit so viel Wärme von seiner Großmutter, dass wir ihn als Teil des Porträts direkt fotografierten.

Es gibt helle wie dunkle Seiten. Das haben wir mit unserer ersten Begegnung gelernt. Wichtig ist: Shoshana Maze lebt. Ihren Enkel Daniel haben wir auf dem großen Markt in Tel Aviv getroffen. Er ist in unserem Alter, liebt Israel und erzählte uns mit so viel Wärme von seiner Großmutter, dass wir ihn als Teil des Porträts direkt fotografierten Es gibt helle wie dunkle Seiten. Das haben wir mit unserer ersten Begegnung gelernt. Wichtig ist: Shoshanna Maze lebt.

»The difference between Anne Frank and me is that she had a good place. We lived underground, a place not bigger than this table.
We lived in hell, but now I still live, and Anne Frank is dead.«

BRIEFE VON KINDERN UND JUGENDLICHEN

Liebe Shoshanna,

ich fand ihre Geschichte sehr bewunderswert. Sie glauben nicht wie ich es mitfühle, es ist wahrscheinlich schwer zurück an diese Zeit zu blicken, aber ich hoffe dass es Ihnen irgendwann nicht mehr an die erinnert. Ich finde es gut dass jeder sieht was Sie alle für eine schwere Zeit hatten. Ich denke es ist immer noch schlimm für sie. Ich wünsche Ihnen noch schöne lange Jahre.
Ich hoffe es wird Ihnen bald besser gehen.

Viele Grüße
Felix

6. Klasse

Liebe Shoshanna,

~~Ich~~ ich finde, dass du sehr mutig warst als du das durchstehen musstest und ~~hoffe~~ wünsche dir alles gute für deine Zukunft. Ich hoffe dass es dir gut geht. Ich kann natürlich nicht deine Angst fühlen so wie du sie empfunden hast aber die Heimatsucher haben mir deine geschichte erzählt und ich war so traurig dass du sowas erleben musstest und kann dir nur sagen dass du nicht wertlos bist du bist ein wichtiger bestandteil von einfach allem. Ich wünsche dir viel spaß in deinem Beruf und einfach im allem.

Liebe Grüße

Josephin.

6. Klasse

Liebe Shoshanna

Dein Brief hat mich sehr berührt. Ich finde es gut das du über deine Vergangenheit erzählen kannst. Hoffentlich vergessen die Leute nie deine Geschichten. Ich finde es ist egal welcher religion man angehört.

mit freundlichen grüßen
Sophia

6. Klasse

46
Shoshana Maze

Liebe Shoshanna,

Mich hat deine Geschichte sehr berührt und ich wollte gar nicht aufhören zu lesen! Außerdem finde ich schön dass sie noch Leben und noch so fit sind! Es ist auch sehr beeindruckend dass sie die Schulausbildung so schnell geschafft haben! Ich würde mich sehr freuen wenn sie noch viele Jahre leben! Außerdem kann ich auch polnisch und komme auch daher.

"Do widzenia"!!!

Wiktor 11 Jahre

Danke!

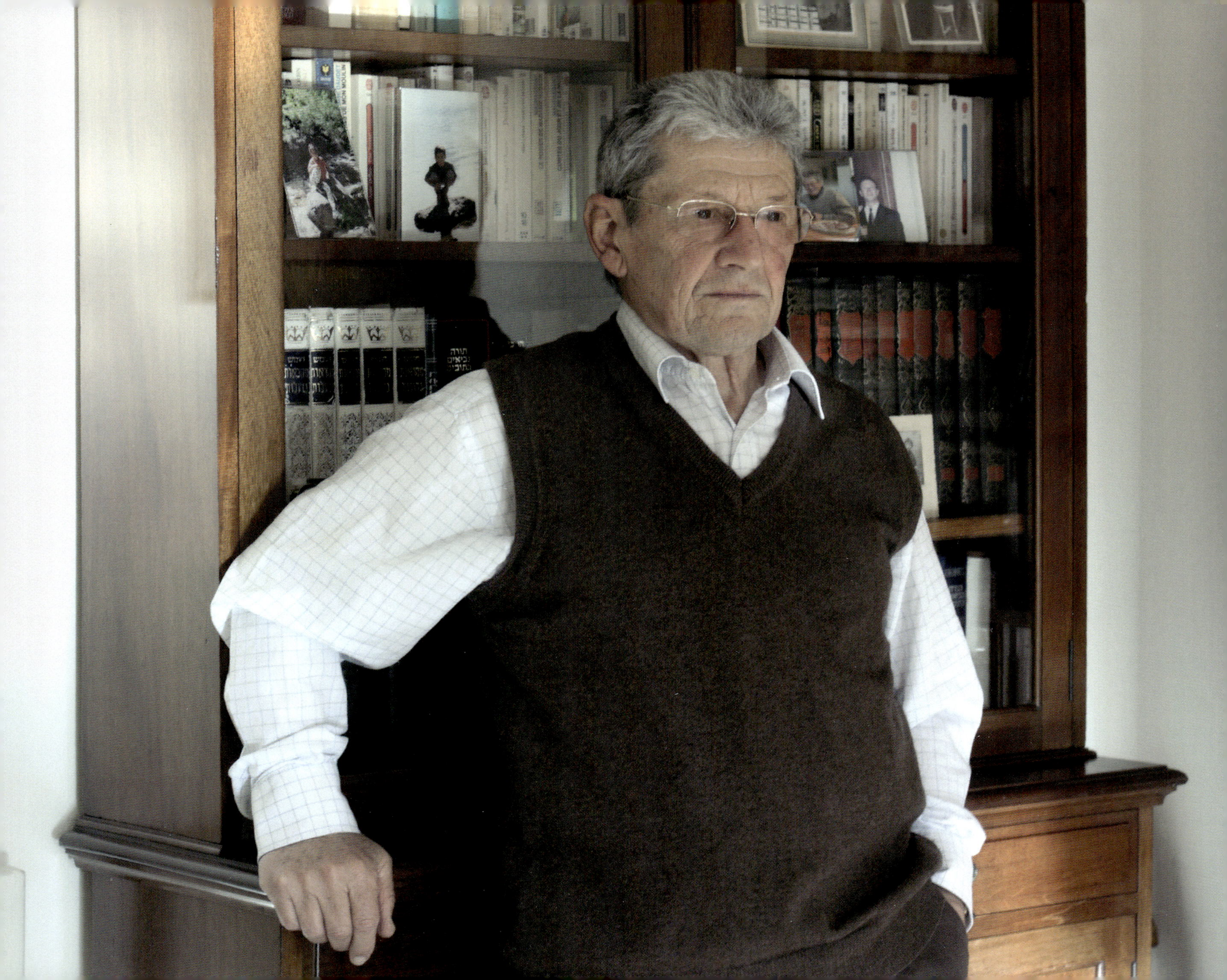

ISRAEL LICHTENSTEIN

geboren 1932 in Frankreich,

lebt heute in Jerusalem

LEBENSSTATIONEN

»Manchmal muss man, wenn man sein Kind retten will, es von sich wegschicken.« Das ist eine der wichtigsten Erfahrungen, die Israel Lichtenstein in der Zeit des Krieges machen musste. Als kleiner Junge schlug er sich alleine mit seinen zwei Cousins bis zu dem Kinderheim durch, in dem er auch schon zu Beginn des Krieges lebte.

Er rettete sich so das Leben. Heute lebt er mit seiner Frau in Jerusalem — als stolzer Jude und Franzose.

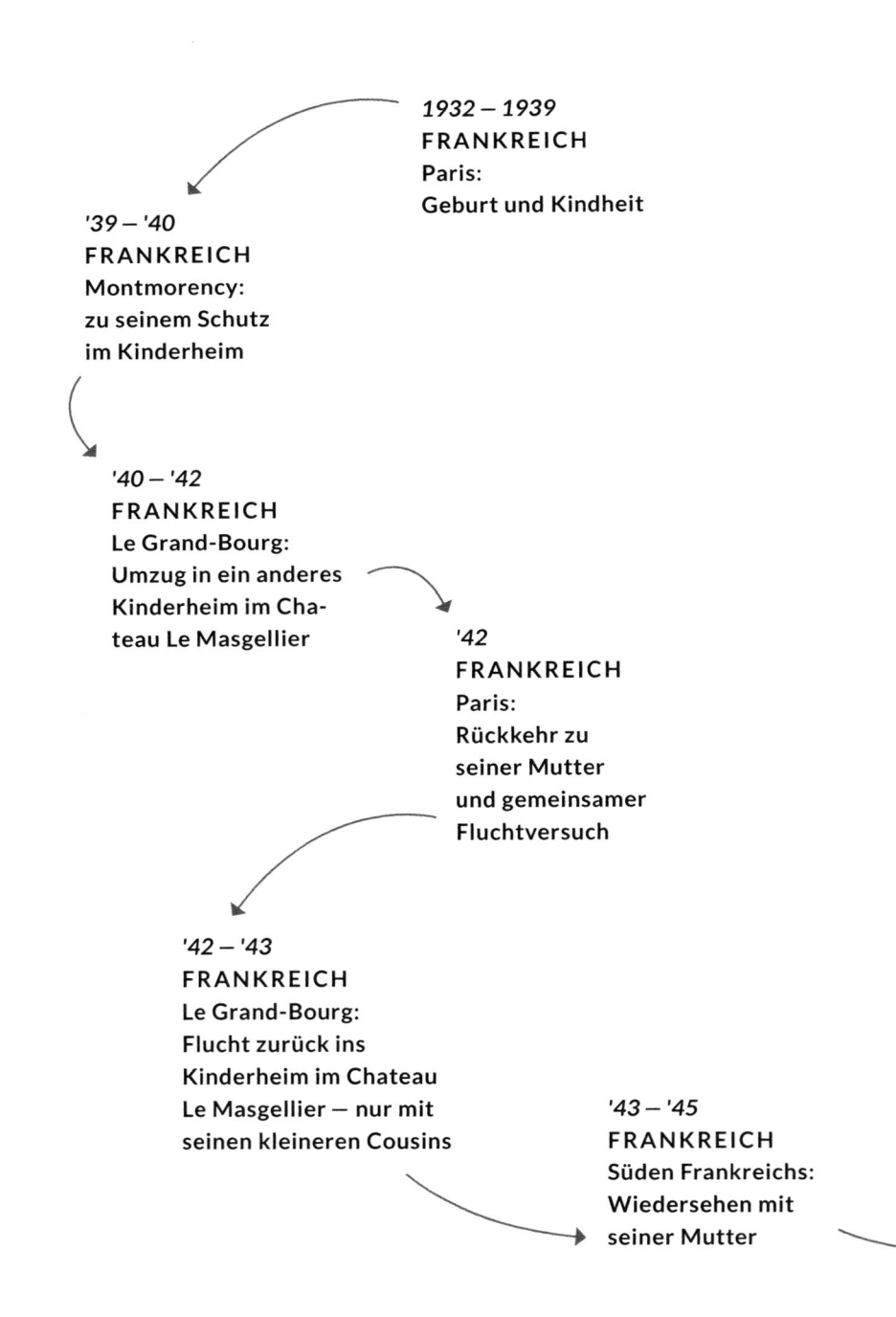

1932 – 1939
FRANKREICH
Paris:
Geburt und Kindheit

'39 – '40
FRANKREICH
Montmorency:
zu seinem Schutz
im Kinderheim

'40 – '42
FRANKREICH
Le Grand-Bourg:
Umzug in ein anderes
Kinderheim im Chateau Le Masgellier

'42
FRANKREICH
Paris:
Rückkehr zu
seiner Mutter
und gemeinsamer
Fluchtversuch

'42 – '43
FRANKREICH
Le Grand-Bourg:
Flucht zurück ins
Kinderheim im Chateau
Le Masgellier — nur mit
seinen kleineren Cousins

'43 – '45
FRANKREICH
Süden Frankreichs:
Wiedersehen mit
seiner Mutter

Location labels on map:

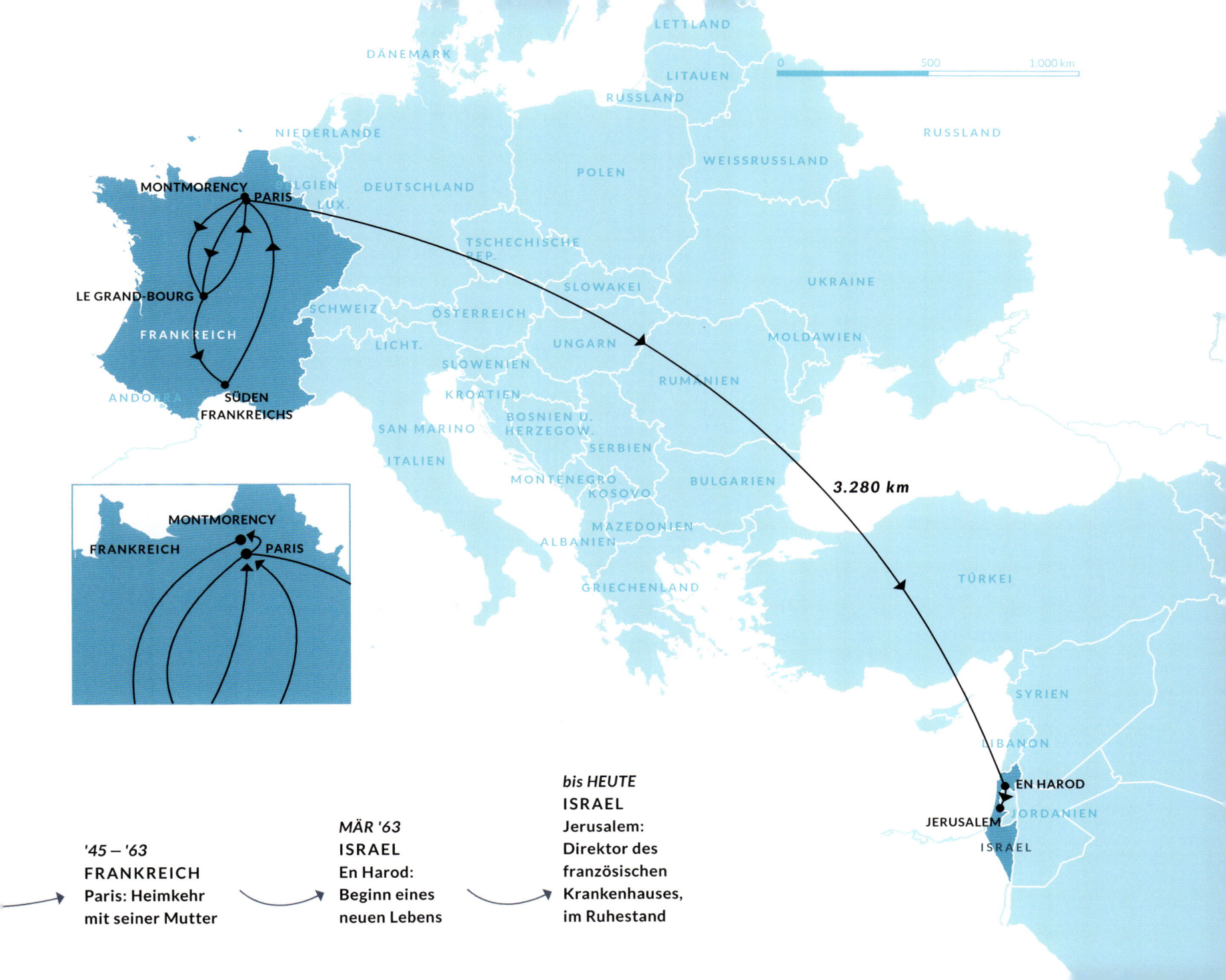

MONTMORENCY • PARIS
LE GRAND-BOURG
FRANKREICH
SÜDEN FRANKREICHS

3.280 km

EN HAROD
JERUSALEM
ISRAEL

'45 – '63
FRANKREICH
Paris: Heimkehr mit seiner Mutter

MÄR '63
ISRAEL
En Harod: Beginn eines neuen Lebens

bis HEUTE
ISRAEL
Jerusalem: Direktor des französischen Krankenhauses, im Ruhestand

KINDHEIT   VERFOLGUNG

28. Februar 2011, Jerusalem

Erzählen Sie uns Ihre Geschichte. Ich bin geboren am 11. November '32 in Frankreich — ich bin schon ein sehr alter Kerl. Und von polnischen Eltern, die kamen nach Frankreich, wie sehr viele Ausländer. Ich war das einzige Kind, geboren in Frankreich. Eine arme Familie — Proletarier. Und mein Großvater, das heißt der Vater von mein Vater, war sehr religiös — er war ein Rabbiner. Das heißt, ich habe auch eine jüdische und religiöse Erziehung bekommen. Nicht zu sehr intensiv, aber genug um zu verstehen, was ein Jude ist.

Und dann kommt der Krieg und in '39 mein Vater war in der Armee, meine Mutter war allein, und dann bin ich in ein Kinderheim geschickt worden und dort war ich der einzige Franzose. Alle Kinder waren deutsche Kinder, entlaufen von Nazi-Deutschland. So haben die Kinder Französisch gelernt und ich ein bisschen Deutsch, damals schon. Das Kinderheim war zu unserem Glück im unbesetzten Teil. Aber wir wussten das nicht am Anfang. Schon damals habe ich gehört von Dachau, weil ein Kind hatte sein Vater in Dachau. Und wir wollten ihm nicht glauben.

Was hat er erzählt? Er hat erzählt, dass man dort kein Essen bekommt und die Menschen geschlagen werden.

Viele sterben dort. Und er konnte sein Vater nie mehr sehen. Ich war dort von Mai '40 bis Mai '43. Das war fast drei Jahre und ich wusste, dass Frankreich war zerteilt. Meine Mutti war in Paris und mein Vater war in ein Lager — ein französisches Lager.

Ein französisches Lager? Es gibt in Frankreich viele Lager. Das ist eine sehr alte Geschichte. Das war am Anfang, nach dem Ersten Weltkrieg, für die Russen. Dann war es für die spanischen Republikaner. Dann es war für die deutschen Juden oder Nichtjuden. Dann es war nur für die Juden. Aber ein Lager ist ein Lager.

Was ist mit Ihrem Vater passiert? In Mai '41 man hat ihn in ein Lager in Frankreich eingesperrt. Er war im Lager vom 14. Mai '41 bis zum 27. Juni '42 und dann wurde er nach Auschwitz deportiert. In Auschwitz ist er gestorben.

Er wurde vernichtet im KZ Auschwitz. Und ich wusste überhaupt nicht, dass er in einem Lager war, weil meine Mutter konnte das nicht schreiben.

Ihre Mutter war immer noch in Paris? Ja, aber trotzdem wollte sie mich im Mai '42 sehen. Dann bin ich durch die Grenze. Sie hat jemanden geschickt, der arbeitet bei der französischen Bundesbahn. So er hat mich mitgenommen zu meiner Mutti. Das war im Juni '42. Und Ende Juni musste ich den gelben Stern tragen. Aber ich hab den nicht sehr lange getragen. Weil am 16. Juli, das heißt ein Monat später, war eine sehr große Aktion.

Man hat die Juden arrestiert und die erste Nacht ist man bei uns nicht gekommen. Also wohin konnten wir gehen? Wir sind dann einen Stockwerk höher gegangen. In der zweiten Nacht sind sie dann zu uns gekommen. Wir hörten sie,

52
Israel Lichtenstein

WEITERLEBEN

aber wir waren in einem anderen Teil des Hauses und wir liefen von Paris weg. Das hat vielleicht zwei Wochen gedauert und dann sind wir an der Grenze zwischen die Wehrmacht-Autorité gekommen.

Aber wir sind durch ein Fluss gegangen und als wir im französischen Teil waren, da hat man uns noch einmal arrestiert. Das war immer mit die französische Polizei, wenn wir Probleme hatten.

Was ist dann passiert? So meine Mutti war arrestiert und meine Tante, und wir waren drei kleine Kinder. So sagten mir die zwei Mütter, du weißt, wo das Kinderheim ist: »Geh weg!« Und ich sage immer, dass es eine heldische Aktion war, ein heldischer Gedanke: die Kinder von den Eltern wegzuschicken.

Manchmal muss man, wenn man sein Kind retten will, es von sich wegschicken. Und das war sehr oft. Und ich kannte eine Frau, sie war schon in der Bahn nach Auschwitz. Sie hatte ein sehr kleines Mädchen und die Mutter hat sie durch das Fenster, das kleine Fenster, nach draußen geschickt. Und sie lebt heute. Also das muss man auch verstehen. Das ist nicht immer gut, die Kinder bei sich zu halten.

Und noch eine Sache: Kinder sind sehr stark. Viel mehr als man glaubt. Wenn ein Kind allein ist, kann es sich selbst helfen. Man sieht das auch an den Leuten, die übrig geblieben sind von Auschwitz. Es sind meistens die Menschen, die damals 14 oder 15 Jahre alt waren. Das heißt, dass ein Kind ist sehr stark. Es hat ein sehr hohes Potenzial. So war es mit uns auch. Mit mir, meinem Cousin und sein Bruder. Er war sehr klein und wir konnten alleine weiterleben.

Haben Sie Ihre Mutter wieder gesehen? Ja, meine Mutter und meine Tante waren in einem französischen Lager nicht weit von Spanien verhaftet. Und auf einmal im Mai '43 waren sie befreit. Warum, weiß ich nicht. Ich glaube, das war Geld. Freiheit gekauft. So sind wir vom Kinderheim weg, meine Cousins und ich. Das war unser Glück. Denn ein paar Tage später wurden alle Kinder aus dem Kinderheim arrestiert und weggeschickt. Und ich weiß nicht, wie viele zurückgekommen sind. Ich glaube keine. Niemand.

Wie war es, zurückzukommen? Als wir nach Paris gekommen sind, fanden wir ein leeres Haus wieder. Alles war weggenommen. Und ich war das einzige Kind. Der Sohn von einer sehr armen Familie. Aber ich habe trotzdem gelernt. Ich bin ein Arzt geworden. So bin ich hierher gekommen. Ich war das erste Mal in Israel im Jahre '50 als sehr junger Kerl, und ich wusste, dass ich wieder herkommen werde. So bin ich am 10. März '63 nach Israel gekommen. Zuerst in ein Kibbuz, En Harod. Das ist der Mekka des Sozialismus. Jetzt bin ich sehr weit weg von den Sozialisten. So bin ich hier in

▸

HEUTE

Israel sehr, sehr, sehr zufrieden, dass ich hier bin.

Trotzdem ist meine echte Kultur die französische Kultur, aber tief in mir, und ich bin auch tief hebräisch verwurzelt. Ich bin sehr, sehr, sehr — ich weiß nicht, wie oft ich das sagen kann — stolz, dass ich ein Jude in Israel bin. Und ich war ein Arzt. Ich war Direktor vom französischen Spital hier in Jerusalem. Und ich bin ein bisschen religiös. Ich lerne jeden Tag Talmud. Und gerade lese ich ein Buch über Mendelssohn. Was soll ich Ihnen sagen? Nichts mehr.

Wir sind zu stark und zu stolz.

Was ist Ihnen von der Zeit vor der Judenverfolgung besonders in Erinnerung geblieben? Vorher? Ich war überzeugter Jude. Wir hatten alle Feste gefeiert, aber ich wollte ein echter Franzose sein. Ich war einmal am Toten Meer und auf einmal fragte mich mein Kind: »Ist das das Meer, durch das unsere Vorfahren hindurchgegangen sind?« Dann hab ich gesagt: »Nein, nicht hier, hier ist das Tote Meer, nicht das Rote Meer.« Aber ich war sehr stolz, dass er gesagt hat: »unsere Vorfahren«. Denn in Frankreich habe ich immer gelernt, dass meine Vorväter die Gallen waren. Ich weiß noch alle Sachen. Ich schreibe auf Französisch. Ich spreche auf Französisch.

Aber jetzt, wenn ich an diese Sachen denke, macht es mich sehr stolz, ein Jude zu sein. Aber ich war sehr stolz, ein Franzose zu sein. Ich war sehr stolz.

Auch noch nach '45? Ja ja, ich fühlte mich nach wie vor als Franzose. Also, ich fühlte mich als Jude und als Franzose — sehr lange. Bis zur Zeit im Gymnasium, trotzdem das war nach dem Krieg, man hat mir gesagt: »Schmutziger Jud.« Das ist auch passiert.

Und wie ist es heute hier in Israel? Französische Kultur, ja. Die alte französische Kultur, nicht die neuere. Wenn ich nach Frankreich gehe — wir gehen zwei oder dreimal im Jahr — ich fühle mich wie ein spezieller Tourist, ein privilegierter Tourist. Weil ich weiß genau, wo ich hingehen muss und wie viel das kostet.

Wo ist für Sie Zuhause? Hier. Nicht in Tel Aviv. Hier in Jerusalem. Sie müssen es einmal ausprobieren beim Jom Kippur hier in Jerusalem zu sein. Gott ist überall. Das ist fantastisch.

Israel Lichtenstein

Was war dann der Grund, dass Sie tatsächlich nach Israel umgezogen sind? Nach Israel? Weil ich mich immer als Jude fühlte und ich Freunde hier hatte. Sie nannten mich den Meschugationist. Meschugge, das hat keinen Sinn – man sagt das auch auf Deutsch. So hat man mich genannt, ja du bist ein Meschugationist. Das ist wahr. Ich war immer so. Ich fühle mich hier wirklich zu Hause.

Und was ist passiert, als Sie hier angekommen sind? Also, zuerst ich war in einem Kibbuz. In En Harod. Ich fühlte mir sehr, sehr gut in diesem Kibbuz, aber meine Frau wollte nicht mehr im Kibbuz bleiben.

Sind Sie zusammen nach Israel gekommen? Ja. Ich hatte schon ein Kind. Und ein zweites wartete zu kommen.

Sie sind mehrmals nach Deutschland gereist. Hatten Sie gar keine schlechten Gefühle dabei? Non. Das einzige schlechte Gefühl war, an diese Zeit, ich glaube heute ist es nicht so, dass alle waren in Uniform. Zum Beispiel Postfach, Bahnhof, Polizei – und das konnte ich nicht sehen. Das war sehr schwer für mich. Aber schon an diese Zeit war ich sehr stolz, Jude zu sein. Immer. Und ich bin sehr zufrieden, die deutsche Jugend zu begegnen. Ich mache das schon mehr als 20 Jahren.
So ich hatte überhaupt kein Hass für Deutschland. Ich habe einen sehr großen Hass gegen Rassismus, gegen Faschismus. Sehr. Aber Deutschland hat jetzt schon fast die vierte Generation. Man lehrt und lernt aus der Bibel, dass die Kinder nicht verantwortlich sind.

Trotzdem kann man ihnen etwas auf den Zahn fühlen. So sagt man.

Solange ich am Leben bleibe, muss ich etwas machen. So ist das Leben. Ich bin schon sehr alt, 78 Jahre.

Das ist schon eine große Menge Jahre.

DIE BEGEGNUNG

Israel Lichtenstein haben wir als einen charmant-sympathischen und sehr gebildeten Herrn kennengelernt. Wir waren direkt von seinem freundlichen Lächeln und dem französischen Akzent verzaubert. Doch obwohl er uns seine Geschichte mit einer durchgängigen Leichtigkeit erzählte, spürte man den Ernst eines Kindes, das zu früh erwachsen werden musste.

Am Tag unserer Begegnung holte er uns mit seinem Auto an der Gedenkstätte Yad Vashem ab, um mit uns gemeinsam zu sich nach Hause zu fahren. Es begrüßte uns eine wunderschöne, helle und sehr stilvoll eingerichtete Wohnung. Sie spiegelt seine Liebe zur französischen sowie jüdischen Kultur und vor allem zu Büchern wieder. Mitten im Gespräch stand er manchmal auf, um ein Buch aus seinem Fundus zu greifen und daraus zu zitieren. Zum Beispiel ein Gedicht von Heine, das er in der Schule gelernt hatte.

Große Bilder mit abstrakter, farbenfroher Malerei, in Kombination mit den tanzenden Sonnenflecken von draußen, verzauberten die Atmosphäre im Raum.

Man merkt Israel Lichtenstein an, dass er dieses Land, Jerusalem, und seine Wohnung mit Blick auf den Stadtwald von ganzem Herzen liebt. Auch wenn er immer Franzose sein wird, französische Bücher liest und französische Musik hört: In Israel ist er angekommen.

Nach Frankreich, wie er uns erzählt, fahre er trotzdem immer sehr gerne und regelmäßig. Er fühle sich dort wie ein »privilegierter Tourist«, denn er verstehe die Kultur und Sprache wie ein Einheimischer, sei jedoch nur vorübergehender Gast.

Ebenso wichtig wie sein facettenreiches heutiges Leben ist ihm, dass junge Menschen von seiner Geschichte erfahren und verstehen, was im Zweiten Weltkrieg geschehen ist. Aus diesem Grund lädt der ehemalige Klinikdirektor regelmäßig Volontäre zu einem Abend der Begegnung ein, erzählt von seinem Leben und beantwortet Fragen. Denn diese Lebensgeschichten sind es, die jungen Menschen einen greifbaren Zugang zur Geschichte bieten. Einen Abend mit Israel Lichtenstein vergisst man nicht.

»Manchmal muss man, wenn man sein Kind retten will, es von sich wegschicken.«

BRIEFE VON KINDERN UND JUGENDLICHEN

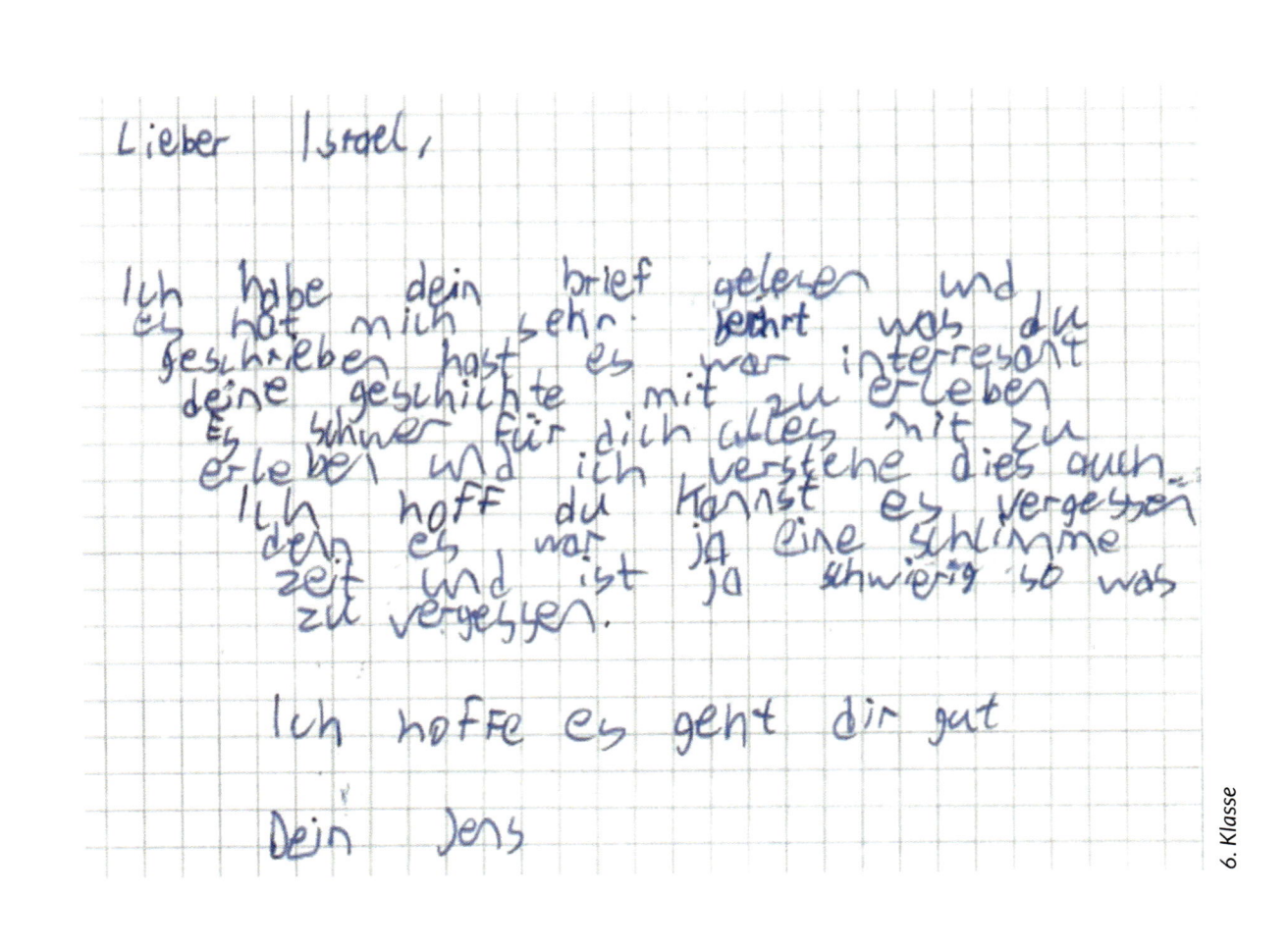

Lieber Israel,

Ich habe dein brief gelesen und es hat mich sehr gerührt was du geschrieben hast es war interessant deine geschichte mit zu erleben es schwer für dich alles mit zu erleben und ich verstehe dies auch. Ich hoff du kannst es vergessen denn es war ja eine schlimme zeit und ist ja schwierig so was zu vergessen.

Ich hoffe es geht dir gut

Dein Jens

6. Klasse

Israel Lichtenstein

Er beantwortete fragen. Er sagte Ein Abend mit Israel Lichtenstein vergisst man nicht.

Israel Lichtenstein's Geschichte.

Lieber Israel,

Hallo Israel, ich bin Onur 12 Jahre alt, und bin sehr gerührt von dir. Deine Geschichte.... die war so... so..so...schön, ich musste schon fast weinen ☺ Hoffendlich vergisst du die schlimme zeit und hast Spaß am Leben ☺ Du hast so viel durchgemacht und, du hast es geschafft. Ich bin sehr froh das du glücklich bist. Ich vergesse dich nie Israel. Ich wünsche dir noch schöne weitere Jahre und vergiss nie den **SPAß** am Leben.

Dein Onur ☺

Alles wird Gut

6. Klasse

Lieber Israel,

ich heiße Sara und bin 16 Jahre alt. Durch die Heimatsucher habe ich von deiner Geschichte erfahren und möchte mich dafür bedanken, dass du sie mit uns teilst. Durch Personen wie dich haben wir von unseren Fehlern gelernt. Doch wir dürfen unsere Fehler nicht vergessen, denn Geschichte wiederholt sich. Wir haben die Aufgabe dafür zu sorgen, dass sich so ein Ereignis nicht noch einmal wiederholt. Es ist unsere Aufgabe den Menschen klar zu machen, dass die Herkunft oder das Aussehen eines Menschen nicht von Bedeutung ist. Denn wir sind alle gleich. Machen wir es uns zu Aufgabe, dies den folgen den Generationen zu vermitteln.

In ewiger Erinnerung,

Sara

Sehr geerter Herr Lichtenstein!

Wir haben im jüdischen Museum ihre Geschichte gehört und ich war sehr gerührt.

Diese Zeit muss sehr ~~~~ tragisch für sie gewesen sein. Ich kann es mir gar nicht vorstellen verfolgt zu werden. Es muss auf jeden Fall sehr unschön sein. Außerdem konnte ich mich nicht mit 7 Jahren von meiner Mutter trennen. Und dann im Waisenhaus zu leben und verantwortlich zu sein, für zwei kleine Kinder.

Mein Beileid und meine Garantie ihre Geschichte weiterzu erzählen haben sie auf jeden Fall.

Herzliche Grüße Lilly

5. Klasse

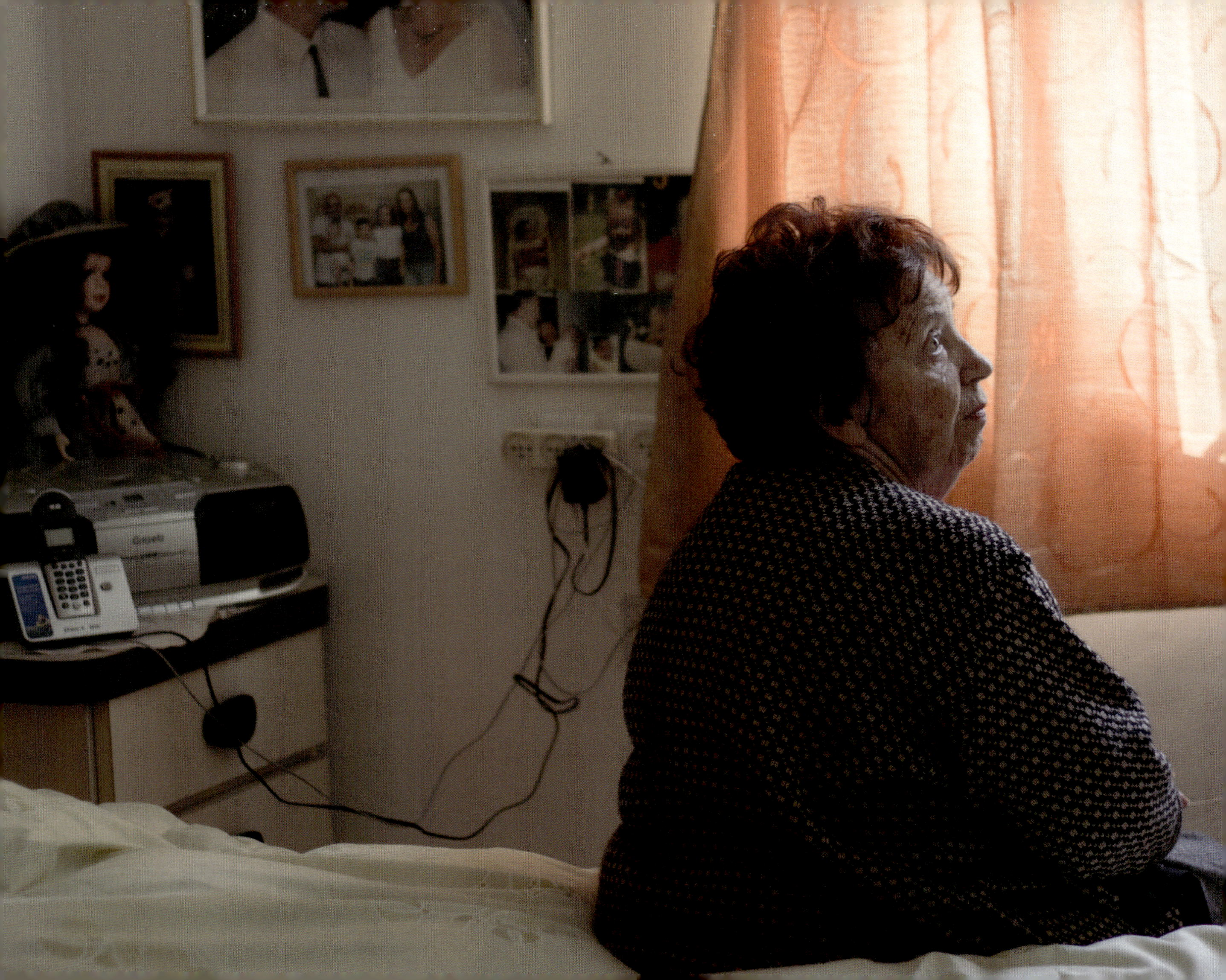

CHAVA WOLF

geboren 1932 in Wischnitz, Rumänien,

lebt heute in Tel Aviv

LEBENSSTATIONEN

Aus der Bukowina deportiert, erlebte Chava Wolf in den Lagern von Transnistrien Dinge, über die sie 60 Jahre lang nicht sprechen konnte und denen sie auch heute nur mit Hilfe von Farben und Gedichten Ausdruck verleihen kann. Ihrer Kindheit für immer beraubt, kam sie 1947 ganz alleine nach Israel, um das Erlebte zu vergessen und selbst eine Familie aufzubauen — ihr persönlicher Sieg über den Schrecken von Transnistrien. Doch wem sie erzählt, welche Geschichten hinter den bunt-naiven Bildern stehen, der spürt sofort, wie präsent ihre Vergangenheit noch heute in ihrer Gegenwart ist.

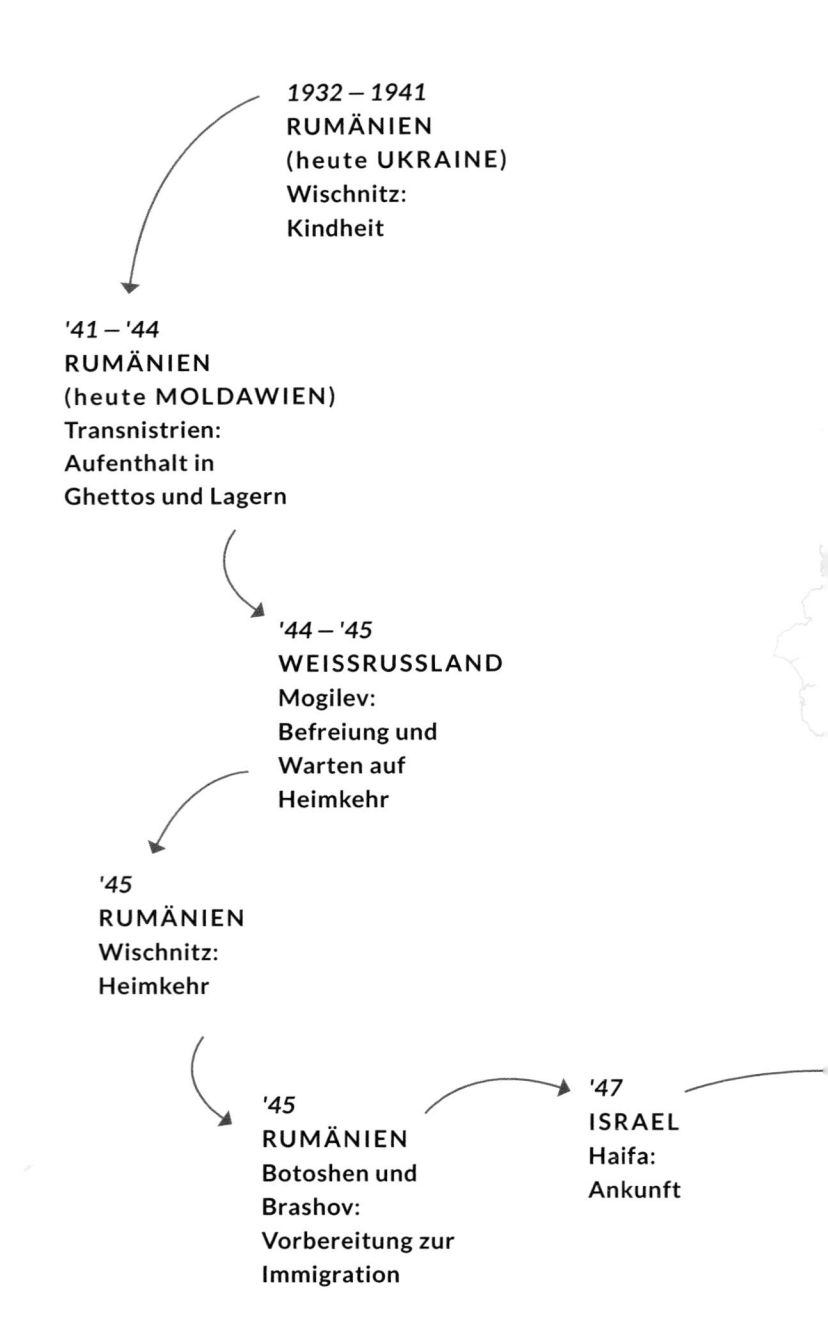

1932 – 1941
RUMÄNIEN
(heute UKRAINE)
Wischnitz:
Kindheit

'41 – '44
RUMÄNIEN
(heute MOLDAWIEN)
Transnistrien:
Aufenthalt in
Ghettos und Lagern

'44 – '45
WEISSRUSSLAND
Mogilev:
Befreiung und
Warten auf
Heimkehr

'45
RUMÄNIEN
Wischnitz:
Heimkehr

'45
RUMÄNIEN
Botoshen und
Brashov:
Vorbereitung zur
Immigration

'47
ISRAEL
Haifa:
Ankunft

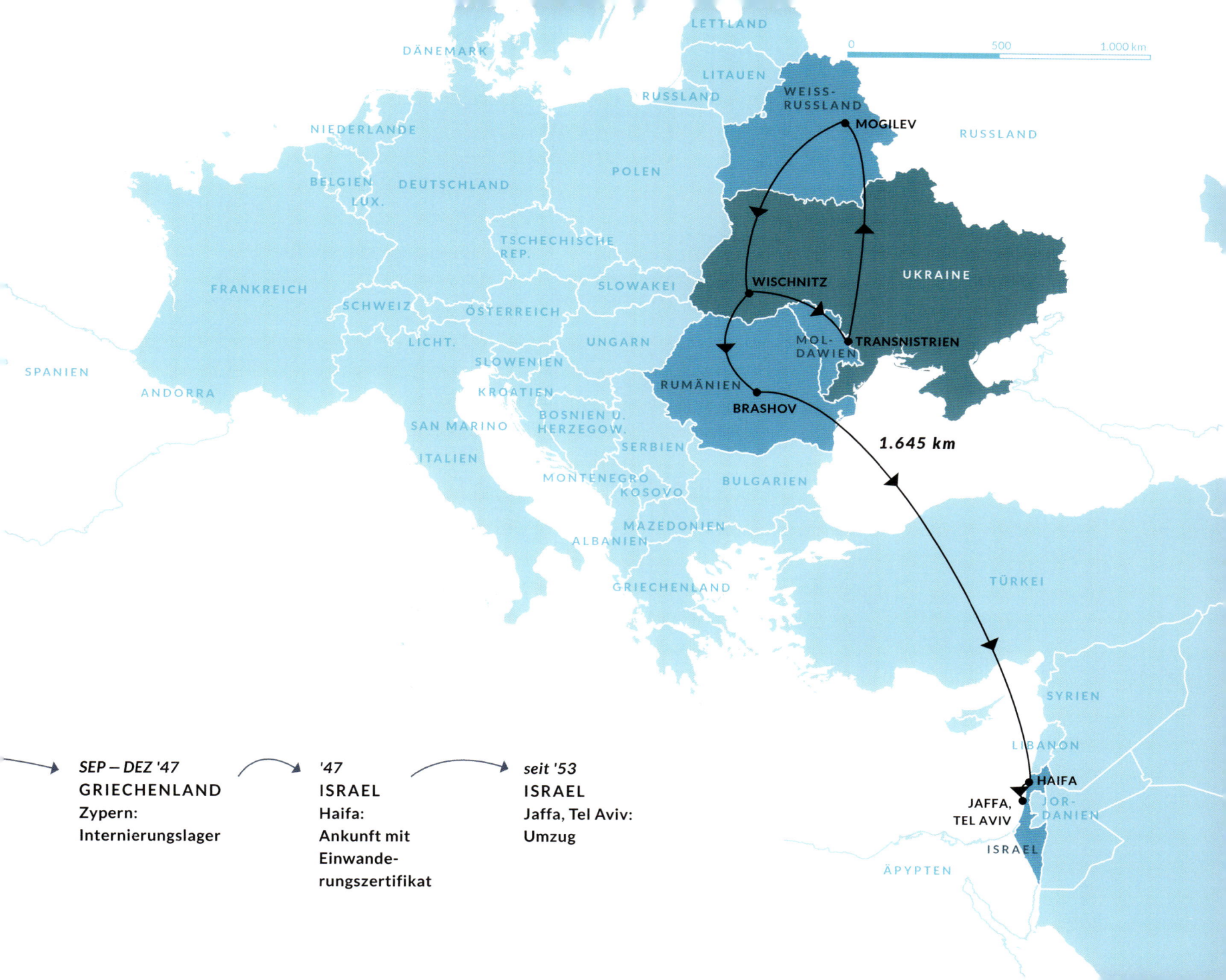

MOGILEV
WEISS-RUSSLAND
UKRAINE
WISCHNITZ
MOLDAWIEN
TRANSNISTRIEN
RUMÄNIEN
BRASHOV

1.645 km

HAIFA
JAFFA, TEL AVIV
ISRAEL

SEP – DEZ '47
GRIECHENLAND
Zypern:
Internierungslager

'47
ISRAEL
Haifa:
Ankunft mit
Einwanderungszertifikat

seit '53
ISRAEL
Jaffa, Tel Aviv:
Umzug

KINDHEIT TRANSNISTRIEN

1. März 2011, Tel Aviv

Chava, erzählen Sie uns ein bisschen aus Ihrem Leben. Woher kommen Sie? Schauen Sie, ich bin geboren in '32 in Bukowina, das ist ein Teil von Rumänien. Das war mal unter der ungarischen Besetzung und man hat Deutsch gesprochen. Ich bin aufgewachsen mit Kultur, Musik, Literatur, alles in Deutsch. Aber das hat uns nicht geholfen. Hitler hat uns herausgetrieben von zu Hause, von der Schule, von der Heimat. Ich bin bis zum Alter von achteinhalb Jahren zur Schule gegangen und dann, dann hat man mir gezeigt die Tür. »Du bist ein Jude, du musst nicht lernen.« Ich bin nach Hause gekommen und habe geweint, und ich habe mein Studium zu dem Zeitpunkt beendet und mein ganzen Leben wollte ich eine Ärztin werden. Im Jahre '41 hat man uns von zu Hause herausgetrieben in die Gebiete von Transnistrien.

Es ist kein Land, es gehörte zu Rumänien. Ich weiß die Geschichte von dem Land nicht ganz genau. Wir wurden in Viehwagen mit sehr viel Menschen drin, ohne Wasser, wenig Luft, kein Essen, gesteckt.

Manche wurden sogar zu Fuß dorthin getrieben. Es war Herbst, es war kalt. Kranke, Alte und Kinder, alle mussten laufen. Und wer nicht mehr konnte, wurde zurückgelassen in der Schanze. Das war Transnistrien. In Polen waren Ghettos in der Stadt, hier war keine Stadt, sondern ganz kleine Dörfer. Wir sind dann über das Wasser, mit einem Boot. Am Vorabend hat man die Leute im Wasser erschossen.

Jeden Tag wurden wir weiter getrieben. Es war nicht wie Auschwitz oder Birkenau, wo man die Leute getötet und sie verbrannt hat. Hier gab es kein Tötungsprogramm, hier hat man einfach getrieben, weiter und weiter.

WEITERLEBEN

Die Leute sind nach und nach gefallen, es gab sehr viel Typhus. Ich war zweimal krank mit Typhus und Lungenentzündung. Wir hatten immer Hunger, es war kalt, es war kein Ende in Sicht. Es war nicht wie in Auschwitz, wo die Leute verbrannt wurden. Ich sage nicht, Auschwitz war besser, es war fürchterlich. Aber hier hat man die Leute getötet mit Hunger und mit Krankheit, Schmutz und mit Kälte. Menschen sind erfroren. Oft habe ich gesehen, wie erfrorene Menschen in das Wasser geworfen wurden.

In meinen Zeichnungen, ich zeichne wie ein Kind, ich verdecke alles. Ich musste auch verdecken den ganzen Schmerz, um Leben zu können und eine Familie aufzubauen. Und wir haben 60 Jahre nicht gesprochen. Niemand hat Geduld dafür gehabt, es war Krieg und so weiter.

Und so das, was kann ich Ihnen noch erzählen? Wir waren dort vier Jahre, die Kleidung und Schuhe waren bald nur noch Fetzen, und ich weiß nicht, wie ich überleben konnte. Nur ein Gott hat mich gerettet, damit ich herkommen kann und erzählen kann. Fragen mich heute noch Menschen: »Du glaubst noch heute an Gott?« Ich sage: »Ja, ich glaube.« Es gibt Menschen, die ihren Glauben verloren haben, aber ich glaube. Und ich konnte nach all dem Erlebten normal bleiben, allein das ist ein Wunder Gottes.

Ich habe einen großen Teil meiner Kindheit verloren, ich konnte nicht lernen. Aber mein Enkel macht gerade sein Doktorat in Philosophie in Chicago, das ist mein Sieg. Das ist mein Sieg über dem Leben! Was ich habe mitgemacht und die schweren Träume nachts, als ich begonnen habe zu zeichnen und zu schreiben.

In den Liedern und Gedichten schreibe ich den richtigen Schmerz und in den Bildern zeichne ich den Schmerz, aber auch mit Farben und Optimismus. Zum Beispiel ich zeichne hier das Ghetto. Innen ist es finster und es regnet, und die Menschen schauen nicht aus wie Menschen, die leiden sehr. Der eine ist grün geworden, der andere rot, und die Welt lacht. Sie sehen draußen ist hell, hellblau und er steht dort und lehnt an den Stacheldraht und lacht. Lacht über das, was wir da drinnen machen.

Aber ich zeichne das ohne zu wissen, was ich mache. Ich stehe vor der Leinwand und zeichne, und erst danach sehe ich, was ich wirklich gemacht habe. Das kommt alles aus meinen Träumen, was ich habe mitgemacht.

Hilft Ihnen das? Ja, das hilft. Das ist Selbsttherapie. Ich bin zu Psychologen gegangen, aber die haben mir nicht wirklich geholfen. Ich habe gesprochen, bin nach Hause gekommen und habe weiter geträumt. Jetzt habe ich die Courage zu erzählen, was ich mitgemacht habe. Ich schreibe und zeichne. Aber wenn ich die Augen zumache, bin ich wieder im Wald und esse Gras.

Es war furchtbar, man hat uns herausgetrieben in einen Wald. Und ich konnte nicht gehen, ich war zu schwach, und ich bin gekrochen und man hat mir auf die Hände getreten. Wenn ich die Augen zumache, spüre ich noch immer den Fuß. Ich weiss nicht, ob Sie das verstehen können, was ein Mensch mitmachen kann.

In Auschwitz wurden die Menschen rasch verbrannt. Hier war ich für vier Jahre.

Ich bin im Jahr '45 nach Hause gekommen. Wir sind nach Hause gekommen und alles war weg. Ich habe Tag und Nacht gelernt und habe am Schabbat nicht geschrieben.

Dann habe ich erfahren, dass man nach Israel gehen kann, und ich bin alleine mit 15 Jahren nach Israel gefahren. Die Engländer haben uns nicht gelassen. Auch nach dem Krieg hat man uns Kinder nicht alleine nach Israel gelassen und hat uns nach Zyprus geschickt. Dort bin ich hingekommen, und wieder Stacheldraht und wieder Hunger. Ende '47 bin ich ins Land gekommen, mit der Jugendallianz. Man ist nicht offiziell aus Rumänien rausgekommen, wir sind in der Nacht durch Bulgarien geflohen. Die Flucht war schrecklich.

Meine Eltern sind in Rumänien geblieben, man hat sie nicht aus dem Land herausgelassen. Dann sind sie 18 Jahre später nach Israel gekommen.

Sie durften nicht zu Ihrer Hochzeit kommen? Nein, man hat sie nicht herausgelassen und ich konnte auch nicht zurückfahren. In jenen Zeiten, ich wäre sofort zurückgefahren, weil ich hätte studieren können in Rumänien, wie meine Schwester, die Stoffdesignerin geworden ist. Sie ist mit meinen Eltern 18 Jahre später nach Israel gekommen. So musste ich alleine heiraten, die Kinder bekommen, es war nicht so leicht. Ich habe ein sehr schweres Leben gehabt.

Aber ich habe drei Töchter und das macht mich sehr glücklich. Wir hatten damals nur eine ganz kleine Wohnung. Das Erste, was ich gekauft habe, war ein Piano. Ich hatte keinen Luxus, aber das Wichtigste war, dass meine Kinder einen Beruf erlernen. Ich hatte nicht die Möglichkeit zu lernen.

Ich bekomme von Deutschland als Rente 120 Euro! Ich hätte Ärztin werden können oder Architektin. Ich war eine sehr gute Schülerin, warum geben die mir keine höhere Pension?

Ich habe meine Kindheit und Jugend, mein Lernen verloren. Was ich kann heute schreiben, lesen, zeichnen, sprechen, das habe ich autodidaktisch gelernt. Ich habe viel gelesen, kleine Kurse gemacht, Englisch gelernt.

HEUTE

Sie sind nach Israel gekommen und wollten hier studieren, oder? Ja, sicherlich. Aber wer hätte mir das bezahlt? Das Land war arm, es war Krieg. Ich war in einem Heim, für weniger als zwei Jahre, und dann konnte man sich frei entscheiden. Ich bin nach Haifa, um auf meine Eltern zu warten, aber man hat sie nicht herausgelassen. 18 Jahre lang nicht. Und ich konnte nicht zurück, dort war ein kommunistisches Regime.

Was hat Sie dann motiviert weiterzumachen? Was kann ich machen? Ich bin zur frommen Partei und habe gefragt, was kann ich machen? Ich brauche ein Bett zum Schlafen. Da hat man mich in ein Haus für Jugendliche gegeben, aber ich hatte nichts zu essen. Es war '49, es gab keine Arbeit. So musste ich zu einer Familie, um zu putzen. Wenn ich dort zum Reinigen gefahren bin, habe ich so geweint. Wenn meine Mutter mich jetzt sehen würde. Bei uns war damals eine Frau zum Putzen gekommen. Ich habe im Leben nie geputzt oder gewaschen ein Glas. Und ich komme hierher und bediene Menschen. Ich habe so geweint, aber was sollte ich machen? Man hat uns damals nicht helfen können.

Sie haben sich alles selber aufgebaut? Ja, alles. Nähen, Kochen, Stricken alles.

Haben Sie es irgendwann bereut hierherzukommen? Nein, nicht bereut, hierherzukommen. Ich habe es bereut, nicht noch einen Beruf zu erlernen und dann nach Israel zu gehen mit meiner Familie. Bereut, dass ich als Kind weggefahren bin, doch ich wusste es nicht besser. Es war unser Land, aber sie konnten nicht jedem helfen. Es ist erstaunlich, was ein junger Mensch aushalten kann und trotzdem ein Mensch bleibt. Wir haben am Anfang jeden Tag bis nachts gearbeitet und konnten nach und nach Möbel kaufen. Ich sage der Jugend, es ist erstaunlich, was ein Mensch mitmachen kann und dabei trotzdem optimistisch und normal bleiben kann. Aber das habe ich gemacht. Ich war damals viel krank, da ich nicht gesprochen und nicht gezeichnet habe.

Ich bin stolz, dass ich es geschafft habe. Aber meine Kinder sind gar nicht stolz darauf. Mein Mann hat Auschwitz erlebt. Er ist nach Israel gekommen und er musste sofort an die Front, ohne Ausbildung! Aus Deutschland kommen immer nur schlechte Nachrichten, wir haben in Europa alles verloren. Alles!

Wir hatten ein großes Haus, zwei große Geschäfte, wer hat das heute? Russland? Alles ist dageblieben. Wer bezahlt das? Wir haben hier in 60 Jahren ein Land aufgebaut, wir können es nicht einfach den Arabern zurückgeben. Es war vorher Wüste, wir haben alles aufgebaut.

Woran denken Sie, wenn Sie an Ihre Kindheit vor der Schoah denken? Diese Zeit, meine Kindheit, hat mir die Kraft gegeben, mein Leben zu leben. Bei uns hat man gesagt, die ersten sieben Jahre eines Menschen prägen seine Heimat.

Bis zum achten Lebensjahr habe ich zu Hause mit meinen Eltern gelebt. Was ich von zu Hause habe: Musik, Sprache, das bleibt. An das erinnere ich mich. Was ich in den vier Jahren in Transnistrien erlebt habe? Ich erinnere mich nichtmal, ob ich je einmal geduscht habe. Ich habe das ABC vergessen. Ich kann mich an keine kleinen Dinge erinnern. Ich weiss nur, es war kalt, ich hatte Hunger, und an die Gesichter der Soldaten.

Jeder der Soldaten, die Deutschen, Ukrainer und Ungarn, sie haben immer geschrien und getrieben. Ihnen ins Gesicht zu sehen war furchtbar. Ein Soldat hat mir einen Schlag auf den Kopf gegeben und das hat sich entzündet und geeitert. Und meine Oma sagte, verkaufe den Mantel. Ich hatte einen schönen, blauen Mantel. Es war so selten, dass man etwas für den Winter bekommen hat. Aber dann hat meine Mutter ihre Goldzähne rausgenommen und sie gegen Medizin getauscht. Ich durfte meinen Mantel behalten, aber er war nach kurzer Zeit nur noch Fetzen.

Als Sie nach Rumänien zurückgekommen sind, haben Sie sich da heimisch gefühlt oder war von Anfang an der konkrete Wunsch da, nach Israel zu gehen? Ich konnte nicht zurück, ich konnte die Erinnerungen nicht ertragen. Als man uns herausgetrieben hat, war es nachts. Mein Vater wollte zurück, um seinen neuen Hut zu holen, er hatte den alten Hut auf. Und dort an der Tür war ein Soldat, der das Lämpchen genommen hat und auf den Boden geschmissen hat. Das war so erniedrigend für meinen Vater. Ich kann nicht zurück in die Stadt. In Deutschland war ich dreimal. Viele Menschen fahren in die Lager, aber ich kann das nicht.

Ich erlebe das in meinen Träumen, mein Mann musste mich so oft wecken. Die Kinder haben gewusst, dass wir die Schoah mitgemacht haben, aber ich konnte nicht erzählen. Mein Mann spricht bis heute nicht. Er kann nicht. Die Deutschen, so ein gebildetes Volk, wie kann da so ein Hitler aufstehen? Jetzt ist da ein Mahmud Ahmadinedschad, der das Volk Israel ausrotten will. Wir müssen stark sein, um weiter existieren zu können.

Bei den Arabern in der Schule ist die Landkarte von Israel gar nicht eingezeichnet. Sie erzählen den Kindern, Israel muss liquidiert werden.

Sind Ihre Kinder religiös? Nein, keiner von ihnen. Aber sie halten sich an die Feiertage.

Sind sich Ihre Enkel Ihrer Geschichte bewusst? Jetzt ja. Bei meiner Ausstellung habe ich gezeigt, was ich durchgemacht habe.

Konnten Sie mit Ihrem Mann über das Erlebte reden? Ja, zum Teil, aber dann haben wir geschwiegen. Hätten wir das nicht getan, hätten wir nicht normal weiterleben können. Die Kinder haben sich geschämt, ihren Freunden zu erzählen, dass wir die Schoah überlebt haben.

Wir waren nicht von Anfang an hier und sind nicht hier geboren.

Aber ohne Leute wie Sie hätte es das Land doch gar nicht gegeben. Ja, richtig. Wir haben das Land aufgebaut, es bearbeitet, mit unserem Geld, das wir von Deutschland bekommen haben.

Wir haben nichts verlangt, und trotzdem haben sich die Kinder geschämt. Ich hatte so oft Angst. Wenn die Kinder nicht rechtzeitig heimkamen, ich stand an der Tür und hab gezittert. Wir waren von der Schoah, die Angst war drin, im Bauch, in Schmerzen…

Die Schoah war im Haus, aber wir haben nicht erzählt und erzählt. So wie ich habe zugedeckt den Wagen hier [Chava zeigt auf eines ihrer Bilder.], so habe ich mein Leben zugedeckt. Ich habe zugedeckt mein Leben, um ein bisschen normal zu sein.

[Chava liest ein Gedicht vor.]

In the Other Childhood
German fairy tales
About magical princesses and
love stories
And on Saturday nights, after
»Havdalah«
A Hassidic tale about the wonders
Of great rabbis
Always surrounded by love.
I was deported to avoid!
Our whole lives packed in bags
My mother's hand caresses my head
My father's glance gives comfort.
No more tales of miracles and wonders,
That won't happen here.
The princess now crawls in the snow,
Begging for some bread and water.
Her clothes are torn, her feet frozen;
A princess sick with typhus searches
for a bed. No more light in the castle,
The memory of stories extinguished.

Der Mensch ist schwächer als eine Fliege und stärker als Stahl.

Jetzt will ich Ihnen ein paar Bilder zeigen. [Chava zeigt uns ihre Familie.]

Schauen Sie, das ist meine Puppe. *Mit 70 Jahren habe ich mir eine Puppe gekauft. Ich hatte so eine Sehnsucht nach meiner Kindheit und danach eine Puppe zu besitzen, dann habe ich mir eine gekauft.*

Ist es die Puppe, die Sie auch in dem Gedicht beschreiben? Ja, genau.

Was ist Ihnen wichtig, den Leuten mitzuteilen? Den jungen? Ich möchte den jungen Leuten vor allem zeigen, was der Staat Israel für uns ist. Für diejenigen von uns, die unser Leben, unsere Träume, alles von uns übernehmen werden. Ich bin immer noch Optimist. Ich glaube noch an den Zionismus. Wenn ich eine Ausstellung im Beit Hatanach in Tel Aviv hatte, schrieb ich an vielen Beamten und forderte sie auf, zur Ausstellung zu kommen. Ich möchte, dass die Menschen meine Geschichte hören.

Ich will erzählen, was wir durchgemacht haben, sodass wir es nicht nochmal zulassen, dass das Geschehene nochmal erlebt werden muss. Ich denke, dass wir eine optimistische Nation sind. Es ist eine Tatsache, dass wir eine Nation bleiben für Tausende von Jahren. Wie viele Völker sind im Laufe der Geschichte verschwunden? Wir sind verpflichtet, zu erinnern und unseren Kindern unsere Geschichten über den Auszug zu erzählen.

Dürfen wir noch ein paar Fotos von Ihnen machen? Ja. Ich lese Ihnen noch ein Gedicht vor.

Tears
My eyes are tearing
A drop falls
Holding pain within
Bodies, bodies
Packed on carts
Appear before my eyes
A child looks on and cries.
People, children
Are no more
Images, images
Horror to behold
To shout, to be silent?
Should I tell?
And I cry
Still shedding tears,
Every day
Every hour
Over a vanished childhood.

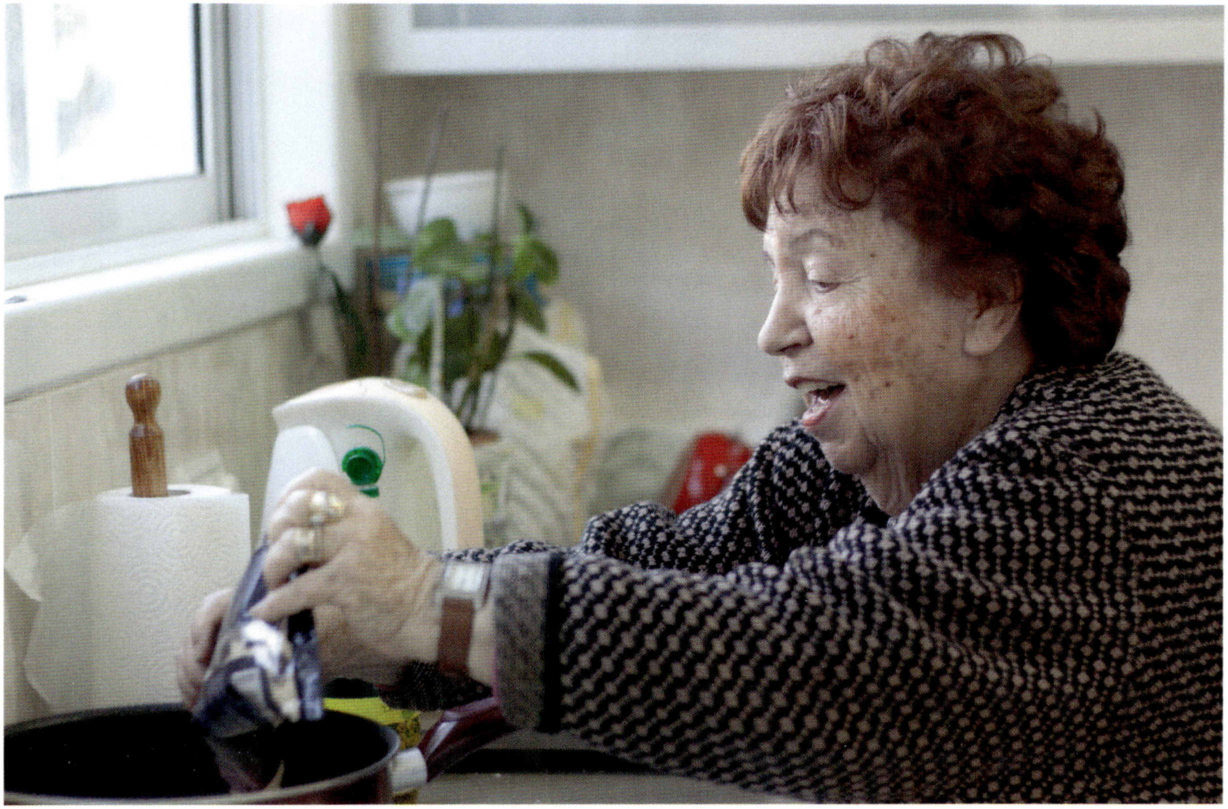

DIE BEGEGNUNG

Unser Tag mit Chava Wolf begann richtig fröhlich mit Couscous, den sie für uns kochte, und kleinen Schokoladenkeksen zum Nachtisch. Wir wurden voller Gastfreundschaft aufgenommen, so dass schnell eine entspannte Stimmung aufkam. Doch direkt mit unserer ersten Frage wurde uns bewusst, wie viel Schmerz ihr Leben seit dem Krieg begleitet und wie präsent Ängste in ihrem Alltag sind.

Dennoch, oder gerade deswegen, wollte sie unbedingt von ihren Erlebnissen erzählen. Sie hat das Gefühl, dass viele Menschen ihre Geschichte gar nicht hören wollen, und uns überkommt fast ein beklemmendes Schuldgefühl.

In Chavas kleiner Wohnung im zweiten Stock kann man in vielen Räumen ihre Werke als Malerin bewundern. Doch die naiv-bunt wirkenden Bilder bekamen im Kontext ihrer Geschichte eine ganz andere, dunklere Bedeutung für uns. Denn die Farben und Gedichte helfen der Überlebenden, dem Erlebten Ausdruck zu verleihen. Chava erzählt uns, dass sämtliche Gespräche mit den Psychologen ihr längst nicht so viel geholfen hätten, ihre Vergangenheit zu verarbeiten, wie ihre Kunst und Lyrik.

Auf unserer Suche nach einer passenden Umgebung für das Porträt ist uns ihr Schlafzimmer ins Auge gefallen. Alle Wände sind mit Bildern ihrer Familie bedeckt, in der Ecke steht die Porzellanpuppe, mit der sie sich mit 70 Jahren ein Stück ihrer Kindheit zurückkaufte. Es scheint, als würde Chava hier alles persönlich Wertvolle wie einen Schatz bewahren. Inmitten dieser Zeugen ihres neuen Lebens haben wir sie auf eine Weise fotografiert, die sie in leichte Schatten hüllt – Ängste, die sie begleiten.

Chava möchte vor allen Dingen gehört werden. Ihre Gedichte und Bilder sind Rufe nach Menschen, die sie wahrnehmen. Es ist erschütternd, dass jemand, der Jahre seines Lebens und die Sorglosigkeit der Jugend verloren hat, keine Unterstützung bekommt und in solch einfachen Verhältnissen leben muss.

An der Tür begegnen wir noch kurz ihrem Mann. Fast bittend verabschiedet sie uns mit den Worten: »Das ist mein Mann. Auch er war im KZ. Vergesst nie unsere Geschichte.«

Das werden wir auch nicht. Wir könnten es gar nicht.

»My eyes are tearing
A drop falls
Holding pain within
Bodies, bodies
Packed on carts
Appear before my eyes
A child looks on and cries.
People, children
Are no more
Images, images
Horror to behold
To shout, to be silent?
Should I tell?
And I cry
Still shedding tears,
Every day
Every hour
Over a vanished childhood.«

BRIEFE VON KINDERN UND JUGENDLICHEN

Liebe Chava,

Ich habe von ihrer Geschichte gehört und mir kamen die Tränen. Das was sie durch gemacht haben ist unglaublich und so schrecklich. Es tut mir so leid. Und ich möchte das sie wissen das ich diesen Brief nicht nur so schreibe sondern das ich mich wirklich in Sie hineinversetzt habe.
Machen Sie weiter und malen Sie weiter so schöne Bilder, die haben mir sehr gefallen.
Mein Beileid für Sie und auch wenn ich sie nicht kenne und sehe ICH FÜHLE SIE!

Ihre Katharina

5. Klasse

Sehr geehrte Frau Wolf,

ich habe vor kurzem ihre Geschichte erfahren und sie geschockt und voller Mitleid verfolgt. Worte allein könnten nicht mal Ansatzweise vermitteln inwiefern ich von ihrer Geschichte beeindruckt wurde. Die Dinge die sie erlebt haben, die Dinge die sie durchmachen mussten und so voller Leid und Schmerz mehr als die meisten Menschen je durchgemacht haben und je durchmachen werden, und das sie dennoch die Kraft dazu gefunden haben nach alldem einen Neuanfang zu wagen finde ich sehr beeindruckend und freut mich sehr für sie.

Sie haben erzählt dass sie ihre Geschichte eine lange Zeit niemanden erzählt haben nicht nur, weil sie es noch verarbeiten mussten sondern auch weil man annahm dass sie nicht so schlimm wäre wie die Geschichte von einer Person die im KZ Auschwitz war, jedoch will ich ihnen bei voller Ehrlichkeit sagen dass ihre Geschichte die wohl bewegenste ist die ich gehört habe seit ich mich für die Erhaltung von Erinnerungen aus der Zeit des 2. Weltkrieges interessiere.

Ich kann mir gut vorstellen dass zur Heilung von diesen Ereignissen Zeit vergehen muss, mehr Zeit als jene die bisher verstrichen ist. Ich hoffe inständig für sie das sie noch ein schönes Leben vor sich haben und mit der ihnen verbleibenden Zeit auf Erden sich nur noch mit dem beschäftigen was sie Glücklich macht. Desweiteren werde ich alles in meiner Macht stehende tun um Geschichten wie ihre zu bewahren und weiterzugeben damit sie niemals in Vergessenheit geraten.

Mit freundlichen Grüßen
Leo
14 Jahre

12. Klasse

Liebe Chava Wolf,

ich habe mir deine Geschichte mehrmals durchgelesen, als ich mit meiner Klasse im jüdischen Museum war, und sie beeindruckt mich sehr. Sie ist mitreißender als viele Bücher. Ich finde es toll, dass du durch das Malen und das Schreiben einen Weg gefunden hast, mit den vielen grauenhaften Errinnerungen fertig zu werden. Ich denke, dass du eine sehr starke Persönlichkeit bist, ~~ich glaube~~ ich könnte nach so vielen schlimmen Erlebnissen nicht mehr so optimistisch und lebensfroh sein. Ich wünsche dir in deinem Leben noch viele schöne Momente mit deiner Familie
Deine Ricarda♡

9. Klasse

Meiner Meinung nach sind alle Menschen gleich, egal ob jüdisch oder katholisch, weiß oder dunkelhäutig, wir sind alle gleich.

Es ist schrecklich, was du erleben musstest, es ist einfach unmenschlich...
Aber zum Glück ist die Zeit nun vorbei und Juden gehören tbzw. werden als Menschen angesehen. Ich wünsche dir weiterhin viele freie und glückliche Jahre. Mal fleißig deine schönen Bilder weiter und vergiss nicht, deine Gedichte zu schreiben

Mit freundlichen Grüßen
Lara (16)

Shalom

9. Klasse

Liebe Chava,

ich habe von ihrer Geschichte gehört und bin total gerührt. Es ist unglaublich, wie lange du durchgehalten hast und du musst unfassbar stark sein! Ich hätte das NIE geschafft! Vielen Dank, dass du deine Geschichte uns anvertraust, obwohl es nicht leicht ist das zu verarbeiten. Super, dass ich von dir erfahren durfte, trotzdem wird bestimmt nie jemand verstehen, wie du dich damals fühltest, aber es muss grausam gewesen sein! Ich kann mir das gar nicht richtig vorstellen, dass es jemals so schlimme Menschen gab. Trotzdem hast du durchgehalten, das ist **bewunderns-wert!** Ich bin stolz auf dich ♡

Noch eine wunderschöne Zeit & alles Gute

deine Annika
(14 Jahre)

9. Klasse

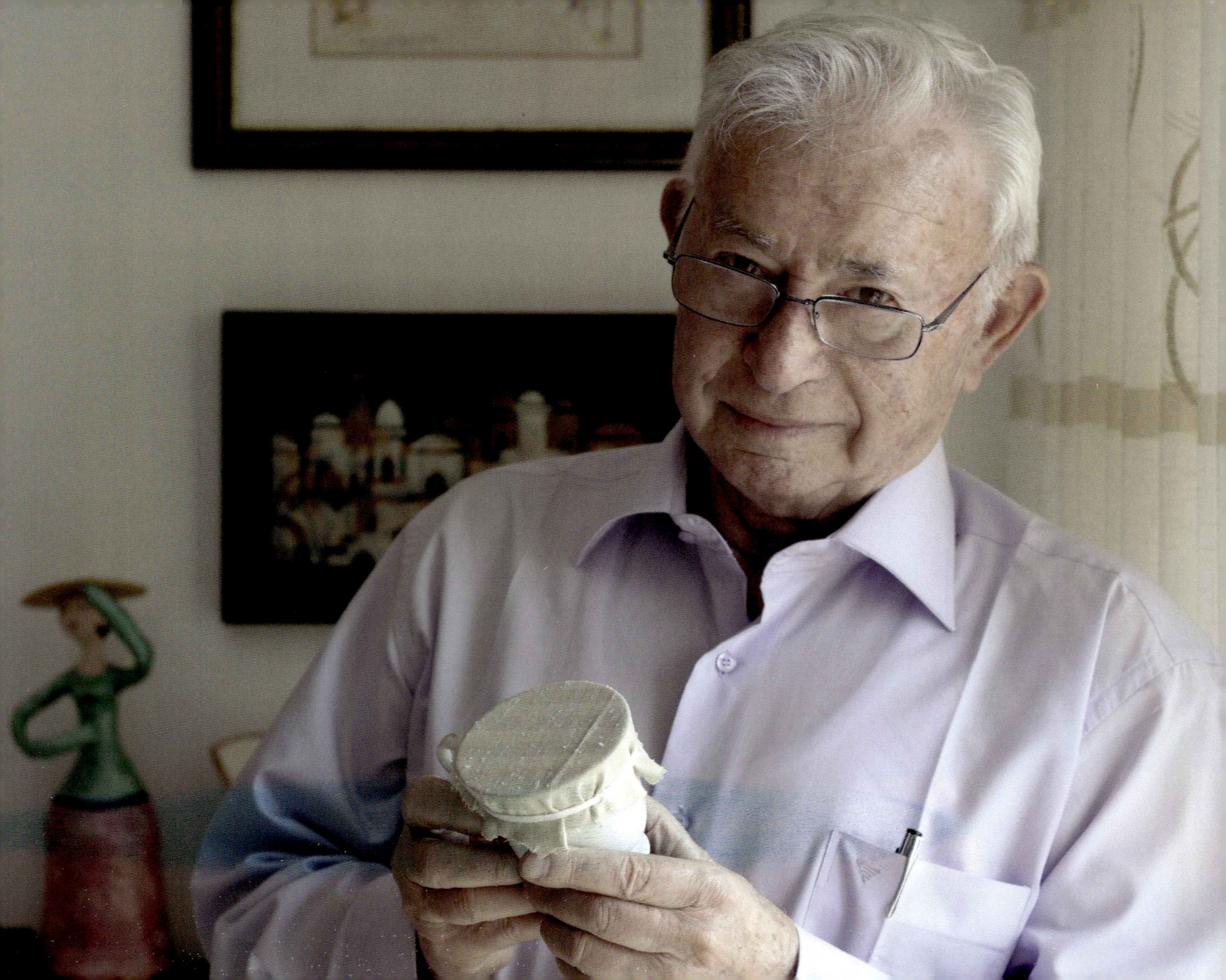

ELIEZER AYALON

geboren 1927 in Polen,
lebte in Jerusalem, gestorben 2012

LEBENSSTATIONEN

Eliezer Ayalon wurde in Radom in Polen geboren und verlebte dort eine sehr glückliche Zeit mit seiner Familie, die jedoch mit dem Einmarsch der Deutschen ein jähes Ende fand. 1942, als das Radomer Ghetto aufgelöst wurde, sah der damals 14-jährige zum letzten Mal seine Familie. Seine Arbeitserlaubnis bewahrte ihn damals vor Treblinka, nicht jedoch vor den fünf Lagern, darunter auch Plaszow, die er im Laufe des Krieges noch durchleben musste. Heute wacht Eliezer jeden Morgen mit dem Blick auf ein kleines Tässchen auf, ähnlich dem voller Honig, das seine Mutter ihm damals zum Abschied mit den Worten gab: »Es ist vorbestimmt, dass du ein süßes Leben haben wirst.«

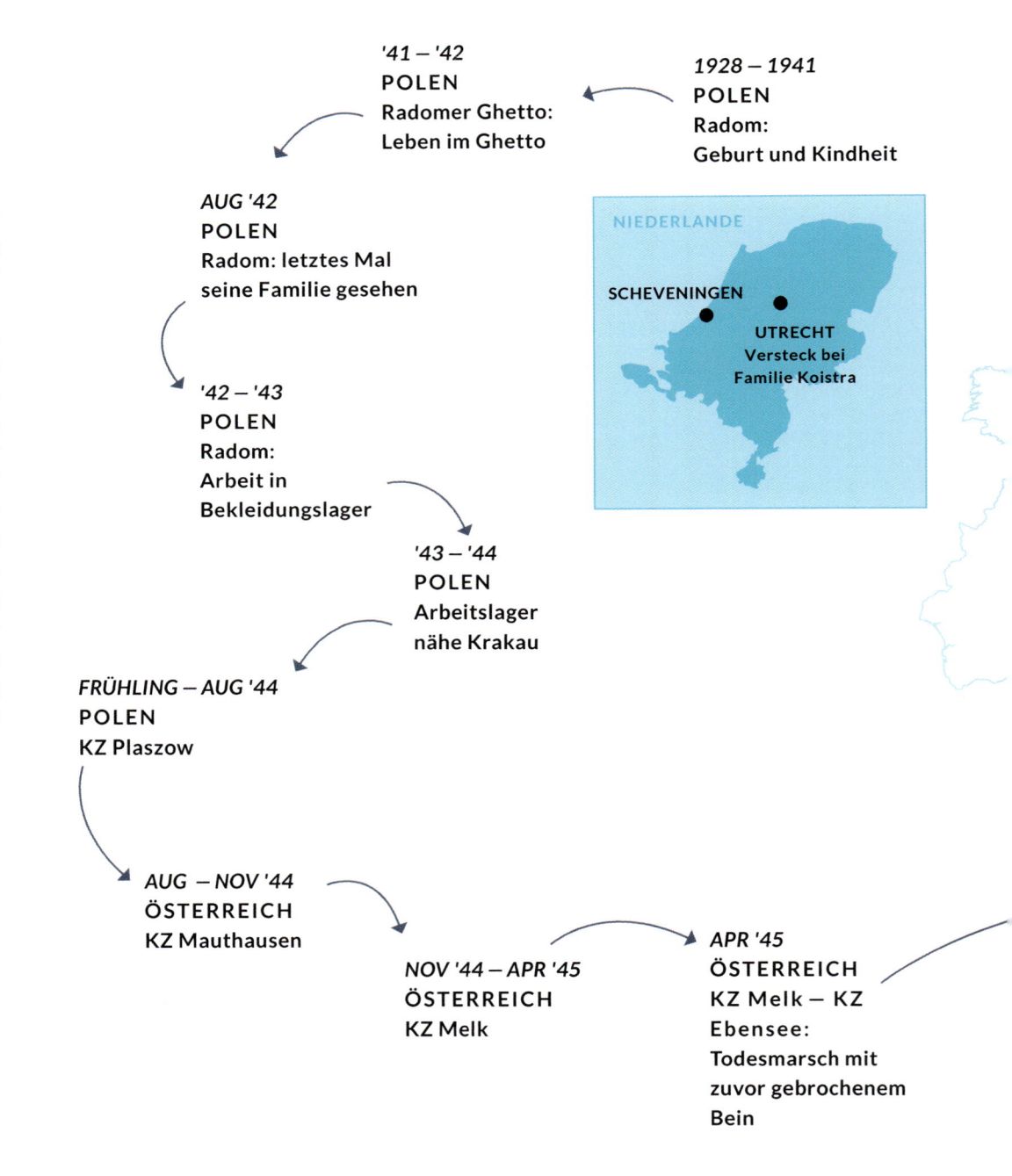

**1928 – 1941
POLEN**
Radom:
Geburt und Kindheit

**'41 – '42
POLEN**
Radomer Ghetto:
Leben im Ghetto

**AUG '42
POLEN**
Radom: letztes Mal seine Familie gesehen

**'42 – '43
POLEN**
Radom:
Arbeit in Bekleidungslager

**'43 – '44
POLEN**
Arbeitslager nähe Krakau

**FRÜHLING – AUG '44
POLEN**
KZ Plaszow

**AUG – NOV '44
ÖSTERREICH**
KZ Mauthausen

**NOV '44 – APR '45
ÖSTERREICH**
KZ Melk

**APR '45
ÖSTERREICH**
KZ Melk – KZ Ebensee:
Todesmarsch mit zuvor gebrochenem Bein

NIEDERLANDE
SCHEVENINGEN
UTRECHT
Versteck bei Familie Koistra

SCHEVENINGEN • UTRECHT

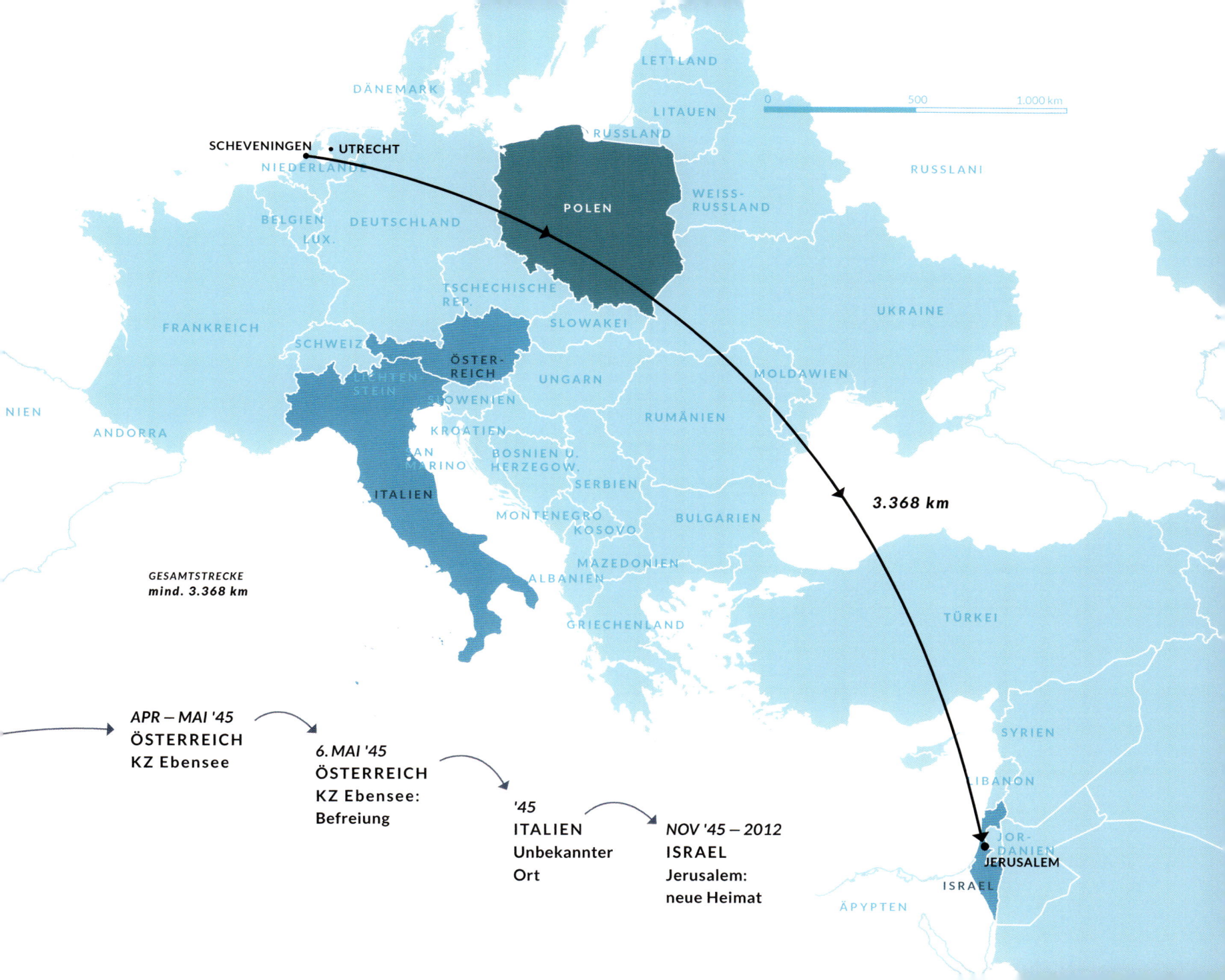

POLEN

ÖSTERREICH

ITALIEN

3.368 km

GESAMTSTRECKE
mind. 3.368 km

JERUSALEM

APR – MAI '45
ÖSTERREICH
KZ Ebensee

6. MAI '45
ÖSTERREICH
KZ Ebensee:
Befreiung

'45
ITALIEN
Unbekannter
Ort

NOV '45 – 2012
ISRAEL
Jerusalem:
neue Heimat

KINDHEIT ANTISEMITISMUS

7. März 2011, Jerusalem

Ok, we can start. Tell us about you and your life? Ok, so my name is Eliezer Ayalon. I was born in Radom, that is a city in central Poland. Before the war, Radom was populated by Jews and Poles. There were over 30,000 Jews and about 140,000 Poles living in the city. As a young boy, I was about eleven years old when the 2nd World War broke out.

I grew up in a Jewish, religious and traditional family of four children, two brothers and a sister. I was the youngest and I remember my life within the family, just before the war. I had a wonderful life.

It is very important to mention that fact. Before the Jews were murdered by the Nazis, there was a wonderful life. By living in a family I had my hopes, I had my dreams, I had my hobbies, I was a happy child.

I used to sing in a choir in a synagogue in my hometown with my brothers, and I remember the two bands prior to the war. July–August '39, there was a school vacation. On the first of November I was about to enter the 5th grade but all of the sudden my dream was disrupted. There were black clouds coming to Poland.

What happened then? What did you know? We were talking about the war and people knew there is going to be a war, the Germans are going to attack. We heard what was going on with Germany before, with the persecution of the Jews. We knew everything and then, all of a sudden, on the 8th of December '39, one week after the German invasion into Poland, I saw Germans in my hometown Radom.

It was a Friday, I remember so well.

There was a curfew to go out on the streets, but then the following day on Saturday, instead of going to a synagogue with my father, like we always did, I joined a group of children of my age. We decided to go into the streets of my hometown and come as close as we could to the German soldiers, who were sitting there and marching in cars…

I wanted to see who those German soldiers are who came in yesterday. And I have to tell you, when we approached the street, that square, with the group of Germans sitting in a car, one of them came out, a German soldier with a helmet on his head and a machine gun across his chest. He saw us children coming, about ten of us, he approached us and he had a piece of bread in his hand and he was about to give us this piece, but before he asked us a question, in German of course.

He wanted to know who we were, if we were Jewish children or non-Jewish children. So »You are Juden«? And although we didn't speak German, we understood that he was going to find out who we were. »Jude«, we spoke Yiddish, means »Jew«. We understood and we agreed. But then the German soldier began to shout at us and to insult us in the German language. I got so frightened and I went home and I remember with tears in my eyes.

I asked my mother, »Who are these German soldiers, why do they hate us?«, I didn't have to wait for the answer because two weeks passed and I learned a lot.

What were the Germans' next steps?
A couple of weeks after the German occupation of my hometown, they issued a number of restrictions against the Jewish community. One was that every Jew had to wear a Star of David, to identify us as Jews. The second restriction was that the Jews were not allowed to walk in the streets after 9 pm and a Jew walking in the street had to take off his hat when a soldier was passing. The rest of the restrictions were, Jews were not allowed to attend religious circles. This was during the time of the great Jewish holidays in September and October. But our community decided to defy the restrictions and we did organize religious circles in basements of our homes, not in synagogues. We turned a basement into a place of worship.

And children like us were watching out to make sure that Germans would not discover a group of Jews, because the religious circles were strictly forbidden. By being together with the family and with other Jews, my family was able to handle the difficult situation. As long as we could live and stay together with the family in a small home, and enjoy the food my Mom cooked, and sleep in my own bed and to celebrate the holidays, we had a home that was safe and warm. But the worst came about eight or nine months later, when I learned that the Germans were planning to establish a ghetto. Ghettos were already established in various places, there were over 1,100 ghettos in Poland. I had no idea what it meant cause I had never heard this word before, but the picture appeared to my horror, that I would have to leave my home with my family.

The Germans made sure, from the very beginning when they came into Poland and reached the Jewish communities, that they would establish a Jewish Council called »Judenrat«. This was a group of selected Jewish. Ten, twelve people, according to the size of the community. So in our town there was a Jewish council, and that Jewish council had to fill out the orders of the German authority, to meet all the demands.

IM GHETTO

What was the ghetto like? The ghetto was located in a very poor and slum neighborhood, in which maybe 1,200 Poles had previously lived. Now about 20,000 Jews were living there. We had no electricity and no running water and no basic hygienic conditions. The overcrowding was horrible, we slept with about 70 people in one room and we had no income cause the ghetto was closed by guards — you are cut off by the non-Jewish population.

That prevented us to make a living, like my father or brothers, who were not allowed to work anymore. People tried to open small businesses in the ghetto, but that was not possible because of the Germans. You see, they viewed the ghettos at a conditional measure and they were waiting to deport us to the concentration death camps.

So it was just temporal to control our lives. The living conditions in the ghettos was just horrible. The food the Germans gave us was not enough to live on and barely too much to die.

The only reason we survived was that we smuggled in food, but you needed money to buy the food. The first six months were not too bad cause people had some money, so they could buy or had jewelry which they could trade in. But after six or seven months, when the money ran out, people started to die. Walking over dead persons covered in snow was just a common thing. Back then I was 13 years old. Life in the Ghetto was despair, 150-200 people died every day.

I remember that our family could not afford to buy more than half a bread a day, for six people. My father divided the bread into six pieces. I was always hungry but I never complained. One way that could improve your chance to survive was that you got employed by the Germans. If you had any skills, and they needed you, you were safe and would not be transported to concentration camps. When I heard about that I tried to get a job.

One day I heard they needed someone to work in the, I say it in German »Bekleidungslager«, for six days a week. This was a base for elderly German soldiers and I have to tell you, who really were no Nazis. They were really nice to us and treated us like normal human beings. They gave us a bed and lunch every day. But to get the job was hard because the German policy demanded to be at least 15 years old, but I was 13 years old.

So how could you get this job? They always asked us. So I decided, I would lie about my age and hoped I would pass this test. So I was nervous, but I said that I was 15 and he believed me and I got the job. I had become two years older in this very moment. I was taken into the base with another 100 people and we had to unload material which was imported from Germany.

I was very energetic and punctual and they began to like me. I had another advantage, before the war... because I was singing in the choir, I had a beautiful singing voice and therefore they asked me to sing. One day they asked me to sing at a German birthday party and then they gave me chocolate and biscuits. I put it into my pocket and kept it there to share it with my little sister. They used me as an entertainer. I worked in this protected base for one more year until '43. But before that something really dramatic happened in my ghetto.

In the summer '42 the Germans had already planned to implement the final answer to the German question. And we knew that we all had to die, but we did not want to believe that. There were rumors in the ghettos that the Germans built six concentration camps on the soil of Poland. All these camps, we heard, were equipped with gas chambers and crematoriums. We did not want to believe that this was true. In July '42 the truth came out and then they started to send the Jews out. The date of deporting Jews from our town Radom was supposed to be on the 16th of August '42.

That was a Sunday.

I was at home cause it was the day off. And I remember the day, I can never forget this day. This was the last day, I was with my family. People knew that today the deportation started, and panic was all over the place and we were so frightened. The Jewish police officers warned us not to escape cause the ghetto was surrounded by German soldiers, who were equipped with machine guns. No one could get out or in. And then an announcement came through the loudspeakers of the ghetto to the residence of the ghetto. And that announcement saved my life.

The announcement was, that residents of the ghetto who had a working permission by the Germans, should go back to their working places before darkness begins to fall. But I didn't want to listen to this announcement cause I didn't want to get separated from my family. So there was drama in my heart, but my family told me to go back to my work place, not to worry about them. But I refused to leave my home. For two hours I was crying and begging my family to let me stay. But they did not listen to me and I could not convince them to let me stay. It was my mother who said, »You have to go, you have to go, it's getting dark«.

I had no choice and my mother escorted me to the exit, to make sure that I left. I had a pass. I remember that my mum hid something under her scarf.

But I did not really pay attention to it. So as we walked seven minutes to the exit gate, I would have stopped the clock if I could because I wanted the time to slow down. I knew that since I was out of this ghetto, I would never see my family again. As we approached the gate, my mother hugged me and said goodbye and said »No worries«.

»One thing I want you to know«, my mother said, »if there is anyone in the family with the chance to survive then it is you.« She was holding her hands on my shoulders and said: »You will survive and you will have a sweet life cause this is your destiny. You will survive.« And I asked: »Why me?«. And she said: »Don't ask questions«. While saying that she handed me something she had been hiding under her scarf and this was a white porcelain cup with a handle and a piece of cloth with a string to secure. And she handed me this cup and said, I would have a sweet life.

I did not want to take the cup, I didn't need anything, but I saw in my mother's eyes that she meant for me to have this cup. So I took the cup, hugged my mum and it was a tearful separation. And they let me out because my pass was valid. And this was the last time I ever saw my mother. Outside the ghetto I wanted to see what was in the cup. I was shocked. The cup was full of honey. Where did my mum get honey in the ghetto? There is not even bread. So how did she get this? Where did she keep it? I still don't know, until this very moment. This night I could hear the horrible sounds of machine guns and barking dogs, so I knew there was something happening in the ghetto. On the following day we got information from the Polish soldiers who worked in the camp.

They were sent in trains somewhere to the east. The Germans in the ghetto said to the Jews that they are going to be resettled, you know what that means. This is what people believed — that they would have to work in labour camps and children would be educated. Men and women would be working cause they needed cheap labour.

Extermination camps and gas chambers—nobody mentioned them. The Jews began to believe that maybe they really wanted us to work for them, and this is why they walked us to the trains. When they reached that place it was a extermination camp with gas chambers. When we heard this information, I didn't want to believe it — this seemed impossible. But the truth came out within one week and we knew it was true cause there were no more Jews in the ghetto. They were sent to a place called »Treblinka«. I never heard this word before but it turned out to be one of the biggest death camps in Poland. About 870,000 Jews from Poland were gassed and their bodies burned in this death camp. So I was the only one from my family left.

This was August '42. A year later we heard that the German authorities from that camp received orders from Berlin that Jews were no longer supposed to work in German military camps. They were planning to evacuate us from this protected place to a concentration camp. This was the first camp for me out of five. I've been in five camps. That camp was still in Poland, a labour camp, a former Polish prison. Within three days I learned how to make shoes, ten pairs a day. This was a horrible place, not like my place before. The guards were so cruel and 250 people slept in one room. I was scared to death.

So how was a day in a concentration camp? The day began at 5 o'clock in the morning with a wake up call. After you heard the call, you had twenty minutes time to appear to the counting. Before that, you had to get breakfast which consisted of a cup of tea or coffee, that's all. After the counting you had to work. You sat in your workplace until the next whistle blew at twelve o'clock. Lunch was served as a one hour break. It was one bowl of soup. If you found a piece of potato, you were really lucky. You did not need a spoon cause you could drink it, it was only water. Then you had to go back to work until six o'clock, until you finished your ten pairs of shoes. Then you marched again to the second appearance for counting. After that, you were free. You could go back to the barracks — but what did you do? You could lay yourself down.

Later you got 120 grams of dry bread, that was the whole food we got.

And I remember when the bread was distributed in the evening, I was watching with hungry eyes, what part of bread I would get today. You know, a bread, one loaf of bread was divided for six people. You had two edges on a bread – no one liked the edges. It was like a lottery, one day you got this, one day the other one. But I constantly debated with myself, when I was given a piece of bread, I was thinking, should I eat the entire portion of bread right away or maybe I should leave a piece for later and put it into my pocket?

And then I started to be my own storyteller. I started to tell myself stories. I wanted to tell my brain not to think about food cause this was the most obsessing thing; I was starving. So I was telling myself stories that the world was coming to an end and I will meet my family. But it didn't help, it didn't help at all.

I was in this camp making shoes until spring '44. Then we heard that some of the workers would be evacuated to another camp. The transport between different camps happened very often. But before that, there was another thing that happened and that was a selection. You had to stand before a Nazi doctor and he checked whether you were still strong enough. When you were sick, they sent you to a concentration camp. Standing in front of the Nazi doctor was like a test. He decided whether you should live or die, within a few seconds.

… left, right, left, right, and you could not say a single word.

When I stood there and observed the selection process, I remember, I knew that my chances of surviving this selection rose if I looked like I was strong and young and that I could work hard.

When it was my turn I prayed to God to make this Nazi doctor point his finger to the right, meaning that I would be send to another camp. And I stood in front of him and shouted: »Shoemaker!« Right away he pointed his finger to the right and I thanked God that he had heard my prayers.

The same day I was sent to another camp, not far from Krakow. It was a horrible, horrible place. I remember the entrance: Konzentrationslager.

The commander was so cruel, he killed Jews with his own hand. I worked again, under the same living conditions as before. During that time I saw people being killed every day. I was in this camp from springtime till August '44.

Most of the camps were closed by that time in Poland and the Jews were sent to Germany or Austria. One morning we got the order that we wouldn't work today cause there is another selection.

The doctors checked us again and the ones who were sick were sent to Auschwitz. I passed this selection and the next day I was sent to Austria, together with 6,000 Jews on a train.

That ghetto was even worse than the first two, it also had a crematorium and a gas chamber.

I remember the smell of dead bodies. In the beginning, I was registered like a prisoner.

My number was 84991. In addition to that we got a sign to show which nationality we belonged to, and to show which crime we did. A Jew had a six pointed star consisting of two different colored triangles, yellow and black, which meant I was a Jewish political prisoner. This was my crime. I was 16 years back then. The number was my name. I was there for a very short time but I had to do something in order to get some food. I was sleeping outside cause there wasn't enough room in the barracks.

In the middle of November, I was sent to another camp named Melk, also in Austria. Melk is a beautiful city in Austria. They sent us to work in tunnels. We worked in shifts for eight hours. I was already sick at that time. I was weak, and one day in the tunnel, I broke my leg and I thought: »That's the end. They will send me to the camp and kill me there.« There was also a hospital in every camp because the doctors came to practice on the prisoners of the camp. And I was crying cause I knew I was going to be killed. But they sent me to the hospital, which was overcrowded. People were lying on the floor, dying every day...

There was a young doctor and I was crying, but he said: »Don't cry, I will fix your leg«. I was in the hospital for three weeks and I was singing for them and got an extra piece of bread for that. As soon as I could stand on my feet, I was sent back to my block. But I could not even walk, how could I work.

In my block, the leading couple was looking for a »Stubendienst« and it was my luck that I got this job, and became the »Stubendienst« for that commander. I used to make his bed and washed his laundry, and so I became a protected prisoner.

I worked in this camp until the middle of April, then we learned that we would be moved to a different camp. The last camp, I had to march to, because there were no more trains for us.

So we participated in a death march for 120 kilometers. There I had to do the same work as before, working in tunnels. From April to the middle of May, I was in this camp. 1,800 prisoners, all of them skeletons. God knows how I could stand and survive. For two weeks we worked in the tunnels, and in the first week of May, for some reason, which I learned later, we did not go to work. They told us to stay in the barracks and to only appear for the appeals. And then I understood why.

People died every day, around 200 a day. But the sixth of May, that was the day when I was liberated.

Sarah, I suggest that we have a break now and have a cup of coffee.

WEITERLEBEN

The sixth of May '45, a beautiful sunny day and we were called out. But instead of 18,000, we were maybe 10,000. The others could not move out from their banks because of their weakness.

I somehow could walk, and then the commander stood in front of us and delivered a speech. I noticed that many of the guards were not there. I have to mention that the sixth of May was almost the end of the war cause two days later the Germans surrendered—do you remember it?

The commander delivered a speech that there was going to be a bombing of the American pilots coming in here, and we would be injured or maybe survive. We should go into shelter, into the tunnels cause there we would be safe and wouldn't be killed. But we knew, we understood his intention — his intention was to destroy us, because these tunnels, to which we were supposed to go, were already loaded with dynamite. They would destroy the tunnels, this was the order from Berlin, to destroy the camps with the prisoners, to stash away all the traces of crime that the Nazis committed and they wanted to destroy us.

So we heard about that and we all decided to refuse this order and not to walk into the tunnels. Imagine, thousands of people shouting »No«. I expected that people would get shot and they would open fire and kill us, they had machine guns but luckily they moved out and they left the camp and we were alone for three hours on the sixth of May.

At eleven o'clock we heard the sounds of tanks moving into the forest and we thought these would be the German soldiers coming back. But these were three American tanks and they discovered the camp and from each tanks there were soldiers coming out.

I remember, I stood there and I could not believe that these were human beings. To me, in my mind, they were like angels, coming down from heaven to save my life. So if they were angels, they should have wings, and so I said, I would check where the wings were.

But I just didn't have enough strength to move. They were angels without wings, these were American soldiers, who came to liberate 18,000 or less walking skeletons. And many would die on the streets, on that day. I remember the shouting and the hugging one another and touching the soldiers to make sure that they were real.

Eliezer Ayalon

Unbelievable… What happened then? And then the food came in. The Americans said, they have to bring food for us. So food came in and people started to fight for it…, and the results came later. People got sick from too much food and they died. Somehow I was able to control myself not to eat too much. I got sick with stomach aches. Horrible scenes, I saw people dying after the liberation. But then the American soldiers took care of us. The Red Cross came in and removed the dead bodies and gave us medication. I was in that camp for about three weeks. Then I was sent to Italy with 400 children my age. All survivors were, for six months, in a recreation center in a beautiful village. And then after sixth month, I was already back to normal life.

In November '45 the British Mandatory Government was here, in this country called »Palestine«, at that time, gave us entrance visas to Israel. I wanted to immigrate to the land of Israel before the state was established.

So then you got to Israel? How was that for you? In November '45 I came into the country with 400 children and it looked like heaven. The Jewish here took great care of us, they sent us to boarding schools to complete our education. And I chose to be a farmer. I learned and studied and I met my wife, who studied there as well. Three years later, the war of independence started and I joined the army.

My wife was an army nurse and back then we decided to get married. Then I went back to study and I became a tour guide, for 50 years. But I am not doing that very often. I want to conclude my story and tell you the whole story.

After the war, we, the Shoah-survivors, all of us, wanted to speak and wanted to share our experiences with the Jewish society. When we started, we realized that people were not interested in listening to our stories. They didn't believe us. And sometimes they gave us these hints that we did something wrong to survive, something immoral. Therefore we were really frustrated, the burden of not being believed and even worse, of being accused of some form of immorality, forced me and many others into a state of silence, which I maintained for 38 years and in which I didn't speak about the subject of the Shoah. I was hiding the identity.

Did you talk to your wife? Yes, she knew, bits and pieces, she was born in this country. But my children and grandchildren started to study the Shoah and knew that I was a survivor, but I wouldn't speak.

How long can you carry a heavy load like this? I am a tour guide and I am bringing people to Shoah museums.

I always left the tourists there and said that everything is self explaining, and got myself a cup of coffee, but I was really depressed about it.

Until something happened to me in '80. Thirty years ago there was the first gathering of Shoah-survivors from around the world in Jerusalem, a conference of survivors and I was there.

Elie Wiesel was the speaker and told us to speak about the Shoah.

I asked him to help me to let it out and he said to me: »You survived for a reason, it was meant to be that you survived.«

The same words that my mother said to me seventy years ago when she gave me the cup: »It is your responsibility to speak«, and he helped me to find my voice.

And then I started to become a Shoah witness and I am so happy that I can do that because how long will we be able to speak? Many of us are already in their 80s, many of my friends already sit in wheelchairs. Time is running out, and every month many survivors are dying, every month. I don't know how many years God will grant me life, but maybe 15 years from now, there will be no survivors alive, who can utter the simple words »I was there«. ...

I believe, especially young people have to hear this story to make sure that something like the Shoah would never ever happen again. I am sure that there are still people who would do the same.

Just yesterday I talked to a group of 100 children in a school. These children were travelling to Poland next week and they wanted to hear the story from a Shoah survivor. This gives me so much power and willpower to do it. Some people ask me where I got the strength when I was little, I was 17 when I was liberated, I was 32 kilograms and I…

What made you survive? I don't have an answer. One thing I know for sure, was that I refused to die. The Nazis wanted me to die. This was maybe my resistance. I did everything not to die. I wanted to live and enjoy life. So today, when I am meeting my family every week, I am the happiest man…, even though I am without my family from Poland.

So this cup, I will tell you later what happened to the original cup.

There is still honey in it in my head, and it is overfilling, so that other people can fill their cups with it. Since the Shoah I've taken honey as a metaphor for my life. What happened to the original cup from my mum? When I got to the first camp, you had to get rid of all your belongings. I kept the empty cup but one of the Nazi guards saw me hiding something and he approached me with a stick in his hand and slagged my hand and the cup fell down and broke into pieces.

My eyes cried, not because of the pain in my hand but because of the disconnection with my mother. I was really sad and I cried. I always dreamed that one day I would find a cup. I remember the color and the shape: It's the same here [He points out to a cup.] and every morning I can see the same cup which gives me inspiration that I can share with young belief. If you have any questions, I would be very happy to answer them.

Oh yes, I have so many questions. At first, I am still so touched. I know, everyone feels like that. There are still 200,000 survivors, and I don't know how many live in other countries. Each of them has a story. There are still a few who have not shared their stories. Many did, cause in the last 25 years the awareness of the Shoah arised. I can talk to children from the age of 5 to 90. I could drop a pin, everyone is listening and is fascinated — how could a boy aged 15–17 survive that just on his own? So when you hear that story many people are really touched and I have touched many lives. I've inspired people all over and received letters from all over the world.

Do you remember what had been your dreams and wishes from your childhood in Poland? I was brought up in Poland and we wanted to move to Israel but it was not easy to get into this country because the British did not let Jews enter the country. But the name Jerusalem and the stories of the Bible, I loved them so much. I wanted to know so much. My dream was to come to this country Jerusalem cause the name was mentioned three times a day in my home.

So you had a very religious childhood? Yes, absolutely. I lived in a very religious home and we observed all the rules. I remember, just before the Germans came to Poland, I joined a Jewish movement and every Friday we heard stories about the land of Israel and sang songs. So I was connected to the country. I had a choice after the liberation, I could have gone to Australia, America or Canada — I had the choice, but my heart was to fulfill this dream. And I am still a believing Jew. I never turned my back on faith. When I was in the camp, I used to pray to God almost every day.

I hoped that he would listen to my prayers. But there were also times when I was really angry with God because he didn't stop the murder of innocent people.

So have you found peace with God?
Oh yes, absolutely. This residence has a synagogue and I go there every Friday and Saturday. I still believe in God and maybe it was his will for me to survive. But many other survivors abandoned their belief in God and ask:

»Where was God?«

»Why didn't he help us?«, you know.

But I am so happy to God that I found my peace and have my life and family and the fact that I can speak. I devoted my life to share my experiences. And I am happy with what I am doing. I am passionate about life. I am passionate about people and I am passionate about what I do.

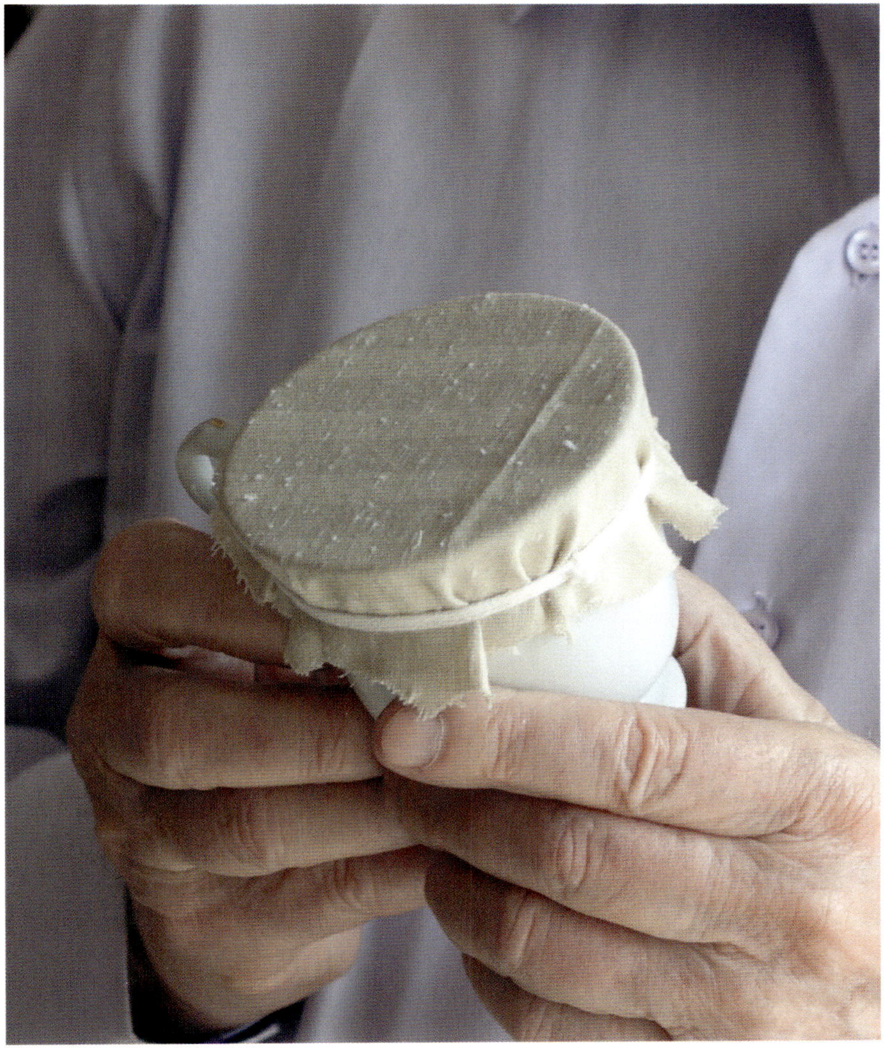

KINDHEIT   ANTISEMITISMUS

7. März 2011, Jerusalem. Übersetzung

Ok, wir können beginnen. Erzählen Sie uns doch bitte aus Ihrem Leben? Mein Name ist Eliezer Ayalon. Ich wurde in Radom geboren. Das liegt ziemlich zentral in Polen. Vor dem Krieg lebten dort über 30.000 Juden und rund 140.000 polnische Einwohner. Als ich ein kleiner Junge war, im Alter von elf Jahren, brach der Zweite Weltkrieg aus.

Ich wuchs in einer jüdisch-religiösen und sehr traditionellen Familie mit vier Kindern auf, mit zwei Brüdern und einer Schwester. Ich war der Jüngste, und ich erinnere mich sehr gut an mein Leben in der Familie kurz vor dem Krieg. Ich hatte ein wunderbares Leben.

Es ist mir sehr wichtig das zu erwähnen. Bevor die Juden von den Nazis ermordet wurden, war es ein wunderbares Leben.. Durch das Leben in meiner Familie hatte ich Hoffnungen. Träume und ging meinen Hobbys nach. Ich war ein glückliches Kind.

Früher sang ich in einem Chor in einer Synagoge in meiner Heimatstadt mit meinen Brüdern. Von Juli bis August '39 hatten wir Sommerferien. Ab dem ersten November sollte ich in die 5. Klasse kommen, aber sehr plötzlich wurde mein Traum zerstört. Schwarze Wolken zogen über Polen auf.

Was ist passiert? Was haben Sie gewusst? Wir redeten damals über den Krieg und die Leute wussten, dass es bald Krieg geben würde, dass die Deutschen angreifen würden. Wir hörten, was vorher in Deutschland los war mit der Judenverfolgung. Wir wussten alles. Und dann, plötzlich, am 8. Dezember '39, eine Woche nach dem Einmarsch der Deutschen in Polen, sah ich dann Deutsche in meine Heimatstadt Radom. Es war ein Freitag. Ich erinnere mich sehr gut.

Es gab eine Ausgangssperre. Aber am darauffolgenden Samstag ging ich nicht wie sonst mit meinem Vater in die Synagoge, sondern schloss mich einer Gruppe von Kindern meines Alters an. Wir beschlossen, so nah wir konnten an die deutschen Soldaten heranzugehen, die in ihren Autos saßen.

Ich wollte sehen, wer diese deutschen Soldaten waren, die gestern angekommen waren. Und ich muss dir sagen, als wir den Platz mit den Autos der Soldaten erreichten, kam einer von ihnen heraus. Ein deutscher Soldat, mit einem Helm auf seinem Kopf und einem Maschinengewehr über der Brust. Er stieg aus dem Auto aus und näherte sich uns Kindern, etwa zehn von uns. Er hatte ein Stück Brot in einer Hand und war im Begriff, es uns zu geben, stellte uns aber zuerst eine Frage, auf Deutsch natürlich.

Er wollte wissen, wer wir sind und ob wir deutsche oder jüdische Kinder seien. »Seid ihr Juden?« und obwohl wir kein Deutsch sprachen, verstanden wir, dass er herausfinden wollte, wer wir waren.. »Jude«, wir sprachen Jiddisch, das verstanden wir und nickten. In dem Moment begann der deutsche Soldat uns auf Deutsch anzuschreien und zu beschimpfen. Ich bekam große Angst und rannte mit Tränen in den Augen nach Hause.

Ich fragte meine Mutter: »Wer sind diese deutschen Soldaten und warum hassen sie uns?« Ich musste nicht lange auf die Antwort warten, denn in den folgenden zwei Wochen lernte ich sehr viel.

Was waren die nächsten Schritte der Deutschen? Ein paar Wochen nach der deutschen Besetzung meiner Heimatstadt gab es eine Reihe von Beschränkungen gegenüber der jüdischen Gemeinde. Eine war, dass jeder Jude einen Davidstern zu tragen hatte, um sich als Jude zu identifizieren. Die zweite Einschränkung war, dass den Juden nicht erlaubt wurde, nach neun Uhr auf die Straße zu gehen. Zudem musste ein Jude auf offener Straße vor passierenden Soldaten den Hut abnehmen. Eine weitere Beschränkung war, dass die Juden keine religiösen Versammlungen besuchen durften. Dies war während der Zeit der großen jüdischen Feiertage im September und Oktober. Aber unsere Gemeinde beschloss, sich dieser Beschränkungen zu widersetzen und wir organisierten religiöse Versammlungen in den Kellern unserer Häuser und nicht in den Synagogen. Wir verwandelten einen Keller in einen Ort der Anbetung.

Wir Kinder standen Schmiere, um sicherzustellen, dass die Deutschen uns nicht entdeckten, weil religiöse Versammlungen ja streng verboten waren. Durch das Zusammensein mit der Familie und anderen Juden konnte meine Familie mit der schwierigen Situation umgehen. Solange wir zusammen blieben und zusammen mit der Familie in unserem kleinen Haus leben, das Essen meiner Mutter genießen, im eigenen Bett schlafen und die jüdischen Feiertage genießen konnten, so lange hatten wir ein Heim, das warm und sicher war. Aber das Schlimmste kam etwa acht oder neun Monate später, als ich erfuhr, dass die Deutschen planten, ein Ghetto einzurichten. Ghettos wurden bereits in verschiedenen Orten etabliert, es gab über 1.100 Ghettos in Polen. Ich hatte keine Ahnung, was das bedeutete, da ich dieses Wort noch nie zuvor gehört hatte. Doch bald wurde mir mit Entsetzen klar, dass es bedeutete, mit meiner Familie unser Zuhause zu verlassen.

Die Deutschen hatten von dem Tag an, als sie nach Polen kamen und die jüdischen Gemeinden erreichten, dafür gesorgt, dass sie einen so genannten Judenrat einrichteten. Dies war eine Gruppe von ausgewählten Juden, zehn, zwölf, je nach Größe der Gemeinde. So gab es auch in unserer Stadt einen Judenrat, der die Befehle der Deutschen weitergeben und ausführen sollte.

IM GHETTO

Wie war das Ghetto? Das Ghetto befand sich in einer sehr schlechten Slum-Gegend, in der zuvor vielleicht 1.200 Polen gelebt hatten. Nun wohnten etwa 20.000 Juden dort. Wir hatten weder Strom noch fließendes Wasser und keine grundlegenden hygienischen Bedingungen. Die Überbelegung war schrecklich, wir schliefen mit 70 Personen in einem Zimmer und wir hatten kein Einkommen, weil das Ghetto von Wachen abgeriegelt wurde. Wir waren von der nichtjüdischen Bevölkerung abgeschnitten.

Das hinderte uns daran, einen Lebensunterhalt zu verdienen, und meinem Vater und Brüdern war es verboten, zu arbeiten. Die Leute versuchten, kleine Geschäfte in den Ghettos zu eröffnen, aber das war wegen der Deutschen nicht möglich. Weißt Du, sie sahen die Ghettos nur als Verwahrungsmaßnahmen und warteten darauf, uns in die Konzentrations- und Todeslager zu deportieren.

So war es nur vorübergehend, um unser Leben zu kontrollieren. Die Lebensbedingungen in den Ghettos waren einfach schrecklich. Das Essen, das uns die Deutschen gaben, war nicht genug zum Leben, aber gerade eben zu viel zum Sterben. Der einzige Grund, warum wir überlebten, war, dass wir Essen schmuggelten. Aber Du brauchtest Geld, um Lebensmittel zu kaufen. Die ersten sechs Monate waren nicht allzu schlecht, denn die Menschen hatten etwas Geld oder Schmuck zum Handeln. Aber nach sechs oder sieben Monaten, als Geld und Schmuck aufgebraucht waren, fingen die Menschen an zu sterben. Über mit Schnee bedeckte Leichen zu laufen, wurde normal. Mittlerweile war ich 13 Jahre alt und das Leben im Ghetto war pure Verzweiflung. Zwischen 150 bis 200 Menschen starben jeden Tag.

Ich erinnere mich, dass unsere Familie sich nicht mehr als ein halbes Brot pro Tag für sechs Personen leisten konnte. Mein Vater schnitt das Stück in sechs Stücke. Ich war immer hungrig, beschwerte mich aber nie. Eine Möglichkeit, die Überlebenschancen zu verbessern, war, für die Deutschen zu arbeiten. Hatte man irgendwelche Fähigkeiten vorzuweisen, die sie gebrauchen konnten, dann war man davor geschützt ins Konzentrationslager zu kommen. Als ich das hörte, versuchte ich einen Job zu bekommen.

Eines Tages hörte ich, dass sie jemanden brauchten, der sechs Tage die Woche im Bekleidungslager arbeiten würde. Dies war eine Basis für ältere deutsche Soldaten und ich muss Dir sagen, diese waren wirklich keine Nazis. Sie waren sehr nett zu uns und behandelten uns wie normale Menschen. Sie gaben uns ein Bett und jeden Tag ein Mittagessen. Den Job zu bekommen war aber schwierig, weil die deutschen Vorschriften ein Mindestalter von 15 Jahren forderten, ich war zu dem Zeitpunkt aber erst 13.

Und wie haben Sie diesen Job bekommen? Sie fragten uns immer nach dem Alter. Also beschloss ich, über mein Alter zu lügen und hoffte, ich würde damit durchkommen. Ich war sehr nervös, aber ich sagte, ich sei 15 Jahre alt, und er glaubte mir und ich bekam den Job. In diesem einzigen Augenblick wurde ich zwei Jahre älter. Ich wurde mit 100 anderen Leuten in die Basis geführt. Wir mussten Material entladen, das aus Deutschland importiert wurde.

Ich war sehr zupackend und pünktlich und sie fingen an, mich zu mögen. Ich hatte noch einen weiteren Vorteil. Vor dem Krieg sang ich in einem Chor, ich hatte eine wunderschöne Stimme. Deshalb baten sie mich zu singen. So kam es, dass sie mich eines Tages fragten, ob ich auf einer deutschen Geburtstagsparty singen würde. Als Dankeschön gaben sie mir Schokolade und Kekse. Ich legte sie in meine Tasche und behielt sie dort, um sie später mit meiner kleinen Schwester zu teilen. Sie benutzten mich als Entertainer. Ich arbeitete in dieser geschützten Basis etwa bis zum Jahr '43. Aber vorher passierte etwas wirklich Dramatisches in meinem Ghetto.

Im Sommer '42 hatten die Deutschen bereits einen Plan, um die ›Endlösung der Judenfrage‹ umzusetzen. Und wir wussten, dass wir alle sterben sollten, aber wir wollten es nicht glauben. Es gab in den Ghettos Gerüchte, dass die Deutschen sechs Konzentrationslager auf polnischem Gebiet bauten. Alle diese Lager, so hörten wir, wurden mit Gaskammern und Krematorien ausgestattet. Wir wollten einfach nicht glauben, dass das wahr sein könnte. Im Juli '42 kam die Wahrheit ans Licht und sie fingen an, die Juden zu deportieren. Das Datum der Deportation von Juden aus unserer Stadt Radom sollte am 16. August '42 sein.

Das war ein Sonntag.

Ich war zu Hause, es war mein freier Tag. Und ich erinnere mich genau an diesen Tag — ich werde diesen Tag nie vergessen. Das war der letzte Tag, an dem ich mit meiner Familie zusammen war. Man wusste, dass heute die Deportation beginnt, und Panik breitete sich im ganzen Ghetto aus und alle waren sehr verängstigt. Die jüdischen Polizisten warnten uns davor, zu flüchten, weil das ganze Ghetto von deutschen Soldaten mit Maschinengewehren umzingelt war. Niemand konnte raus oder rein. Und dann kam eine Ankündigung über die Lautsprecher an die Bewohner des Ghettos. Und diese Ankündigung sollte mein Leben retten.

Die Ankündigung besagte, dass all diejenigen, die für die Deutschen arbeiteten, vor Einbruch der Dunkelheit zu ihren Arbeitsplätzen zurückkehren sollten. Aber ich wollte dieser Ankündigung nicht Folge leisten, weil ich nicht von meiner Familie getrennt werden wollte. Ein Drama spielte sich in meinem Herzen ab, aber meine Familie bestand darauf, dass ich zurück zu meinem Arbeitsplatz kehrte und mich nicht um sie sorgen sollte. Aber ich weigerte mich, mein Zuhause zu verlassen. Für zwei Stunden weinte ich und bettelte meine Familie an, bei ihnen bleiben zu dürfen. Aber sie hörten nicht auf mich und ich konnte sie nicht davon überzeugen, mich bleiben zu lassen. Es war meine Mutter, die sagte: »Du musst jetzt gehen, es wird dunkel.«

Ich hatte keine Wahl und meine Mutter begleitete mich bis zum Ausgang, um sicherzugehen, dass ich ging. Ich hatte einen Pass. Ich erinnere mich, dass meine Mutter etwas unter ihrem Schal zu verbergen versuchte.

Aber ich habe nicht wirklich darauf geachtet. So gingen wir sieben Minuten gemeinsam zum Ausgangstor. Ich hätte am liebsten die Zeit angehalten. Ich wusste, ich würde meine Familie nie wiedersehen, sobald ich aus dem Ghetto heraus war. Als wir uns dem Tor näherten, umarmte mich meine Mutter, sagte mir auf Wiedersehen und fügte hinzu: »Hab keine Angst.«

»Eine Sache musst du wissen«, sagte meine Mutter, »wenn es einen bei uns in der Familie gibt, der eine Chance hat zu überleben, dann bist du das.« Sie legte ihre Hände auf meine Schultern und sagte: »Du wirst überleben und du wirst ein süßes Leben führen, denn dies ist dein Schicksal. Du wirst überleben.« Und ich fragte: »Warum ich?« Und sie sagte: »Stelle keine Fragen.« Während sie das sagte, reichte sie mir das, was sie unter ihrem Schal versteckt hatte. Es war eine weiße Porzellantasse mit einem Griff und einem Stück Stoff umwickelt. Und sie gab mir diese Tasse und sprach: »Du sollst ein süßes Leben haben.«

Ich wollte die Tasse nicht an mich nehmen, ich brauchte nichts, aber in den Augen meiner Mutter sah ich, dass sie wirklich wollte, dass ich diese Tasse nehme. So nahm ich die Tasse an mich und umarmte meine Mutter. Es war ein tränenreicher Abschied. Dann ließen sie mich die Grenze passieren, mein Pass war gültig. Und dies war das letzte Mal, dass ich meine Mutter sah. Außerhalb des Ghettos wollte ich sehen, was sich in der Tasse befand. Ich war schockiert. Die Tasse war gefüllt mit Honig. Wo hatte meine Mutter nur Honig im Ghetto herbekommen? Es gab nicht einmal Brot. Also, wie hatte sie das bekommen? Wo hatte sie die Tasse die ganze Zeit versteckt? Ich weiß es bis heute nicht. In dieser Nacht hörte ich die schrecklichen Geräusche von Maschinengewehren und Hundegebell. Da wusste ich, dass etwas im Ghetto vor sich ging. Am folgenden Tag bekamen wir Informationen von den polnischen Soldaten, die im Lager arbeiteten.

LAGER

Die Juden wurden in Zügen deportiert, Richtung Osten. Die Deutschen im Ghetto sagten zu den Juden, dass sie umgesiedelt würden, Du weißt, was das bedeutet. Das ist, was die Leute glaubten — dass sie in Arbeitslagern arbeiten und dass die Kinder ausgebildet würden. Männer und Frauen würden arbeiten, weil man billige Arbeitskraft brauchte.

Vernichtungslager und Gaskammern erwähnte niemand. Die jüdische Bevölkerung fing an zu glauben, dass sie vielleicht wirklich für die Deutschen arbeiten sollten und ging in die Züge. Doch der Ort, den sie erreichten, war ein Vernichtungslager mit Gaskammern. Als wir diese Informationen hörten, wollte ich sie nicht glauben — es erschien mir unmöglich. Aber nach weniger als einer Woche hatten wir Gewissheit, denn es gab keine Juden mehr im Ghetto. Sie wurden an einen Ort namens Treblinka verschleppt. Ich hatte nie von diesem Ort gehört, aber es stellte sich als eines der größten Vernichtungslager in Polen heraus. Etwa 870.000 Juden aus Polen wurden hier vergast und ihre Leichen verbrannt. So war ich als Einziger aus meiner Familie übrig.

Dies war im August '42. Ein Jahr später hörten wir, dass die deutschen Behörden die Anordnung aus Berlin erhielten, dass Juden nicht mehr im deutschen Feldlager arbeiten sollten. Damit mussten wir unseren geschützten Platz räumen und wurden in ein Konzentrationslager deportiert. Insgesamt wurde ich von da an in fünf verschiedene Lager verschleppt. Das erste Lager befand sich noch in Polen, ein Arbeitslager, in einem ehemaligen polnischen Gefängnis. Innerhalb von drei Tagen lernte ich, wie man zehn Paar Schuhe an einem Tag anfertigte. Es war ein schrecklicher Ort, nicht wie mein Platz zuvor. Die Wachen waren so grausam und 250 Leute schliefen in einem Raum. Ich hatte Todesangst.

Wie läuft ein Tag in einem Konzentrationslager ab? Der Tag begann um fünf Uhr morgens mit einem Weckruf. Nachdem man diesen Aufruf hörte, hatte man 20 Minuten Zeit, um zum morgendlichen Zählappell zu erscheinen. Davor musste man sein Frühstück einnehmen, bestehend aus einer Tasse Tee oder Kaffee, das war alles. Nach dem Zählen musste man arbeiten. Man saß an seinem Arbeitsplatz bis zum nächsten Pfiff um zwölf Uhr. Mittagessen wurde in einer einstündigen Mittagspause serviert und bestand aus einer Schüssel Suppe. Wenn man ein Stück Kartoffel darin fand, hatte man Glück. Man brauchte keinen Löffel, um sie zu essen, denn es war nur Wasser. Daraufhin ging man wieder bis um sechs Uhr zu seiner Arbeit zurück, bis man zehn Paar Schuhe fertiggestellt hatte. Dann marschierte man wieder zum zweiten Appell zum Zählen. Danach hatte man Zeit zur freien Verfügung. Man konnte zurück zu den Baracken gehen — aber was sollte man da tun? Man konnte sich hinlegen.

Später erhielt man 120 Gramm trockenes Brot, das war alles Essen, das wir bekamen.

Und ich erinnere mich daran, wie das Brot abends ausgegeben wurde. Ich habe mit hungrigen Augen beobachtet, welchen Teil vom Brot ich bekommen würde. Weißt Du, ein Brot, ein Laib Brot, wurde für sechs Leute aufgeteilt. Du hattest zwei Kanten pro Brot — niemand mochte die Kante. Es war wie eine Lotterie, an einem Tag bekam man dieses, einen anderen jenes Stück. Wenn ich mein Brot bekam, habe ich ständig mit mir diskutiert, wann ich mein vertrocknetes Stück essen würde. Ich überlegte, ob ich den ganzen Teil sofort essen sollte oder ob ich vielleicht ein Stück für später in meiner Tasche aufbewahren sollte.

Und dann begann ich mein eigener Geschichtenerzähler zu sein. Ich fing an, mir selber Geschichten auszudenken. Ich wollte mein Gehirn davon ablenken, immer nur ans Essen zu denken, weil Essen das Wichtigste war: Ich verhungerte langsam. Also habe ich mir Geschichten erzählt, dass die Welt untergeht und ich wieder meine Familie treffen werde. Aber es hat nicht geholfen, es hat überhaupt nicht geholfen.

Ich war in diesem Lager und stelle Schuhe her bis zum Frühjahr '44. Dann hörten wir, dass einige der Arbeiter in ein anderes Lager transportiert werden sollten. Der Transport zwischen verschiedenen Lagern fand sehr oft statt. Aber vorher gab es eine andere Sache, eine Selektion. Du musstest vor einem Nazi-Arzt stehen und er überprüfte, ob Du noch stark genug warst. Wenn Du krank warst, schickten sie dich in ein Konzentrationslager. Vor dem Nazi-Arzt zu stehen war wie ein Test. Er entschied innerhalb von Sekunden, ob man weiterleben oder sterben würde.

»Links, rechts, links, rechts« und man konnte kein einziges Wort sagen.

Ich erinnere mich: Als ich dort stand und die Selektion beobachtete, begriff ich, dass meine Chancen, diese Selektion zu überleben, rapide stiegen, wenn ich aussah, als sei ich stark und jung und in der Lage hart zu arbeiten.

Als ich an der Reihe war, betete ich zu Gott, dass dieser Nazi-Arzt mit dem Finger nach rechts zeigte, was bedeutete, dass ich in ein anderes Lager geschickt würde. Und ich stand vor dem Arzt und schrie: »Schuhmacher!« Sofort zeigte er mit dem Finger nach rechts und ich dankte Gott, dass er meine Gebete erhört hatte.

Am selben Tag wurde ich in ein anderes Lager gebracht, nicht weit von Krakau. Es war ein schrecklicher, schrecklicher Ort. Ich erinnere mich an den Eingang: Konzentrationslager.

Der Kommandant war so grausam, er tötete Juden mit seiner eigenen Hand. Ich arbeitete wieder unter den gleichen Lebensbedingungen wie vorher. Während dieser Zeit sah ich jeden Tag, wie Menschen getötet wurden. Ich war in diesem Lager vom Frühling bis zum August '44.

Die meisten der Lager in Polen waren bis zu diesem Zeitpunkt geschlossen und die Gefangenen nach Deutschland oder Österreich geschickt worden. Eines Morgens bekamen wir den Befehl, dass wir heute nicht arbeiten sollten, da es eine weitere Selektion gäbe.

Die Ärzte überprüften uns wieder und die Kranken wurden nach Auschwitz geschickt. Ich überstand diese Selektion und am nächsten Tag saß ich mit 6.000 Juden in einem Zug nach Österreich.

Dieses Ghetto war noch schlimmer als die ersten beiden, es hatte auch ein

Krematorium und eine Gaskammer.

Ich erinnere mich an den Geruch von Leichen. Am Anfang meiner Zeit in dem Lager wurde ich wie ein Häftling registriert.

Ich hatte die Nummer 84991. Darüber hinaus bekamen wir ein Zeichen, das unsere Nationalität angab und unser Verbrechen anzeigte. Ein Jude bekam einen sechseckigen Stern, bestehend aus zwei verschiedenfarbigen Dreiecken, gelb und schwarz, das bedeutete jüdisch-politischer Häftling. Dies war mein Verbrechen. Ich war zu diesem Zeitpunkt 16 Jahre alt. Die Zahl war mein Name. Ich war dort für eine sehr kurze Zeit, aber ich musste etwas tun, um etwas zum Essen zu bekommen. Ich musste draußen schlafen, weil nicht genug Platz in den Baracken war.

Mitte November wurde ich in ein Lager namens Melk umgesiedelt, ebenfalls in Österreich. Melk ist eine wunderschöne Stadt in Österreich. Sie schickten uns in die Tunnel zum Arbeiten. Wir arbeiteten im Schichtbetrieb für acht Stunden. Ich war damals schon krank. Ich war schwach, und eines Tages brach ich mir mein Bein in dem Tunnel und ich dachte: »Das ist das Ende. Sie werden mich ins Lager zurückschicken und mich töten.« Es gab in jedem Lager ein Krankenhaus, weil die Ärzte an den Gefangenen übten. Und ich weinte, weil ich wusste, dass ich sterben würde. Aber sie schickten mich in die überfüllte Klinik. Die Menschen lagen dort auf dem Boden und jeden Tag starben Patienten.

Da war ein junger Arzt und ich weinte bitterlich. Aber er sagte: »Weine nicht, ich werde dein Bein wieder richten.« Ich verbrachte drei Wochen im Krankenhaus und ich sang für sie und bekam ich ein Stück Brot dazu. Sobald ich wieder auf meinen Füßen stehen konnte, wurde ich zurück in meinen Block geschickt. Aber ich konnte nicht einmal gehen, wie sollte ich so arbeiten?!

In meinem Block suchten die Blockältesten einen Stubendienst und es war mein Glück, dass ich diesen Job bekam und Stubendienst für diesen Kommandanten wurde. Ich machte sein Bett und wusch seine Wäsche und wurde ein geschützter Gefangener.

Ich arbeitete in diesem Lager bis Mitte April. Dann erfuhren wir, dass wir in ein anderes Lager verlegt würden. Das letzte Lager. Dorthin musste ich marschieren, da es keine Züge mehr für uns gab.

So nahmen wir einen Todesmarsch von 120 Kilometer auf uns. Dort machte ich die gleiche Arbeit wie vorher, in Tunneln. Von April bis Mitte Mai war ich in diesem Lager. Insgesamt waren wir nur noch 1.800 Gefangene, allesamt Skelette. Gott weiß, wie ich noch stehen konnte und überlebte. Für zwei Wochen arbeiteten wir in dem Tunnel. In der ersten Woche im Mai mussten wir, aus irgendeinem Grund, den ich erst später erfuhr, nicht arbeiten. Wir sollten in den Kasernen bleiben und nur für die Zählungen auftreten. Und dann verstand ich warum.

Jeden Tag starben Menschen, rund 200 pro Tag. Aber der 6. Mai, das war der Tag, an dem ich befreit wurde.

Sarah, ich schlage vor, dass wir jetzt eine Kaffeepause machen.

WEITERLEBEN

Der 6. Mai '45 war ein schöner sonniger Tag und wir wurden wie gewohnt aufgerufen. Doch statt der 18.000 waren wir vielleicht noch 10.000. Die anderen waren so geschwächt, dass sie sich nicht mehr von ihren Bänken bewegen konnten.

Ich konnte irgendwie laufen und dann stand der Kommandant vor uns und hielt eine Rede. Ich bemerkte, dass viele von den Wachen nicht da waren. Ich muss erwähnen, dass der 6. Mai fast das Ende des Krieges war, zwei Tage später ergaben sich die Deutschen — Erinnerst Du Dich?

Der Kommandant hielt eine Rede, dass es hier bald zu einem Bombenanschlag von US-Piloten kommen würde und wir vielleicht verletzt würden. Wir sollten uns Schutz suchen, am Besten in den Tunneln, weil es da sicher sei und wir nicht getötet würden. Aber wir wussten Bescheid und verstanden seine Absicht sofort. Seine Absicht war, uns zu vernichten, denn diese Tunnel, in die wir gehen sollten, waren bereits mit Dynamit geladen. Sie würden die Tunnel zerstören. Das war der Befehl aus Berlin, das Camp mit den Gefangenen zu zerstören, alle Spuren der Verbrechen der Nazis zu vernichten und uns zu zerstören.

Wir hörten das also und beschlossen, uns diesem Auftrag zu verweigern und nicht in die Tunnel zu gehen. Stell Dir das vor, Tausende von Menschen, die »Nein!«, riefen. Ich erwartete, dass sie anfingen uns zu erschießen, sie hatten ja Maschinenpistolen. Aber glücklicherweise zogen sie davon und verließen das Lager, und wir waren am 6. Mai drei Stunden lang allein im Lager.

Um elf Uhr hörten wir im anliegenden Wald die Geräusche von Panzern, und wir dachten, die deutschen Soldaten würden zurückkommen. Aber es waren drei US-Panzer und sie entdeckten das Lager. Aus jedem Panzer kamen Soldaten. Ich erinnere mich, ich stand da und ich konnte nicht glauben, dass das wirklich Menschen waren. In meinem Kopf waren sie wie Engel, vom Himmel herabgekommen, um mein Leben zu retten. Aber wenn sie Engel wären, bräuchten sie Flügel und so sagte ich mir, dass ich nach den Flügeln schauen würde.

Aber ich hatte nicht genug Kraft, um mich zu bewegen. Sie waren Engel ohne Flügel, es waren amerikanische Soldaten, die kamen, um 18.000 oder weniger wandelnde Skelette zu befreien. Und viele sollten auf den Straßen an diesem Tage sterben. Ich erinnere mich an das Geschrei und die Umarmungen untereinander und an das Berühren der Soldaten, um sicherzugehen, dass sie tatsächlich real sind.

Unglaublich. Was passierte dann? Dann kam das Essen. Die Amerikaner entschieden, uns Essen zu bringen. Also kam das Essen und die Leute begannen, um das Essen zu kämpfen... Die Folgen kamen später. Die Leute wurden von zu viel Essen krank und starben. Irgendwie konnte ich mich beherrschen, nicht zu viel zu essen, aber trotzdem wurde ich krank mit Magenschmerzen. Schreckliche Szenen, die ich sah – Menschen starben nach ihrer Befreiung. Aber die amerikanischen Soldaten kümmerten sich um uns. Das Rote Kreuz kam und entfernte die toten Körper und gab uns Medikamente. Ich war in diesem Lager für ca. drei Wochen. Dann wurde ich mit 400 Kindern in meinem Alter nach Italien geschickt. Alle Überlebenden waren für sechs Monate in einem Erholungszentrum in einem schönen Dorf. Und dann, nach dem sechsten Monat, war ich bereits wieder zurück in einem normalen Leben.

Im November '45 war die britische Mandatsregierung hier in diesem Land, das damals Palästina hieß. Sie gaben uns ein Einreisevisum. Ich wollte schon in das Land Israel einwandern, bevor der Staat gegründet wurde.

Dann kamen Sie nach Israel? Wie war das für Sie? Im November '45 kam ich mit 400 Kindern in das Land und es war für mich wie der Himmel. Die Juden kümmerten sich sehr gut um uns. Sie schickten uns auf Internate, damit wir unsere Ausbildung abschließen konnten. Und ich wollte ein Bauer werden. Ich lernte und studierte und ich traf meine Frau, die dort auch studierte. Drei Jahre später, als der Unabhängigkeitskrieg begann, trat ich der Armee bei.

Meine Frau war eine Armee-Krankenschwester und damals beschlossen wir zu heiraten. Dann ging ich studieren und wurde Reiseleiter – für 50 Jahre. Doch ich mache das nicht besonders oft. Ich möchte meine Geschichte beenden und Ihnen die ganze Geschichte erzählen...

Nach dem Krieg haben wir, die Überlebenden der Schoah, über unser Erlebtes reden wollen und unsere Erfahrungen mit der jüdischen Gesellschaft teilen wollen. Als wir anfingen, stellten wir jedoch fest, dass die Menschen nicht an unseren Geschichten interessiert waren. Sie glaubten uns nicht. Und manchmal gaben sie uns das Gefühl, dass wir etwas falsch gemacht hätten, als ob wir etwas Unmoralisches getan hätten. Deshalb waren wir wirklich frustriert. Zum einen bedrückte uns die Last, dass sie uns nicht glaubten, und zum anderen, und das war noch schlimmer, wurden wir mit etwas Unmoralischem beschuldigt. Dies zwang mich und viele andere in einen Zustand des Schweigens, der für 38 Jahre anhielt, in denen ich nicht über das Thema des Schoah sprach. Ich versteckte diese Vergangenheit.

Haben Sie mit Ihrer Frau darüber gesprochen? Ja, sie wusste einiges. Sie selbst wurde in diesem Land geboren. Als aber meine Kinder und Enkel damit begannen, die Schoah zu studieren und wussten, dass ich ein Überlebender bin, konnte ich darüber nicht sprechen.

GLAUBEN

Wie lange können Sie so eine schwere Last tragen? Ich bin ein Reiseleiter und ich bringe Leute zum Schoah Museum.

Ich habe sie immer da stehen gelassen und gesagt, dass alles selbsterklärend ist und hole mir selbst eine Tasse Kaffee. Ich war aber wirklich deprimiert darüber.

Bis sich in den 1980er Jahren etwas änderte. Vor 30 Jahren gab es das erste Treffen von Schoah-Überlebenden aus aller Welt in Jerusalem, eine Konferenz der Überlebenden, und ich war dabei.

Elie Wiesel war der Sprecher und er riet uns, über die Schoah zu sprechen.

Ich bat ihn mir zu helfen, es herauszulassen und er sagte: »Du hast aus einem Grund überlebt. Es war bestimmt, dass du überleben solltest!«

Dabei benutzte er die gleichen Worte, die meine Mutter vor 70 Jahren verwendete, als sie mir die Tasse gab: »Es ist deine Verantwortung zu sprechen«, und er half mir, meine Stimme zu finden.

Und dann fing ich an, ein Schoah-Zeuge zu werden, und ich bin so froh, dass ich das tun kann. Denn wie lange werden wir in der Lage sein, zu sprechen? Viele von uns sind bereits über 80 Jahre alt, viele meiner Freunde sitzen schon im Rollstuhl. Die Zeit läuft ab und jeden Monat sterben Überlebende, jeden Monat. Ich weiß nicht, wie viele Jahre Gott mir noch schenken wird in meinem Leben. Doch in vielleicht 15 Jahren wird es keine lebenden Überlebenden mehr geben, die die einfachen Worte »Ich war dort.« aussprechen können.

Ich glaube, dass vor allem junge Menschen diese Geschichte hören sollten, um sicherzustellen, dass so etwas wie die Schoah nie wieder geschieht. Ich bin sicher, dass es noch Menschen gibt, die dasselbe tun würden.

Erst gestern habe ich zu einer Gruppe von 100 Kindern in einer Schule gesprochen, die in der nächsten Woche nach Polen reisen und die Geschichte eines Schoah-Überlebenden hören wollten. Ihr Zuhören schenkt mir so viel Kraft und Willensstärke, dies zu tun. Manche Leute fragen mich, woher ich damals die Kraft nahm. Ich war 17 Jahre alt, als ich befreit wurde, ich wog 32 Kilogramm und ich…

Was hat Sie überleben lassen? Darauf habe ich keine Antwort. Eines weiß ich ganz sicher, dass ich mich weigerte zu sterben. Die Nazis wollten, dass ich sterbe. Das war vielleicht mein Widerstand. Ich habe alles getan, um nicht zu sterben. Ich wollte leben und das Leben genießen. Wenn ich heute meine Familie wöchentlich treffe, dann bin ich der glücklichste Mensch… wenn auch ohne meine Familie aus Polen.

So, die Tasse, ich werde Dir später erzählen, was mit der Original-Tasse passiert ist…

In meinem Kopf ist die Tasse immer noch mit Honig gefüllt, und sie fließt über, so dass andere Menschen ihre Tassen ebenfalls mit dem Honig füllen können. Ich habe seitdem Honig als eine Metapher für mein Leben übernommen. Was geschah mit der Originaltasse von meiner Mutter? Als ich im ersten Lager ankam mussten wir all unsere Habseligkeiten ablegen. Ich versuchte die Tasse zu behalten, doch einer der Nazi-Wächter sah, dass ich versuchte, etwas zu verstecken. Er näherte sich mir mit einem Stock und schlug damit auf meine Hand. Die Tasse fiel zu Boden und zerbrach in kleine Stücke.

Meine Augen weinten, aber nicht wegen des Schmerzes, sondern wegen der zerbrochenen Verbindung zu meiner Mutter. Ich war so traurig und weinte. Ich habe immer davon geträumt, dass ich eines Tages eine Tasse wie die von meiner Mutter finden würde. Ich erinnere mich an alles – an die Form, an die Farbe. Diese Tasse ist genauso [Eliezer zeigt auf eine Tasse.] und so kann ich jeden Morgen die gleiche Tasse sehen, die mir meine Inspiration gibt, die ich mit jugendlichen Hoffnungen teile. Wenn Sie irgendwelche Fragen haben, ich würde mich sehr freuen, sie zu beantworten.

Oh ja, ich habe noch so viele Fragen. Ich bin immer noch so berührt. Ich weiß, jeder fühlt sich so. Es gibt immer noch 200.000 Überlebende und ich weiß nicht, wie viele noch in den anderen Ländern leben. Jeder von ihnen hat eine Geschichte zu erzählen. Aber es gibt noch einige Überlebende, die ihre Geschichten noch nicht geteilt haben. In den letzten 25 Jahren erzählten viele von ihren Geschichten, denn das Bewusstsein um die Schoah ist gestiegen. Ich kann vor jeder Altersgruppe meine Geschichte erzählen, für Kinder ab dem Alter von fünf bis zu den Senioren mit 90 Jahren. Es ist so leise im Raum, ich könnte eine Stecknadel fallen lassen und man könnte es hören. Jeder hört zu und ist fasziniert – wie konnte ein Junge im Alter von 15 bis 17 Jahren, der nur auf sich selbst gestellt war, diese Zeit überleben? Die meisten Menschen, die meine Geschichte hören, sind wirklich berührt und ich habe mittlerweile viele Leben berührt. Ich habe Menschen auf der ganzen Welt inspiriert und bekam Briefe aus der ganzen Welt.

Erinnern Sie sich noch daran, was Ihre Träume und Wünsche in Ihrer Kindheit waren? Ich wuchs in Polen auf und wir wollten nach Israel. Aber es war nicht leicht, in dieses Land zu kommen, da die Briten die Juden nicht in das Land einreisen lassen wollten. Doch der Name Jerusalem und die Geschichten der Bibel, ich liebte sie so sehr. Ich wollte so vieles wissen. Mein Traum war in dieses Land, Jerusalem, zu kommen, weil es früher dreimal täglich bei uns zu Hause erwähnt wurde.

Hatten Sie eine sehr religiöse Kindheit? Ja, absolut. Ich lebte in einem sehr religiösen Haus und wir befolgten alle Regeln. Ich erinnere mich, kurz bevor die Deutschen in Polen einmarschiert sind, schloss ich mich einer jüdischen Bewegung an, und jeden Freitag hörten wir Geschichten über das Land Israel und sangen Lieder. So wurde ich mit dem Land verbunden. Ich hatte die Wahl nach der Befreiung, ich konnte nach Australien, Amerika oder Kanada gehen – ich hatte die Wahl, aber mein Herz war zu diesem Traum, nach Israel zu gehen, berufen. Und ich bin immer noch ein gläubiger Jude. Ich habe dem Glauben nie den Rücken gekehrt. Als ich im Lager war, habe ich fast jeden Tag zu Gott gebetet. Ich hoffte, dass er meine Gebete erhört. Aber es gab auch Zeiten, wo ich wirklich wütend auf Gott war, weil er den Mord an unschuldigen Menschen nicht verhinderte.

So haben Sie Frieden mit Gott gefunden? Oh ja, absolut. Diese Haus hier verfügt über eine Synagoge und ich gehe jeden Freitag und Samstag hin. Ich glaube immer noch an Gott und vielleicht war es sein Wille, dass ich überlebte. Aber viele andere Überlebende verloren ihren Glauben an Gott und fragen:

»Wo war Gott?«

»Warum hat er uns nicht geholfen?«, weißt Du.

Aber ich bin Gott so dankbar, dass ich Frieden gefunden habe und ich mein Leben habe, meine Familie und die Tatsache, dass ich sprechen kann. Jetzt widme ich mein Leben dem Teilen meiner Erfahrungen. Und ich bin glücklich mit dem, was ich tue. Ich brenne für das Leben. Ich bin begeistert von Menschen und ich bin leidenschaftlich in dem, was ich tue.

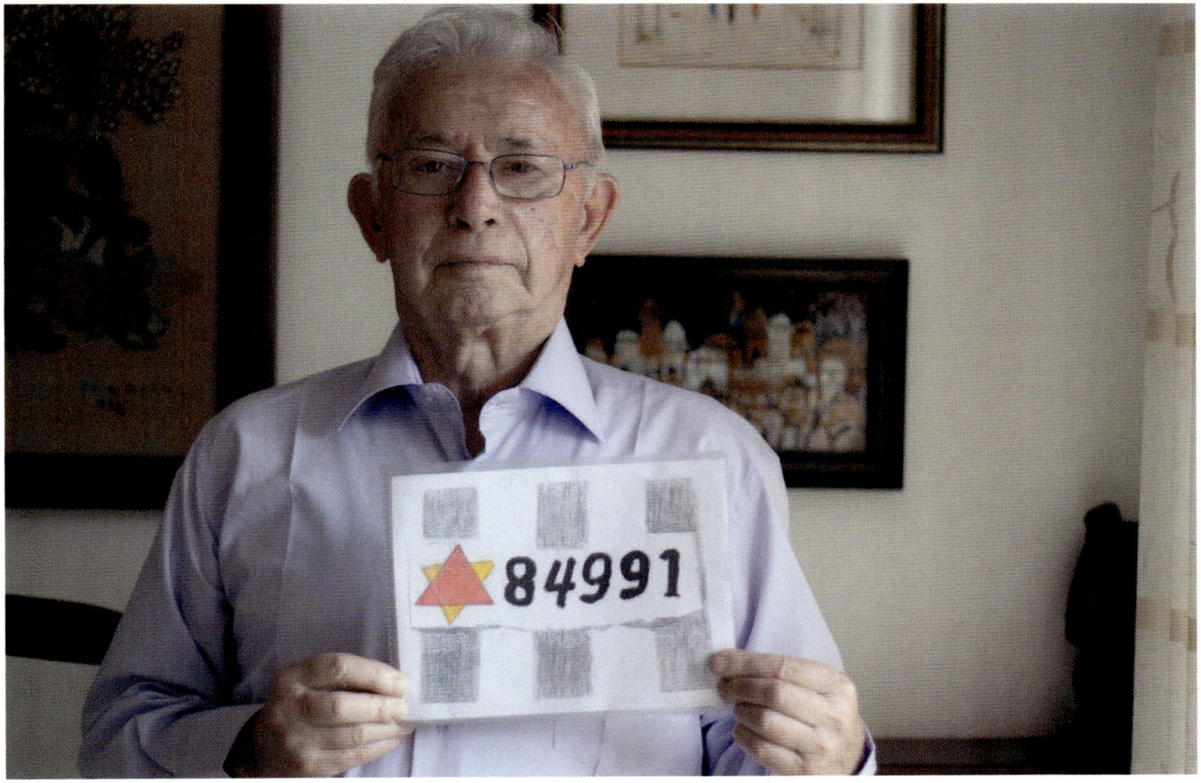
84991

DIE BEGEGNUNG

Einer Lebensgeschichte wie Eliezer Ayalons kann man nur erschüttert lauschen. Er selbst schildert sie mit einer unglaubliche Ruhe und Gefasstheit. Eliezer ist geübt. Sechs Tage die Woche arbeitet er daran, dass das Geschehene nicht in Vergessenheit gerät. Er hält Vorträge, begleitet Führungen in Yad Vashem und beantwortet Fragen. Seit Eli Wiesel ihm gesagt hat, dass es vorherbestimmt sei, dass er seine Geschichte erzählt, hat er damit nicht mehr aufgehört.

Auch wir durften erfahren, wie wichtig es ist, dass die Überlebenden der Schoah nach den vielen Jahren des Schweigens eben dieses gebrochen haben. Eliezer hat es sich zu seiner Lebensaufgabe gemacht. Er steht jeden Morgen auf, das Tässchen auf dem Nachttisch, um gegen das Vergessen zu kämpfen.

Denn es ist etwas anderes, wenn man mit jemanden sprechen kann, der weiß, wie es in einem Lager ist. Wenn man erklärt bekommt, dass man sich schon in der Schlange für ein Stück Brot ausrechnen kann, ob man ein gutes Stück aus der Mitte oder lediglich ein Endstück bekommt, und dass man sich besser sofort seine Nummer merkt, um den betrunkenen Soldaten am Wochenende keinen Grund für eine spontane Hinrichtung zu geben.

Es ist auch etwas anderes, wenn man jemanden kennenlernt und ein Gesicht mit dem Schrecken verbindet. Am Abend nach unserem Treffen schauten wir uns Steven Spielbergs Film »Schindlers Liste« an. Wir kannten den Film bereits. Aber nach unserem Treffen mit Eliezer kannten wir auch jemanden, der tatsächlich in diesem grausamen Lager gewesen ist: Ein charismatischer, eindrucksvoller Mann, der uns mit freundlichen Augen angesehen hat, während er von seiner Zeit im Lager, seinen Träumen und Hoffnungen sprach.

Eliezer Ayalon ist im Jahre 2012 gestorben. Wir möchten mit unserem Projekt seinen Auftrag aufnehmen und seine Lebensgeschichte weitertragen.

»And I am happy with what I am doing.
I am passionate about life.
I am passionate about people
and I am passionate about what I do.«

BRIEFE VON KINDERN UND JUGENDLICHEN

Lieber Eliezer Ayalon,

wir finden ihre Geschichte sehr rührend/interessant. Wir sind froh, solch eine Geschichte wie die von ihnen zu hören. Unserer Meinung nach haben sie sehr mutig gehandelt, dass sie an ihrem Ort geblieben sind, anstatt mit ihren Eltern zu gehen. Außerdem sind sie sehr verantwortungsvoll mit dem Glas voll Honig von ihrer Mutter umgegangen sind. Wir haben größten Respekt vor ihnen was sie durchgemacht haben und vor ihren Handlungen.
Wir wünschen ihren Kindern viel Glück und Gesundheit.

Liebe Grüße Marius + Lotz
16 Jahre jung

Ruhe in Frieden.

10. Klasse

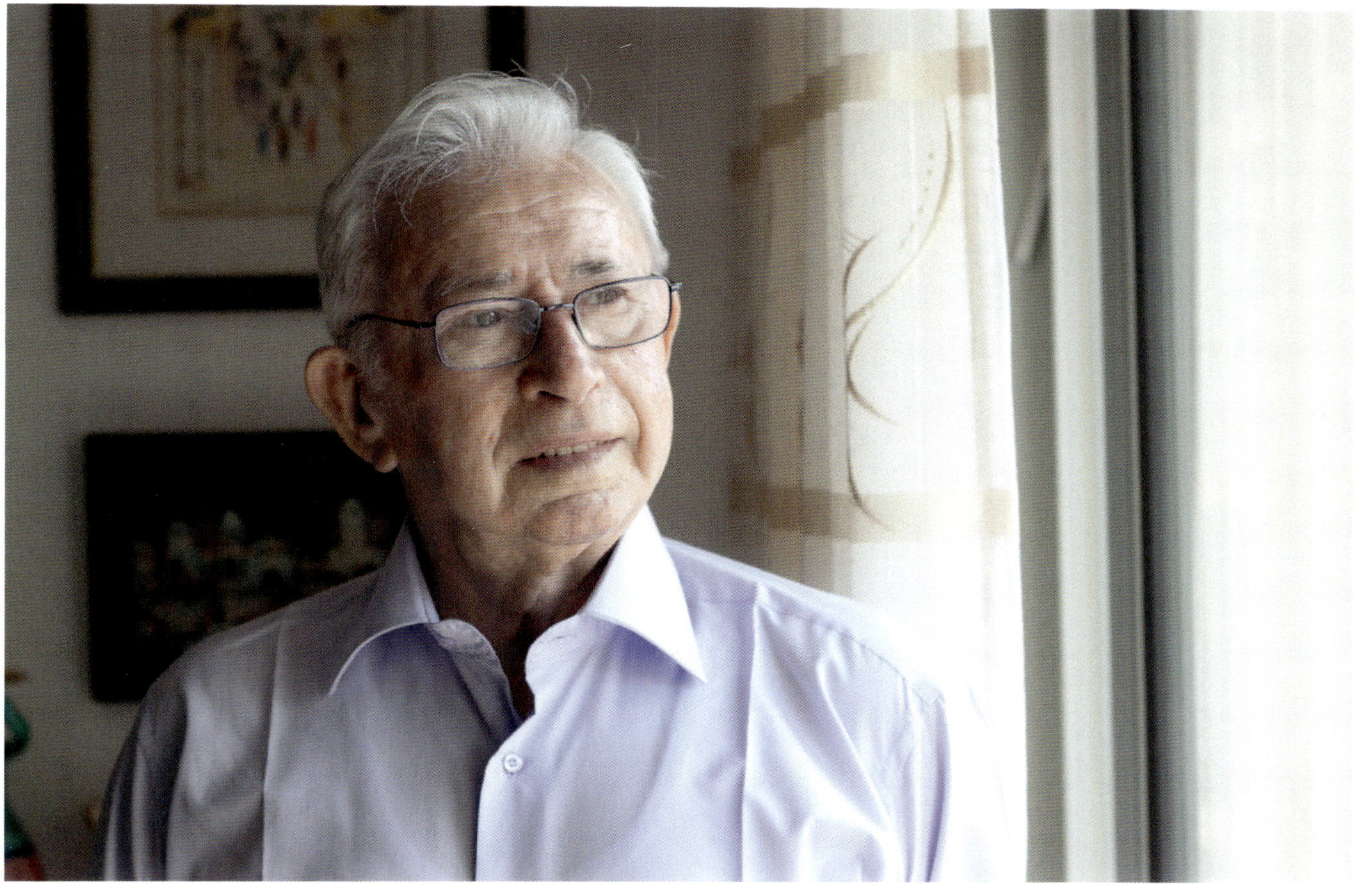

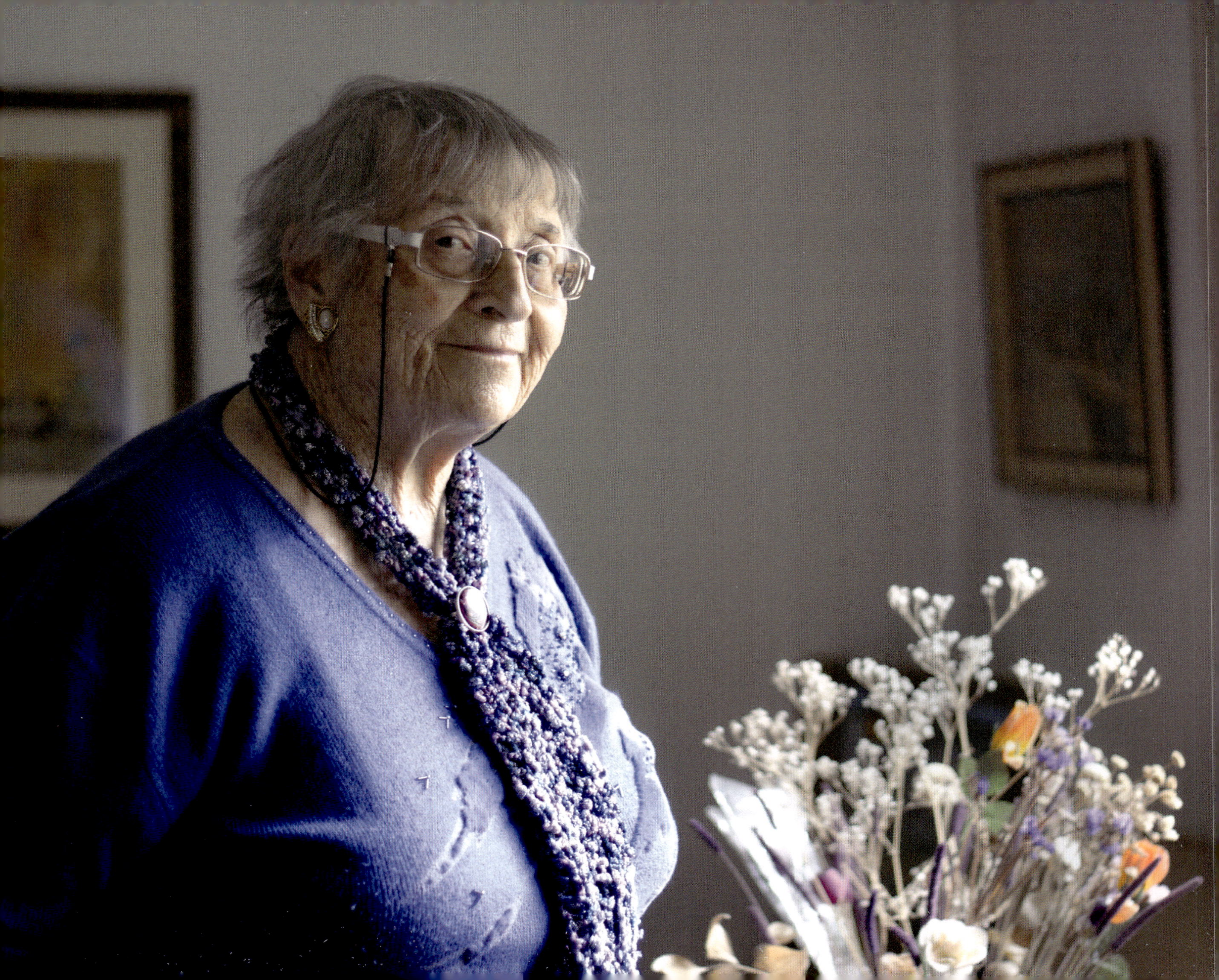

ELISHEVA LEHMAN

geboren 1924 in den Niederlanden,
lebt heute in Jerusalem

LEBENSSTATIONEN

Begegnet man Elisheva Lehman, so trifft man eine fröhliche kleine Kugel, wie sie selbst auch von sich sagt. Eine Frau, die von einem Leben voller Liebe und schönen kleinen Momenten erzählt. Erst während der langen Gespräche zeichneten sich auch die Narben ab, die nach den Jahren unter holländischen Häuserböden und mit der andauernden Angst, entdeckt zu werden, zurückgeblieben sind.

NIEDERLANDE
SCHEVENINGEN
UTRECHT
Versteck bei Familie Koistra

1924 – 1942
NIEDERLANDE
Scheveningen:
eine unbeschwerte Kindheit

'42 – '45
NIEDERLANDE
Orte unbekannt:
Überleben in
13 Verstecken

'45
NIEDERLANDE
Scheveningen:
wieder Leben und
die Freiheit genießen

'45
WEG NIEDERLANDE – ISRAEL
mit Elmar in ein neues Leben

3.368 km

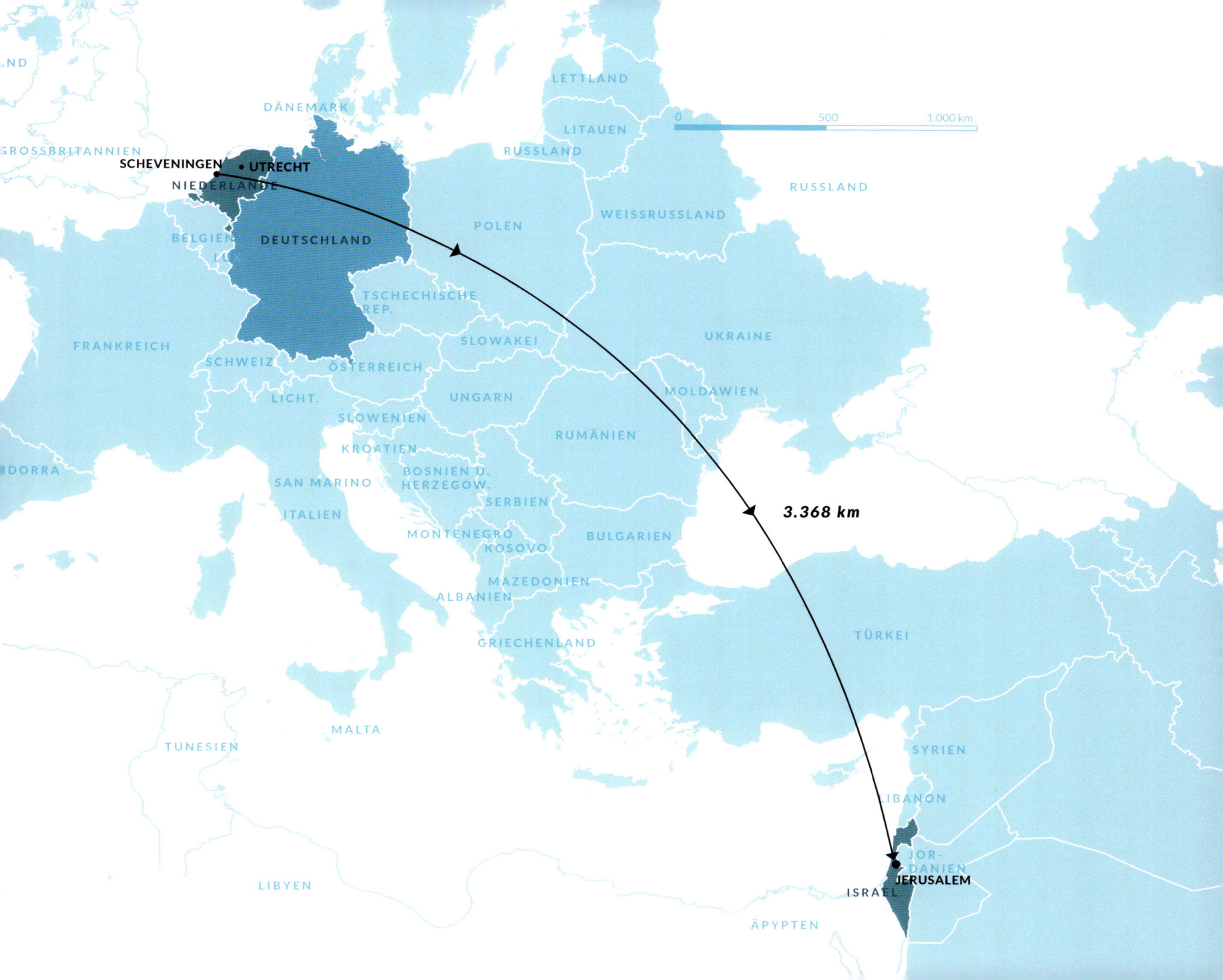

KINDHEIT   JUGEND UND VERFOLGUNG

8. März 2011, Jerusalem

Hallo Ellis, wo kommst Du her? Ich bin ein holländisches Mädchen.

Kannst Du mir ein paar Erinnerungen aus Deiner Kindheit erzählen? Meine Oma hat uns eigentlich erzogen. Sie hat bei uns im Haus gewohnt. Und Opa, Opa konnte Geschichten erzählen: Fantastisch! Am Sonntag Morgen bin ich immer bei ihm ins Bett gekrochen und dann habe ich ihn wach gemacht: »Erzähl eine Geschichte!«

Doch meine Oma, die war ein wenig strenger, denn die sollte uns erziehen. Und ich weiß noch, sie war ungefähr so hoch, als sie breit war. Sie hatte einen riesen Busen, die war so eine richtige Knuffel-Oma. Wenn ich ein bisschen traurig war, was nicht oft vorkam, hat sie mich in den Arm genommen. Und ich kann noch heute diese Wärme von diesem riesen Busen spüren.

Aber sie war streng: »Ellis, du musst deine Sachen aufräumen.« Ich hatte keine Lust. »Schrecklich«, sagte sie, »was du mir antust! Jetzt muss ich alle deine Spielsachen wegschließen.«

Du warst schon eine Jugendliche, als die Nazis nach Holland kamen, oder? Als ich mich verstecken musste, da war ich 18 Jahre. Ich bin '24 geboren. '42 mussten wir uns verstecken. Und zu der Zeit hatte ich einen Freund. Der war genauso alt wie ich, aber viel erwachsener als ich. Und wir waren sehr verliebt.

Das war eine schwere Zeit. Die Juden haben schon allerhand Sachen durchgemacht, bevor sie deportiert wurden. Und die Holländer waren nicht sehr nett zu ihren Juden.

Berni, mein Freund damals, und ich, wir wollten heiraten sobald der Krieg vorbei ist und nach Palästina ziehen.

War das damals schon Dein Wunsch, nach Israel zu gehen? Bei mir nicht. Er hat aus mir eine Art Zionistin gemacht. Ich wollte sehr gerne in Holland wohnen und ich wollte Schriftstellerin werden, Journalistin, und Holländisch ist meine Sprache. Aber es ist ein bisschen anders geworden.

Wie hast Du Berni kennengelernt? Ich hab ihn mit 17 Jahren kennengelernt. Er war zwei Monate jünger als ich. Und es war so, dass die jüdischen Leute nirgends mehr hingehen durften. Also haben unsere Eltern die Häuser am Freitag und am Samstag hergegeben für junge Juden, da konnten sie sich treffen.

Am Anfang fand ich Berni ein netter Junge. Aber er war sehr verliebt in ein anderes Mädchen. Und da wurde getanzt und diskutiert. Ich habe sehr viel von ihm gelernt. Aber es war überhaupt nix. Und eines Abends, als wir getanzt hatten zusammen – wir hatten schon öfter getanzt: Auf einmal spüre ich, dass er meine Haare streichelt und ich gucke ihn an und dann springt ein Funk' über. Und dann waren wir ein Paar.

Wir hatten ein halbes Jahr.

120
Elisheva Lehman

ÜBERLEBEN IM VERSTECK

Das war im Winter und im Juli habe ich mich schon versteckt. Alle Juden mussten sich entweder verstecken oder aus Holland weggehen. Alle Juden, nach dem ABC, haben eine Einladung bekommen und nachdem sie die Sterne hatten, waren sie registriert. Niemand hat daran gedacht nicht zu kommen, um sich zu registrieren.

Habt Ihr schon mit der Registrierung begriffen, was vorgeht? Schau, mein Vater und ich, wir haben den Aufruf bekommen, wir müssen arbeiten in Deutschland. Aber ein paar Wochen vorher ist etwas passiert: Mein Onkel, der jüngste Bruder von meiner Mutter, war in Amsterdam. Er hatte schon eher diesen Aufruf und ist arbeiten gegangen. Dann haben wir vom Roten Kreuz einen Brief bekommen, dass er leider an einer Komplikation vom Blinddarm gestorben ist. Und da sagte mein Vater: »Diese Nazis, die lügen wie gedruckt.«

… Mein Vater sagte: »Die machen uns da tot. Wahrscheinlich geben sie uns nichts zu essen und lassen uns schwer arbeiten, ich gehe nicht.«

Was war mit Deiner Mutter zu dieser Zeit? Meine Mutter war nicht einmal 40, als sie gestorben ist. Und mein Vater hat die Min geheiratet. Da war es noch nicht so schlimm mit den Juden.

Und welchen Plan hatte Dein Vater, als er beschloss dem Aufruf nicht zu folgen? Mein Vater war Maler. Aber als Maler konnte er in Holland nicht viel verdienen. Er hat angefangen Werbezeichnungen zu machen, auch für eine Zigarrenfabrik. Der Boss von der Fabrik war sehr nett. Er hat zusammen mit meinem Vater geholfen, Kinder aus Deutschland nach Holland zu schmuggeln. Und dieser Mann hat uns auch gerettet. Er hat gesagt: »Wenn es schlimm wird für euch, dann sagt mir Bescheid. Ich werde für euch sorgen.«

Wie hat Euch der Boss Deines Vaters geholfen? Er hat die Nichtjuden bezahlt, die uns versteckt hatten: fünf Gulden pro Person pro Tag, das ist 600 Gulden im Monat. Ein sehr guter Mensch.

Papi hat den Boss angerufen. Es war an einem Donnerstag, als wir diesen Brief bekommen haben. Mittags war er schon bei uns. Das war sehr mutig, denn Nichtjuden durften nicht mehr in die Häuser von Juden kommen und umgekehrt natürlich überhaupt nicht. Mami [Tante Min], Papi und er haben im anderen Zimmer gesprochen. Wir wurden nicht reingezogen.

Ok, das ist es. »Morgen früh gehen wir weg.«, hat Papi gesagt. Er hat gesagt: »Wir gehen zu irgendeinem Haus, das nicht bewohnt ist, wo der Untergrund uns hilft, die Sterne runterzunehmen. Dann müssen wir zu einem bestimmten Zug gehen. Wo wir raus müssen, das wird man uns im Zug sagen.«

Ich wollte nicht weggehen, ohne Berni das zu sagen, auch wenn Papi das nicht wollte. Es war ein vollkommen kindisches Verhältnis, aber wir wussten, wir wollten zusammenbleiben.

Er wurde natürlich leichenbleich.

Ich habe gesagt: »Du musst dich auch verstecken. Ich will dich zurück haben nach dem Krieg.« Wir haben verabredet, dass wir Tagebuch schreiben.

Am nächsten Morgen haben wir uns verabschiedet und dann haben wir uns nie mehr gesehen.

Aber Du hast für ihn Tagebuch geschrieben? Was ist damit passiert? Ich habe Tagebuch geschrieben und er hat Tagebuch geschrieben. An seinem Geburtstag im Juli, sechs Tage nachdem wir uns verstecken mussten, habe ich einen Brief geschrieben. Ende August hat ihn unser Kontaktmann zu Berni gebracht. Er hat aus dem Brief gelesen, dass ich gar nicht weiß, was sich tut in Holland. Niemand hat was erzählt, dass man schon alle Juden weggeholt hat.

Schon Anfang September hat er mir sein Tagebuch geschickt und ich habe gelesen, was sich getan hat.

Wo war Berni denn? Berni war noch immer in Scheveningen, wo wir gewohnt hatten. Er hatte keinen Platz gefunden.

Hast Du Berni geantwortet? Dieser selbe Kontaktmann sollte Berni mein Tagebuch bringen, nächstes Mal, wenn er wieder da sein wird.

Aber mein Tagebuch ist nicht zu Berni gekommen, denn er war schon weg. Sie hatten noch einen guten Platz bekommen, aber sie sind verraten worden. Wenn das Klo oft ging, sind Nachbarn gekommen und haben zu den Nazis gesagt, die verstecken Juden.

Die Juden haben viel Geld bezahlt und die Leute waren eifersüchtig. Denn ich kann mir nicht vorstellen, warum sie Juden, die sie nicht kennen, sonst umbringen lassen wollen. Also seine ganze Familie ist umgebracht.

Er wurde mit einem Stern registriert. Es ist nicht bestätigt, dass er umgekommen ist. Aber er ist umgekommen, denn sonst wäre er zurückgekommen.

Wie war es unterzutauchen und alles hinter sich zu lassen? Wir waren drei Jahre untergetaucht. Von 26. Juli '42 bis zum 5. Mai '45.

Wir haben all unseren Schmuck abgeben müssen. Und ich hatte so gern einen Ring von Mami mit einem Aquamarin drin. Aber Papi war so optimistisch und dachte, wir würden alles zurückbekommen.

Und die Fahrräder wurden uns genommen, denn die Wehrmacht hat das gebraucht für die Kriegsführung in Russland, so haben sie gesagt. Ich hab schon vor mir gesehen, wie ein deutscher Soldat in der Steppe von Russland den Krieg gewinnt auf meinem Fahrrad.

Wie habt Ihr während der Zeit, in der Ihr Euch versteckt habt, gelebt? Wir waren bei 13 oder 14 Adressen. Immer wenn es zu eng wurde, mussten wir weg. Aber jeder Einzelne hat mich gerettet.

Zum Beispiel Familie Koistra, das war in Utrecht. Die hatten neun Juden versteckt. Das Haus war so: Hinterzimmer beim Garten, Vorderzimmer, drei Schlafzimmer, fertig. Kein Bad, keine Dusche:

Wir haben uns jedes Mal in der Küche gewaschen. Aber da war so viel Liebe für uns und so viel Ehrerbietung. Das war wie der Himmel auf Erden. Es war unser letzter Platz.

Mit neun Juden und drei kleinen Kindern der Familie, die nichts wissen durften. Ich war die Camouflage-Jüdin mit meinen blonden Haaren.

Ist es einmal richtig knapp gewesen? Ja! Bei Koistra haben wir gesagt: Wir sind jetzt so viele Juden, wir müssen einen Platz haben, wo wir uns verstecken können. Der Fußboden war von einfachen Brettern und unter dem Hinterzimmer, in dem wir hockten, haben wir ein Versteck gemacht. Wir konnten die Schwelle hochheben, sie war nur mit einem Nagel festgemacht und es lag immer eine Zange im Kinderwagen. Koistra hatte so eine Klingel, wenn ein Auto kam. Wir haben so viele Übungen gemacht, in 23 Sekunden waren wir alle im Loch. Alle neun Juden und Koistra, weil er gesucht wurde, weil er doch im Untergrund arbeitete. Frau Koistra hat den Kinderwagen auf den Deckel gesetzt und dann hat sie die Tür aufgemacht.

Und wenn tatsächlich Nazis vor der Tür standen? Das war immer so: Es waren immer holländische Polizisten und das hat mich schrecklich geärgert. Sie mussten in der SS sein, aber sie haben die Juden verhaftet und in ihren Tod geschickt.

Also zwei Polizisten, ein SA mit Hut und Regenmantel und zwei Polizisten aus Deutschland: Es kamen immer fünf Leute zum Verhaften. Wir saßen da unten und konnten alles hören. Es wird geklingelt und das erste Wort ist: »Ausweis!« und gut, sie ist schwanger. Und sie ist eine kluge Frau. Sie nimmt ein Staubtuch und geht rauf und singt Psalmen: »Eine feste Burg ist unser Gott — jetzt sind sie in der Küche…«.

Aber manchmal waren es keine Wehrmachtssoldaten, dann kam die SS. Einmal dachte der SS-Mann: Es kann sein, dass unter dem Boden Juden sind. Im ganzen Haus hat er mit seinem Bajonett in den Boden gestochen. Wenn ich Dir erzähle: Mein Bruder und ich saßen ein Zentimeter voneinander und genau dazwischen ist das Bajonett heruntergekommen. Nicht in mich oder ihn, genau dazwischen! Nur Glück hatten wir.

Aber wenn Frau Koistra nicht da gewesen ist… Ja, eines Tages ist Frau Koistra nicht zu Hause. Da hält ein Auto draußen. Und Koistra sagt: »Schnell, schnell, schnell. Alle ins Loch. Ich bin krank.« Er gibt mir die weiße Schürze von seiner Frau und sagt, ich soll seine Krankenschwester sein — ich hatte einen gefälschten Ausweis. Da war nicht viel zu reden.

Also ich mache auf.
»Ausweis!«

Ich gebe meinen Ausweis, den eine nichtjüdische Dame für mich verloren hat und mein Bild war über ihrs geklebt. Warum? Weil auf der Rückseite des Fotos ihr Fingerabdruck war und daneben noch einmal. Also er fragt: »Was machst du hier als Krankenpflegerin?« Sag ich: »Frau Koistra, die ist hochschwanger und sie kann nichts mehr machen. Ich pflege sie und auch das kleine Kind. Ich bin Au-Pair.« Aber ich habe holländisch gesprochen und zwar so, wie die Leute aus der unteren Klasse sprechen. Weil ich doch ein Kind von Schauspielern bin.

Aber was mache ich jetzt? Es waren genau drei Minuten vergangen. Koistra hat noch nicht die Zeit gehabt, er kann sich nicht ausgezogen haben. Aber es war so: Die letzten zwei Monate vor dem Ende des Krieges war keine Seife mehr da.

Und Frau Koistra hatte solch eine Angst vor Ansteckung und hatte auf dem Schwarzmarkt Kreosol gekauft. Das tötet alle Bakterien. Und das stand überall. Auch auf der Treppe nach oben zum Zimmer von Koistra.

Also: »Wo ist Herr Koistra?«

Ich sag: »Er ist oben, ich mach gleich das Zimmer auf.« und ich sehe das Schüsselchen mit dem Kreosol. Wenn man ängstlich ist, bist du viel intelligenter als normal. Ich tunk das Tuch in das Zeug und fange an, mir das stinkende Tuch vor den Mund zu halten. Und sag: »Ach, vielleicht wollen Sie auch? Er hat Diphtheritis, schreckliche Krankheit. Wollen Sie auch ein Stückchen?« Also, Du kannst Dir nicht vorstellen, wie schnell diese fünf Männer runter waren! 18 Tritte, weniger als acht Sekunden. »Raus! Raus! Raus!«

Ich mache die Tür auf, und da liegt Herr Koistra im Bett. Decke bis zum Kinn, aber seine schweren Schuhe schauen heraus…

Ich will die Treppe wieder runter gehen. Auf einmal sind meine Beine gelähmt. Ich kann überhaupt nicht darauf treten. Das war eine hysterische Lähmung, von der Angst. Ich war drei Monate gelähmt, konnte nicht gehen. Aber du siehst, es ist wieder gut geworden.

Ich habe mich gerade gefragt, wie man immer wieder mit einem solchen Druck und der Angst umgehen kann. Und Du warst ja auch noch ein Kind. Wie fühlt es sich an, Jahre seiner Kindheit in einem Versteck zu verleben? Stell Dir vor, das ist eine schrecklich spannende Zeit und wir waren Sturm und Drang. Wir waren Teenagers, mein Bruder und ich. Manchmal, als wir so still sein sollten, kam es zum Zusammenstoß mit Papa, der viel Angst hatte. Wir durften doch keinen Lärm machen und durften nicht lachen. Wir durften nichts machen. Und als da wieder so eine Wut war, hat meine zweite Mutter, Tante Min, immer gesagt: »Kinder, vielleicht habt ihr recht und vielleicht hat Papa recht, aber denkt nur daran, wie viel Verantwortung dieser Mann trägt für die ganze Familie. Vergebt ihm schon, wenn er ein bisschen hart zu euch ist.« Und wahrscheinlich hat sie dasselbe zu ihm gesagt, denn er war immer sehr weich, nachdem sie mit ihm geredet hat.

Wie war eigentlich Euer Verhältnis zu Eurer »neuen Mutter«? Wir kannten Tante Min ja schon immer und wir haben sie heiß geliebt. Sie hat nie Kinder gehabt, sie wollte keine Kinder.

Und ich hab gesagt: »Warum macht ihr keine Kinder?« Da hat sie gesagt: »Ihr seid meine Kinder.« Das war schon nach dem Krieg, da habe ich zu meinem Bruder gesagt: »Wir werden zu Tante Min sagen, wir wollen dich Mamschi nennen.«, weil sie so klein war. Sie war sehr klein und zierlich – wunderschöne rote, lange Haare.

Und dann hab ich gesagt: »Bobby und ich, wir haben uns gedacht, wenn jemand das Prädikat Mutter verdient hat, dann bist du es. Wir möchten dich Mamschi nennen.« Das war natürlich sehr emotional – alle haben geweint.

WEITERLEBEN

Ihr habt dank der vielen Menschen, die Euch versteckt haben, alle überlebt? Ja.

Wie kann man weiterleben? 1945 kam die Jüdische Brigade ins Land. Da wusste ich schon, dass Berni nicht mehr gelebt hat. In seinem Tagebuch habe ich gesehen, dass er schreibt, wenn Ellis nicht zurückkommt, dann brauch ich auch nicht mehr zu leben. Aber ich habe gedacht, was hat man davon? Ich werde heiraten, aber mit jemanden, der mich mit nach Palästina nimmt. Das war Bernis Traum und dann werde ich dort viel Kinder haben.

Aber Du hast bestimmt nicht geglaubt, dass Du Dich noch einmal wirklich verlieben würdest? Ich habe mich schrecklich gewundert, dass mit mir passiert ist, was passiert ist.

Die Soldaten von der Palästinensischen Brigade kamen sehr gerne zu uns zu Besuch. Mein Vater war ein herrlicher Storyteller. Eines Tages kam Elmar zu uns. Er nannte sich Nathan, aber hieß eigentlich Elmar. Er kam aus Palästina und dort gibt es nicht diese drei Stufen im Eingang. Er ist mit seinen Stiefeln hängen geblieben und ist mir direkt vor die Füße gefallen. Das war ihm so unangenehm.

Er hatte ein schönes Lächeln, aber er war ein wenig tollpatschig. Er sagt also: »You are Ellis, I suppose?« Und ich antworte: »And you must be Nathan!«, und dann guck ich in Augen, blau wie der Himmel. Ich bin eine gute Schwimmerin und da wollte ich nur eine Sache: Springen, in diese Augen, schwimmen und nie wieder herauskommen.

Ich kannte Elmar schon zwei Wochen und er hat nichts gemacht — kein Flirt, obwohl er jeden Abend bei uns war. Und ich habe schon gedacht, er ist so schön, er ist natürlich homo. Aber ich fand ihn toll! Ich war sehr verwundert, dass ich mich so schnell verlieben kann in einen anderen Mann. Ich schäme mich dafür, aber so war es.

Elmi hat immer abends mit mir abgewaschen und einmal wusste er nicht, wo er einen großen Topf hinstellen sollte. Ich kannte das englische Wort für Brett nicht und habe seine Schultern genommen und wollte ihn drehen. Das hat er falsch verstanden und ist über mich hergefallen und hat mich geküsst, geküsst, geküsst.

Also waren wir verlobt.

Was haben Deine Eltern dazu gesagt? Siehst Du, ich habe Elmar gesagt, dass er bei meinem Vater um meine Hand anhalten muss. Wir haben uns eine Woche lang immer nur geküsst, das haben meine Eltern natürlich nicht übersehen können. Und als wir einen Abend zusammen saßen, da hat er Mut gehabt zu fragen: »Mr. Pareyra, I beg you for the hand of your daughter!« Und Papi sagt: »Such a surprise!«

Und dann hast Du tatsächlich einen palästinensischen Mann geheiratet und bist nach Israel gegangen? Ja, das ist auch eine Geschichte! Am Tag, an dem ich mit Elmi geheiratet habe, stehe ich oben und mache mich schön. Und da ruft mein Vater von unten: »Ellis! Komm mal her, es ist ein Geschenk für dich mit der Post gekommen!« Da hab ich gedacht: Na, das ist bestimmt von Freunden von Papi, die nicht kommen können. Aber Papi kannte den Namen nicht. Ich kannte den Namen von der Dame auch nicht.

Und ich öffne es und es kommt heraus ein kleines, schönes Heftchen, grün eingebunden mit Leder. Ich schaue rein und es war das zweite Tagebuch von Berni.

Das hatte die Frau, die ihn versteckt hatte. Sie hat mich gesucht, es war lange unterwegs. Und obwohl wir umgezogen sind, hat die Post uns gefunden – am Tage meiner Hochzeit.

Ein zweites Tagebuch von Berni und das am Tag Deiner Hochzeit… Das ist ja beinahe unglaublich. Ich habe gedacht, ich werde ohnmächtig. Ich erinnere mich an nichts von meiner Hochzeit. Ich habe mich jahrelang beschämt gefühlt und ich habe das Tagebuch und das andere Heftchen und mein Tagebuch versteckt in dem Koffer, den ich mit nach Palästina genommen habe. Und ich habe es nicht mehr aufgemacht, bis zu dem Jahr, in dem Shula, meine Tochter, 60 wurde.

Du hast das zweite Tagebuch von Berni erst nach über 60 Jahren zum ersten Mal gelesen? Ja, vorher konnte ich es nicht. Shula kam von einer Reise aus Deutschland zurück. Sie wusste, dass es mein Wunsch war und bot mir ihre Hilfe an. Denn ich konnte es nicht ohne ihren Beistand und ihre Hilfe machen. Und so haben wir die Bücher übersetzt. Dadurch sind wir einander sehr nah gekommen.

Ihr habt ein richtiges Buch geschrieben? Ja, wir haben die Tagebücher übersetzt und unsere Gedanken aufgeschrieben und es hat den Leuten, die es gelesen haben, gefallen. Und jetzt wird es publiziert.[4]

Was stand in den Tagebüchern denn drin? In dem Tagebuch waren ziemlich komische Sachen drin. Wo Berni und ich spazieren waren, da hat er einmal, wie aus Versehen, meinen Busen berührt. Man hat früher so etwas nicht gemacht. Und in mein Tagebuch schreib ich: Weißt du, Berni, das war keine versehentliche Berührung. Aber ich kann dir jetzt sagen, ich fand das wunderbar.

Und das wollte ich nicht meiner Tochter übersetzen. Da sagt sie: »Ima, sei nicht so kindisch. Was steht da? Wart ihr im Bett zusammen?« Sag ich: »Um Gottes Willen, nein!« und les es ihr vor. Sagt sie: »Mami, du bist 83, ich bin 60…«

Wir waren so keusch. Es hat mich erst körperlich nach ihm verlangt, da war ich schon untergetaucht.
Wir waren sehr lange Kinder.

Ich habe meine Familie heiß lieb gehabt. Aber dann lese ich in mein Tagebuch: Wenn ich wählen muss, ob du stirbst, oder Papi, Tante Min und Bob, dann brauch ich nicht nachzudenken. Du sollst leben bleiben. Wie ich das lese, sag ich: »Shula, das darf um keinen Preis im Buch sein. Wie kann ich so etwas schreiben?« Sagt Shula: »Aber Ima, du wolltest ihm beweisen, wie heiß du ihn lieb hast.« Schade, dass er das nicht gelesen hat.

Ich war auch eifersüchtig in mein Tagebuch und ich hab nachher sein Tagebuch gelesen. Jeder einzelne Tag endet mit meinem Namen. Ich werd Dir das zeigen.

Schade, dass er nicht das Tagebuch bekommen hat, denn das hätte ihm sehr viel geholfen in dieser schlimmen Zeit. Er und seine Familie wurden im September '43 verhaftet und über Westerbork in das Arbeitslager Auschwitz Monowitz deportiert. Drei Monate später, am 8. Januar 1944, wurde er in Auschwitz Birkenau ermordet.

[4] *»De dagboeken van Bernie & Ellis«. Bisher auf Niederländisch und Hebräisch erschienen.*

Wie war der Anfang hier in Israel? Es war nicht mein Traum, es war der Traum von Berni, nach Israel zu gehen. Und Elmi wäre ich auch nach Kalakka gefolgt.

Ich kam nach Israel mit einem Schiff. Am Anfang war ich sehr schnell schwanger und wir haben bei meinen Schwiegereltern geschlafen, denn es gab doch keine Wohnungen. Es war nicht leicht mit meiner Schwiegermutter. Ich versuchte nett zu ihr zu sein. Aber sie hat mich nicht gern gemocht.

Abends, wenn Elmi wieder heimgekommen ist, haben wir noch geschmust, aber es waren nur drei Zimmer und die Türen standen immer offen. Da hat sein Vater gerufen: »Ellis, nicht mehr reden. Elmar muss morgen früh aufstehen.«

Ich habe Elmar gesagt, dass ich dort nicht mehr bleiben will, dass ich zu meinen Eltern zurück will. Aber er wollte nicht ohne mich sein und hat schnell eine eigene Wohnung für uns bekommen.

Wir haben hinterher in einem Haus gewohnt, direkt am Meer. Wir sind jeden Tag schwimmen gegangen. Und mit den Nachbarn war es toll. Ich habe immer die Musik vom Meer gehört, wenn ich im Bett lag – wunderschön. Und diesen Geruch von dem Salzwasser.

Ab wann hast Du Dich denn zu Hause gefühlt? Als wir eine eigene Wohnung hatten. Am Anfang nicht. Es war schlimm. Auch, dass ich nicht mit ihm reden konnte.

Dein Mann Elmar hat Dich Dein Leben hier in Israel begleitet. Erzähl ein wenig von ihm und Eurer Zeit. Wir sind 63 Jahre verheiratet gewesen. 2008 ist er gestorben. Als Elmi Krebs hatte, hat er gesagt: »Ellis, ich will nicht sterben am Krebs. Du musst dafür sorgen.« Da frag ich ihn: »Wie soll ich das machen? Ich weiß schon. Ich habe da noch so eine Teigrolle. Also wenn du Krebs hast, dann hau ich dir eins rüber, dann stirbst du nicht am Krebs.« Er hat sich totgelacht und er ist nicht daran gestorben.

Wir sind ans Tote Meer gefahren. Ich hab ihm gesagt: »Du sollst nicht warm baden und nicht schwer massieren lassen.« Und das war der Fehler. Ich hätte ihn nicht massieren lassen sollen, denn er hatte verstopfte Adern. Er kam zurück und sagte: »Ich bin so müde, du kannst alle anderen Behandlungen machen. Ich lege mich kurz hin.« Im Schlaf hat er eine große Attacke gehabt, im Kopf.

Er konnte nicht mehr sprechen. Aber sein Gesicht hat alles gesagt. Nach drei Tagen Koma habe ich über ihm gegangen und als er erwacht, frage ich ihn: »Elmi, ich bin Ellis, deine Frau.«

Und er sagt mit seine Gesicht: »Bist du verrückt? Natürlich erkenne ich dich.« Als ich ihm einen Kuss auf die Stirn gegeben habe, hat er mein Gesicht runter gedrückt und mich auf den Mund geküsst. Er wusste genau, wer ich bin.

Er war sehr beliebt in dem Krankenhaus, denn er hatte so ein tolles Smile. Und die Ärzte im Spital haben gesagt: »So ein süßer Mann, er wird schon!«

Aber dann, an einem Freitag – die Enkelsöhne waren da, er hat Handball gespielt mit einer Hand – aber als ich ihm dann einen Nachtkuss gegeben habe, er war so kalt. Eiskalt war das Gesicht. Und am nächsten Morgen ist mein Sohn dorthin gegangen – es war den ganze Tag jemand von die Familie da. Er kam zurück und alle Kinder und Enkel waren hier und er sagte: »Vater ist nicht mehr.« Da sagte ich: »Gott sei Dank.« Denn das war kein Leben für ihn.

HEUTE

Wie war es, ohne Elmar zu leben? Die erste Zeit habe ich das Gefühl gehabt, er ist hier neben mir, wenn ich Fernsehen geschaut habe. Am Anfang war ich sehr kaputt natürlich, denn ich habe ihn sehr geliebt. Ich habe nichts auszusetzen, denn er war ja 87 Jahre. Und, Gott, hat der mich verwöhnt. Er hat immer hinter mir aufgeräumt. Als er nicht mehr war, war es plötzlich so chaotisch hier.

Ich habe nicht mehr gegessen und sehr abgenommen. Habe nicht mehr Klavier gespielt und nichts.

Was denkst Du über Dein Leben? Unsere Ehe war 62 Jahre von Glück und Freundschaft und sehr, sehr großer Liebe. Hier im Altenheim haben sie gesagt: »Die sind nicht normal, die Lehmans, die gehen noch Hand in Hand zusammen.« Und wir hatten ein Doppelbett, kein Zweibett.

Ich habe ein herrliches Leben gehabt, auch was Arbeit anbelangt. Für die Zwei- bis Sechsjährigen hab ich im Kindergarten gespielt.

In der Schule war ich Musiklehrerin, das habe ich studiert. Nachher habe ich Educational Drama gelernt. Herrlich, ich geh mit so einem Lächeln zu der Arbeit und habe gearbeitet bis ich 62 Jahre alt war.

Aber Du spielst ja immer noch. Gott sei Dank.

Wie würdest Du das Leben hier in Israel beschreiben? Es ist natürlich traurig, dass wir immer schuld sind. Wir sind schuld, was da in Ägypten passiert ist.

Aber das Land ist herrlich.

Aber all die Morde an Zivilisten… Es ist natürlich schlimm, dass wir die Leute einmauern. Aber in Europa versteht man überhaupt nicht, wie wir hier leben. All die Anschläge und Morde. Und die ganze Zeit gehen die Raketen in Südisrael nieder. Und kein Mensch in Europa macht den Mund auf. Die werden uns vernichten. Wir sind wieder sechs Millionen. Eine schöne Zahl, uns zu vernichten.

Ich hab ein Engelchen, denn all meine Söhne und all meine Enkelsöhne, sie leben.

Bist Du religiös? Ich war sehr fromm, als ich die Tagebücher geschrieben habe. Ich brauchte Gott. Als ich gehört hatte, wie viele getötet wurden – meine besten Freundinnen, meine ganze Familie, da war es zu Ende. Ich habe gesagt: »Ich weiß, wer Gott ist. Das ist das Gute, was in einem Menschen ist und ich werde es suchen.« Ich habe keine Regeln: Das nicht essen und das nicht tun.

Gott war noch nicht da, als wir Autos gehabt haben. Er wusste nicht, was das für ein Genuss ist am Schabbat zu fahren. Warum muss ich das lassen?

Hast Du die Zeit des Krieges und das Verstecken verkraften können? Nein. Niemand kann das gut verkraften. Ich bin jetzt mehr als 60 Jahren nach dem Krieg. Wenn ich um drei Uhr in der Nacht ein Auto halten höre, dann wache ich auf mit Herzklopfen: Jetzt kommt man mich holen. Denn Autos gab es nur bei den Nazis.

Ich bin immer fröhlich gewesen, das ist mir nicht weggekommen. Ich liebe mich selber. Aber das war nicht immer so. Gleich nach dem Krieg war das nicht so, weil ich auch versteckt wurde bei Leuten, die das nur ums Geld getan haben. Sie haben uns behandelt wie Zigaretten, die ausgemacht werden auf dem Fußboden. Das gab es auch.

Was hat diese Zeit für Dich heute verändert? Erstens habe ich gesagt: Ich bin nicht religiös, aber einen Satz werde ich mir merken: Liebe deinen Nächsten wie dich selber und liebe dich selber auch. Das ist schlimm, wenn du immer wie eine Ratte behandelt wurdest. Aber ich habe mir das angebracht, mich selber zu lieben. Und wenn ich mich selber liebe, kann ich auch andere Leute lieben.

Und ich habe gesagt: »Jetzt werde ich von jedem Tag ein Festival machen.«

Und ich werde mir ein Beispiel an den Koistras nehmen. Ich werde Leuten helfen, wo ich nur kann. Und das macht aus mir eine glückliche Person.

Und ich hab ein gutes Leben. Und jeden Morgen, wenn ich noch im Bett liege, frage ich mich: »Was für schöne Sachen werden mir heute passieren?«

Würdest Du sagen, dass Du glücklich bist? Ja. Ich habe 13 Urenkelchen. Ich habe Hitler überwunden. Ich habe ihn besiegt! Er wollte mich töten. Ich habe vier Kinder, zehn Enkelkinder mit Partnern – sie sind so wie meine Kinder.

Was gibt einem die Kraft, weiterzumachen? Es gibt Leute, die sind so kaputt gemacht worden in den Lagern. Aber so war es bei mir nicht.

Ich habe offenbar schon meinen Kindern etwas weitergegeben. Ich habe sie immer so im Haus haben wollen, dass sie das Gefühl hatten, im Haus ist es sicher, draußen aber nicht. Und meine Kinder haben zwei Pässe, damit sie die Möglichkeit haben, wegzukommen, wenn sie müssen.

Vermisst Du Holland eigentlich manchmal? Ne. Ich vermisse die Leute, die in Holland gelebt haben, aber Holland selber? Nein.

Die Begegnung

Begleitet man Elisheva Lehman durch das Parentshome Moses[5], so wird sie von jedermann gegrüßt. Sowohl Bewohner wie Angestellte mögen die fröhliche, kleine Dame. Man kann es ihnen nicht verdenken. Auf typisch ungezwungene, niederländische Art ruft sie: »Komm setz Dich, Schätzchen!« und schon reden wir über das Jungsein, die Liebe und das Meer.

Ellis hat viel geliebt in ihrem Leben. Sie sagt, sie habe Glück gehabt, dass sie zwei Lieben haben durfte. Denn viele Menschen erleben höchstens eine wirkliche Liebe. Wenn Ellis von Elmar, ihrem verstorbenen Ehemann, erzählt, dann strahlt sie, als habe es nichts Schlechtes in ihrem Leben gegeben. Auch ihr ganzes Zimmer ist vollgestellt mit kleinen Zeugnissen der Liebe in ihrem Leben: Unzählige Bilder ihrer Familie stehen auf Tischen und Schränken, kleine Kunstwerke ihrer Enkel zieren die Tür und Selbstgebasteltes wie Gesammeltes erinnert sie an Menschen und Erlebnisse. Ihr Rummel, wie sie ihre wilde Sammlung liebevoll nennt, gibt uns immer wieder Anlass zu kleinen Abschweifungen. Es macht Spaß, ihr zuzuhören.

Dennoch bekommen wir immer wieder kleine Ahnungen von der schlimmen Zeit ihrer Vergangenheit, die in ihrer Gegenwart nicht vergessen sind. Da ist die Angst, wenn nachts ein Auto auf der Straße hält und das verständnislose Kopfschütteln über den weiterhin präsenten Antisemitismus. Und da ist Berni, ihre erste große Liebe. Sie wollten nach dem Krieg heiraten, da waren sie sich ganz sicher. An ihrer Parkbank hatten sie sich verabredet, doch er ist nicht zurückgekommen. Obwohl Ellis sich noch einmal verlieben konnte, hat sie sich Berni gegenüber ein Leben lang schuldig gefühlt. Erst über 60 Jahre nach dem Krieg konnte sie diesen Verlust zusammen mit ihrer Tochter aufarbeiten. Sie zeigt uns die Tagebücher, die Berni während des Krieges für sie schrieb. Wir lesen die Zeilen voller Liebe und Hoffnung und wissen um Bernis Tod in Auschwitz. Es schnürt einem die Kehle zu – ein Gefühl, das durch keine fröhliche Geschichte getröstet werden kann.

[5] Parentshome: Altenheim

Dann ist es Zeit und wir reißen uns von dem Vergangenen los. Eine Etage tiefer warten Bewohner, denen es körperlich oder psychisch sehr schlecht geht, vorfreudig auf Ellis. Sie spielt ihnen einmal in der Woche etwas auf dem Klavier vor und teilt so etwas von ihrer Lebensfreude; Melodien von früher. Immer hat die Musik Elisheva begleitet. Sie gab ihr Kraft und Mut. Wir sehen zu, wie Ellis laut singend Kraft und Freude versprüht und fühlen uns mit einem Mal fröhlich. Wir können sogar ein paar Melodien mitsummen: »Muss i denn, muss i denn zum Städele hinaus und Du mein Schatz bleibst hier...«

Ellis am Klavier, die die Menschen um sie herum fröhlich macht – dieses Bild bleibt uns im Kopf und es wird zum Kommentarbild unseres Porträts.

Als es Zeit ist, Abschied zu nehmen, gehen wir als Freunde auseinander. Auch wenn die Begegnungen mit ihr nur ein paar Stunden dauerten, haben wir Ellis wie eine Vertraute in unser Herz geschlossen. Denn Gespräche von einer solchen Intensität und Offenheit bleiben nicht an der Oberfläche.

»Ich hab schon vor mir gesehen, wie ein deutscher Soldat in der Steppe von Russland den Krieg gewinnt auf meinem Fahrrad.«

BRIEFE VON KINDERN UND JUGENDLICHEN

Liebe Elles,

Ich heiße Elia, ich bin 11 Jahre alt. Ich habe ihre Geschichte gehört ich bin sehr berührt was sie alles durch gemacht haben ist echt erstaunlich. Ich hoffe es geht ihnen momentan sehr gut. Und ich hoffe auch dass sie noch viele Jahre weiter Leben werden. Ihnen noch viel Glück und Gesundheit in ihrem weiteren Leben. Sie sind die beste und stärkste Frau der Welt.

Mit Lieben grüßen: Ihr Elia ♡

6. Klasse

Liebe Ellis,
ich finde es sehr gut, dass sie so damit umgehen, obwohl sie so viel durchgemacht haben!
Ich finde es schön, dass sie Musik im Seniorenheim machen & trotz des Krieges, später auch einen Beruf (Musiklehrerin) erlernt haben.
Andererseits finde ich es auch sehr traurig was damals geschehen ist!
Und genau deswegen bin ich froh, dass sie ihr Leben einfach weitergeführt haben & nichts von ihrer Fröhlichkeit verloren haben.
Sie sind ein großes Vorbild für mich & ihre Geschichte hat mich sehr berührt!
Ich wünsche ihnen noch viel Glück, Gesundheit & viel Freude in ihrem Leben.
Viele Liebe bis Grüße ihre Inka. (12 Jahre)

7. Klasse

Liebe Frau Lehmann, ♡

Wir haben von ihrer schrecklichen Geschichte gehört. Für uns heute ist es unvorstellbar, wie schrecklich die Deutschen waren. Sie sind eine sehr starke Frau, die dies alles durchmachen musste.
Wenn wir heutzutage im Unterricht das Thema durchnehmen fangen manche an zu weinen, weil wir uns so unmenschliche Taten nicht vorstellen können.
Ihre Geschichte ist traurig aber gleichzeitig auch fröhlich und ermutigend, dass sie es geschafft haben.
Wir haben davon gehört, dass Sie Klavier spielen dies ist wunderschön und wir wünschen ihnen nach sehr viel Spaß dabei.
Sie haben keines falls einen Fehler gemacht ihren Mann zu heiraten, bitte machen sie sich keine Vorwürfe!
Sie sind ein wundervoller Mensch.
Wir denken an sie, damit sie keine Albträume mehr haben und wir hoffen, dass sie noch ein wundervolles Leben haben. Wir wünschen ihnen alles Glück der Welt, Gesundheit und Albtraumleere Nächte.
Mit den besten Grüßen Lamana und Anna ♡ 15 Jahre

10. Klasse

Liebe Ellis,

Mein Name ist Julia und ich gehe in die 12. Klasse.
Die Heimatsucher haben unsere Arbeitsgemeinschaft, mit der wir uns mit dem Holocaust beschäftigen, besucht.
Ihre Geschichte hat mich sehr fasziniert. Trotz vielem Leid, das Sie erlebt haben, gehen Sie mit einer Einstellung durchs Leben, die ich auch leben möchte. Es ist bewundernswert, wie positiv Sie auf Ihre damalige Liebe zurückblicken, in dieser schrecklichen Zeit. Beim Lesen Ihrer Geschichte, und vor allem Ihrer Liebesgeschichten, wird mir warm ums Herz. In Ihren Worten steckt so viel positive Energie und Hoffnung. Ich finde, Hoffnung ist sehr wichtig für das Leben und zu lesen, dass Menschen wie Sie nie die Hoffnung aufgegeben haben, macht mich sehr glücklich. Sie machen anderen Menschen Hoffnung! Ich wünsche Ihnen nur das Beste für die Zukunft und bleiben Sie auf jeden Fall so, wie Sie sind.

Die besten Grüße
Julia ♥ (17)

12. Klasse

Liebe Ellis,

ich hoffe dir geht es gut in Israel. Deine Geschichte hat mich sehr berührt und ich kann verstehen das es in dieser Zeit nicht leicht war. Ich kann mir so eine schreckliche Vergangenheit gar nicht vorstellen. Ich finde gut das du das alles mit Humor siehst. Ich heiße übrigens Emma und bin 12 Jahre alt und hoffe das du jetzt nicht mehr so oft an die schlimme Zeit denkst. Ich wünsche dir viel Glück in deinem Leben und eine schöne und gute Zeit.

Liebe Grüße Emma ♡

Emma 12 Jahre

Schönes Leben ♡

6. Klasse

Sehr geehrte Frau Lehman!

Ich habe Ihre Geschichte gelesen und ich bin sehr beeindruckt von Ihnen. Sie haben so viel Kraft und Mut und ich bin begeistert davon, wie viel Liebe Sie auch heute noch in sich tragen. Durch Sie wird mir bewusst, dass Liebe und Optimismus das Wichtigste im Leben sind, denn durch Liebe und Optimismus wird man sie der Lebenswillen verlieren. Ich bin dankbar dafür, Ihre Geschichte erfahren zu dürfen! Sehr viele Menschen können viel von Ihnen lernen und ich denke, dass viele Menschen durch Ihre Geschichte lernen, dass die Liebe und die Hoffnung stärker sind als Hass, Zorn und Wut je sein können. Ich werde Ihre Geschichte weiter erzählen und Sie können sich sicher sein, dass Sie nie in Vergessenheit geraten werden!

Ich wünsche Ihnen auf Ihrem weiteren Lebensweg viel Gesundheit, Mut und Freude!
Liebe Grüße
Thilo (17, Deutschland)

12. Klasse

Liebe Ellisheva Lehman,

ich fühle mich wirklich gut, weil ich nun einer so herausragenden, liebenswürdigen und tapferen Person schreiben darf.
Einer Person, wie dir, kann man nur dankbar sein, dass du die schwere Zeit der Judenverfolgung und alles andere, ebenso schwere und schreckliche, überstanden hast und die Welt allein durch dein Bestehen und deine Geschichte bereicherst.
Ich bewundere dich gerade deswegen so sehr, weil ich mir so sehr wünsche in schwierigen Situationen genauso gut damit umgehen zu können, wie du es in einer, um einiges schwierigeren Situation, geschafft hast. Auch wenn die Zeit schwer für dich war und sie manchmal auch noch ist, finde ich, dass du die stärkste Frau auf der Welt bist, gerade weil du die grausame Zeit tapfer durchgestanden hast. Du verdienst den höchsten Respekt der Welt, zu dem natürlich auch meiner gehört.
Bleibe unbedingt so wie du bist: stark, tapfer, glücklich, liebenswürdig.
Ich hoffe dir gefällt dieser Brief.
Deine
Lena (14)

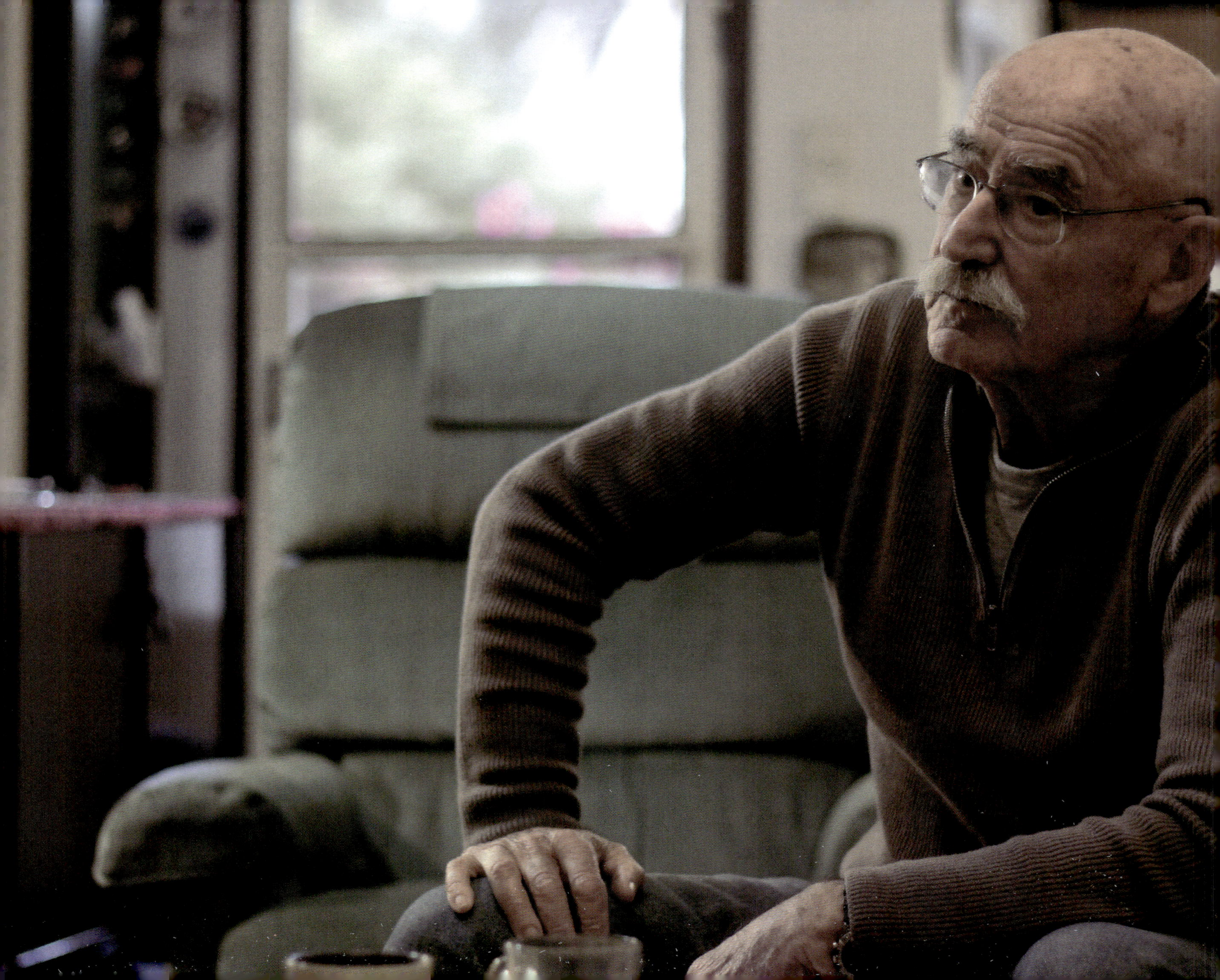

TIBI RAM

geboren 1931 in Ungarn,
lebt heute in Afikim

LEBENSSTATIONEN

Der Soldat Tibi Ram ist schon als Patriot aufgewachsen. Sein Herz schlug für sein Geburtsland Ungarn, weniger für seine Religion. Doch für die Nationalsozialisten war er Jude, und als sie 1944 seine damalige Heimat besetzten, kam er mit seiner Familie nach Auschwitz, anschließend nach Breslau und dann mit den Todesmärschen nach Bergen-Belsen. Der Tag seiner Befreiung war gleichzeitig auch der Tag, an dem sein Vater starb — sein Bruder starb einen Tag später. Doch wie ein Wunder konzentrierte sich Tibi immer auf die positiven Dinge und fand schließlich einen neuen Traum: den Aufbau des Landes Israel. Heute ist er einer der ältesten Soldaten Israels, hat in jedem der sieben Kriege des Landes gedient, hat in einem der ersten Kibbuzim geholfen, sein Land zu bebauen, und lebt immer noch mit seinen Töchtern in der Gemeinschaft eines Kibbuz.

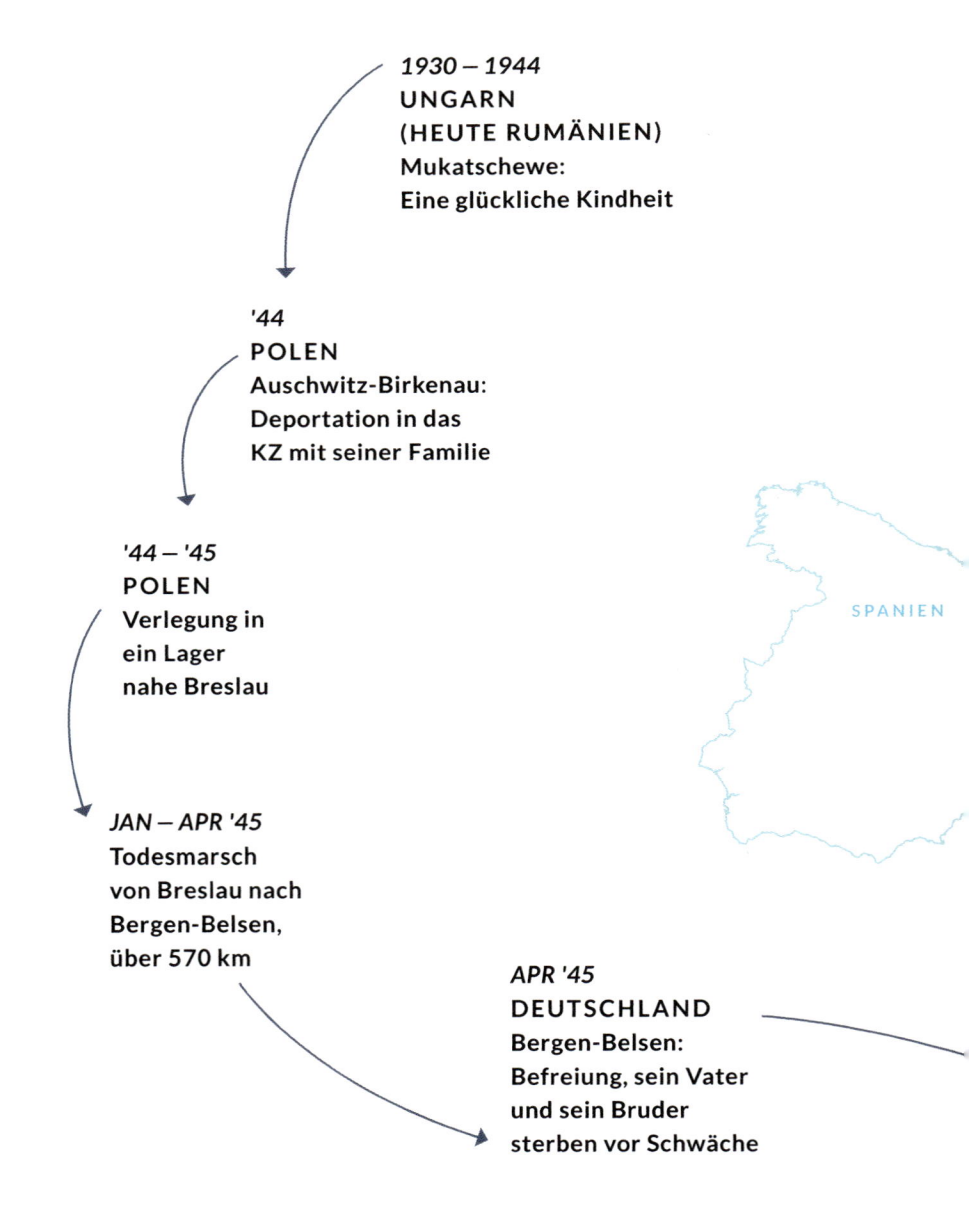

1930 – 1944
**UNGARN
(HEUTE RUMÄNIEN)**
Mukatschewe:
Eine glückliche Kindheit

'44
POLEN
Auschwitz-Birkenau:
Deportation in das
KZ mit seiner Familie

'44 – '45
POLEN
Verlegung in
ein Lager
nahe Breslau

JAN – APR '45
**Todesmarsch
von Breslau nach
Bergen-Belsen,
über 570 km**

APR '45
DEUTSCHLAND
Bergen-Belsen:
Befreiung, sein Vater
und sein Bruder
sterben vor Schwäche

SPANIEN

KZ BERGEN-BELSEN

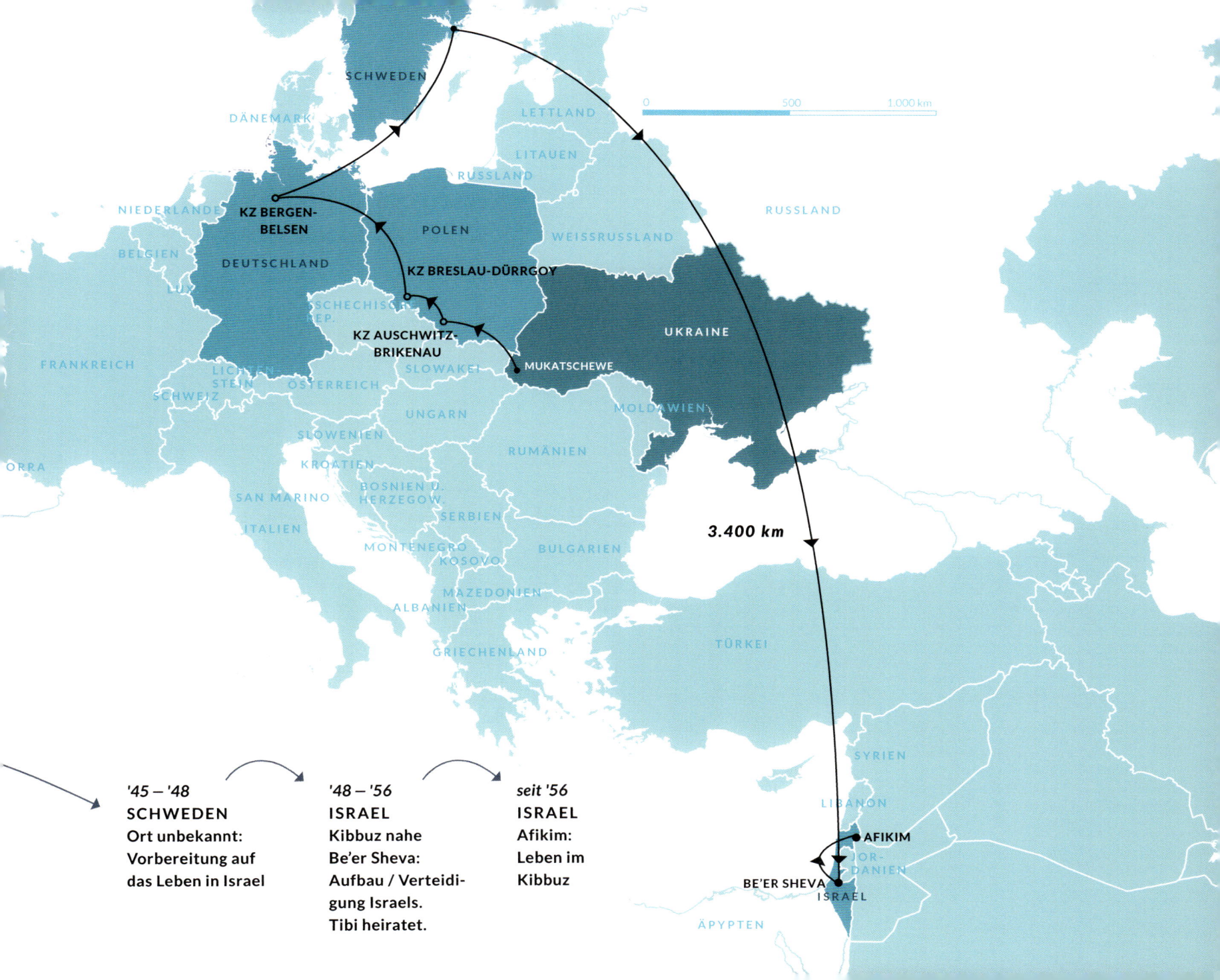

KZ BRESLAU-DÜRRGOY

KZ AUSCHWITZ-BIRKENAU

MUKATSCHEWE

3.400 km

AFIKIM

BE'ER SHEVA

'45 – '48
SCHWEDEN
Ort unbekannt: Vorbereitung auf das Leben in Israel

'48 – '56
ISRAEL
Kibbuz nahe Be'er Sheva: Aufbau / Verteidigung Israels. Tibi heiratet.

seit '56
ISRAEL
Afikim: Leben im Kibbuz

DEPORTATION

10. März 2011, Jerusalem

Tibi, how old are you? I'm eighty years old.

At first, I would like to hear a summary of your life. When I was born, my country was Hungary, then Slovakia came and in '38 the Hungarians got it back. In World War Two, the Russians captured it. And now it's Ukraine.

But my culture is Hungarian. I was Hungarian. I was born in a Jewish family but we've not been religious at all. My father was absolutely a Hungarian patriot. He was put in jail by the Czechs because of the revolution. Anyway, I was raised, all my life, that the most important thing in life is your homeland.

I didn't want to be Jewish, I wanted to be Hungarian!

I never minded my religion, but I minded being Hungarian. Being Jewish or not wasn't important for me. For my homeland, I would sacrifice my life, that was my education. When the Germans came and occupied us in '44, I was 13 years old, my parents were both 45 years old, and my brother was 18 years old.

They brought us to Auschwitz and separated us from our mother. I felt myself big and healthy, so I stayed with the adults. We stayed in Auschwitz for a short time and then we've been deported to a camp near Breslau, for nine months, until the Russians came. And then we went on the death march. It took us about two or three months until Bergen-Belsen.

We arrived there in April '45. It wasn't a nice place. My father died on the day of the liberation, my brother one day later. I met my mother there. But because I was sick I was taken to the hospital and she remained in the dirty camp.

I never found her again. She had disappeared. After being in a British Hospital in Bergen-Belsen, there was a group of youngsters. We were taken to Sweden for two years. During all that time I thought of going back to Hungary, to build up my life again. But the culture was destroyed.

People started to talk about Zionism, about Israel. But in the beginning I didn't want to hear about it because I wanted to go back to Hungary. One day a guy from Israel convinced me to come to Israel.

How did that happen? He told me the truth about Hungary and that they didn't

WEITERLEBEN

want me back there. I was 14 years, I didn't know what to do. I was alone. He said: »We are building a country for the Jews, come and join us!«

Since then I'm here. I joined the army. I was a few years in the army. And since then I live in a Kibbuz. I was first in a Kibbuz in the Negev near Be'er Sheva, for ten years. Then I married a girl from here and we moved to Afikim. She passed away 15 years ago. I worked all the time in agriculture and I wanted to be a soldier – two things, you know?

I'm trying to enjoy life. I enjoy life! And I live in the Kibbuz all my life.

Did you think back? You know, when I came to Israel, I wanted to be Israeli, to forget. I didn't think about it. I didn't talk about it all my life. But about 15 years ago we started to send children to Poland. And I was asked to go with them. I didn't want to go, but then I decided that I'm going to see if I remember Auschwitz as I think that I'm remembering it.

The Holocaust didn't do anything to me. It didn't touch me. But about 14 years ago, when I was there for the first time again and I saw the mass graves, that was the first time I really got touched.

I stood at the ramp of Birkenau and I stood there in uniform and I was proud to stand there.

So that's the story in short.

So what are things you remember from your childhood? I was happy. We had a good childhood. We had many non-Jewish friends. While my father was talking about revolution things, me and my brother were collecting flowers and running after little animals. I was a nature-child. I was climbing on mountains and swimming in the rivers. I didn't like to study. My brother was different. I was playing football. And it was a good childhood. Later, when the Holocaust came, I didn't think about the troubles we had. Even if all the people died around me, I was so sure to go home to Hungary.

I was so sure to overcome. I never thought that I might die.

Could you still be optimistic when your father died? When my father died it wasn't so simple. The whole ground was covered with dying people. And among us were Russian Prisoners of War. They were strong and went through the dying people and took their golden teeth. They took a stone and…, you know? I knew that my father had two golden teeth. So we hid him. And when I saw that he was dead, I took out the gold. I did that to be sure that no one breaks his face.

But nothing touched me. Even then I was sure, I'm going home.

My strongest memory of the Holocaust is in the death march, as we were crossing the mountains. One day we were climbing a mountain and we saw, from the top, a small village, a German village with white houses and red roofs and I enjoyed myself. I was wondering how I could explain this view to my friends at home. I had the benefit of seeing that.

Do you think in that time children were stronger than adults? Yes, I think so. It was a game for me. I think, I didn't understand what's really going on. Later I thought, I never saw my father laughing in that time.

I was in the working camp, we were three children, who were servants. I was the »Putzer« of the officer in charge of the soldiers. We children used to meet and we used to laugh and to play. Now I'm thinking about it, I never saw my father laughing during the year. I think, I looked at the whole thing as a game. The transport to the working camp: I don't remember the crowd and the hunger. I remember that I was looking through a hole to see where I was travelling. It was a trip for me.

HEUTE

You had been a real patriot for Hungary. Did you become a new one for Israel? You know, after this conversation with the man, I changed my homeland from Hungary to Israel. I always wanted to be a soldier. When I came to Israel, from the first moment I felt home. Here are two types of people. There are the newcomers and the oldtimers. I wanted to be an oldtimer, but I wanted to be better. I did everything to achieve that.

I think you had big expectations to come here? Did they fulfill? Yes, but the country now is not like I expected or wished. But when I was 20 years old, I was already an Officer. I felt myself like the biggest hero in the world! It was like my dream. I felt better than the Israelis, who were originally born in Israel. You know, they used to wear shorts. My shorts were the shortest!

So would you say you had a good life? Yes, I would say that. But many people say, how can you say that after all you experienced. So now I don't say, I had a good life but I had a meaningful life. I started in the Kibbuz in the Negev, I build a Kibbuz from the beginning. I was among the first in the army, I married a girl from the Kibbuz.

What is it for you being a Jew? It's to cultivate the land and to defend it. I'm one of two persons who participated in all seven wars. Until two years ago I was still in the army. I am still in the reserve.

Do you believe in God? No, I never did. But also not before the Holocaust. Religion wasn't important to me.

But could you ever imagine to build up a country for a religion? Yes, that's a difficult question. But I didn't do it for the religion. I did it for the country of Israel. I feel much closer to the bedouins, who serve in the army, than to the religious people, who are not serving.

My son told me: »You are running to all the wars because you like it. I am going to the war because it's necessary. But I don't like it.« Therefore I understand all the youngsters. They're very different from us. We were ready to do everything. I was raised to sacrifice my life for my country.

What do you think about the current situation? I am worried about the future. I was positive, but now am really worried what might happen. It is not secure, that we will survive. We are surrounded by enemies. We are not strong enough to fight all of them. We need the European countries to do something!

So what do you expect from young people like us? I want you to be our ambassadors. If you believe that we are okay. We are not so holy. We are doing bad things, I know. But if it's necessary I'm going to defend myself.

DEPORTATION

10. März 2011, Jerusalem, Übersetzung

Als Erstes würde ich gerne eine Zusammenfassung Deines Lebens hören. Als ich geboren wurde, war Ungarn autonom, wurde dann von der Slowakei besetzt und '38 von den Ungarn zurückerobert. Im Zweiten Weltkrieg besetzten es die Russen erneut. Und jetzt ist es die Ukraine.

Aber meine Kultur ist ungarisch. Ich war Ungar. Ich bin in einer jüdischen Familie geboren, aber wir waren überhaupt nicht religiös. Mein Vater war absolut ein ungarischer Patriot. Er wurde von den Tschechien ins Gefängnis gesteckt wegen der Revolution. Jedenfalls wurde ich mein ganzes Leben so erzogen, dass das Wichtigste im Leben das Heimatland ist.

Ich wollte nicht jüdisch sein, ich wollte ungarisch sein.

Ich habe nie auf meine Religion geachtet, aber ich habe darauf geachtet, ungarisch zu sein. Ob ich Jude war oder nicht, war unwichtig für mich. Für mein Heimatland würde ich mein Leben geben, so bin ich erzogen worden. Als die Deutschen '44 kamen und Ungarn besetzten, war ich 13 Jahre alt, meine Eltern waren beide 45 Jahre alt und mein Bruder war 18 Jahre alt.

Sie brachten uns nach Auschwitz und trennten uns von unserer Mutter. Ich fühlte mich groß und gesund, daher bin ich bei den Erwachsenen geblieben. Wir blieben für eine kurze Zeit in Auschwitz und dann wurden wir in ein Lager in der Nähe von Breslau deportiert. Dort blieben wir neun Monate, bis die Russen kamen. Dann gingen wir auf die Todesmärsche. Wir haben zwei oder drei Monate bis Bergen-Belsen gebraucht.

Wir kamen dort im April '45 an. Es war kein schöner Ort. Mein Vater starb am Tag der Befreiung, mein Bruder einen Tag später. Ich traf dort meine Mutter. Doch weil ich krank war, kam ich ins Krankenhaus und meine Mutter blieb in dem schmutzigen Camp zurück.

Ich habe sie nie wieder gefunden. Sie war verschwunden. Nachdem ich einige Zeit in einem britischen Krankenhaus in Bergen-Belsen verbracht hatte, gab es eine Gruppe von Jugendlichen. Wir wurden für zwei Jahre nach Schweden gebracht. Während dieser ganzen Zeit dachte ich daran, zurück nach Ungarn zu gehen, um mein Leben wieder aufzubauen. Aber die Kultur dort war zerstört.

Die Leute fingen an, über den Zionismus zu sprechen, über Israel. Aber am Anfang wollte ich nichts darüber hören,

WEITERLEBEN

weil ich zurück nach Ungarn gehen wollte. Eines Tages hat mich ein Mann aus Israel überzeugt, nach Israel zu gehen.

Wie ist das passiert? Er erzählte mir die Wahrheit über Ungarn, und dass sie nicht wollen, dass ich wieder dahin zurückkehre. Ich war 14 Jahre alt, ich wusste nicht, was ich tun sollte. Ich war alleine. Er sagte: »Wir bauen ein Land für die Juden, komm und schließ dich uns an!«

Seither bin ich hier. Ich ging zur Armee und habe ein paar Jahre gedient. Seither lebe ich im Kibbuz – die ersten zehn Jahre im Negev nahe Be'er Sheva. Dann habe ich ein Mädchen von hier geheiratet und wir sind nach Afikim gezogen. Sie starb vor 15 Jahren. Ich habe immer in der Landwirtschaft gearbeitet und wollte Soldat sein – beides gleichzeitig, wisst Ihr?

Ich versuche das Leben zu genießen. Ich genieße das Leben! Und ich habe mein ganzes Leben im Kibbuz gelebt.

Denkst Du manchmal zurück? Als ich nach Israel kam, wollte ich Israeli sein um zu vergessen. Ich habe nicht darüber nachgedacht. Ich habe mein ganzes Leben nicht darüber gesprochen. Aber vor 15 Jahren haben wir angefangen, Kinder nach Polen zu schicken, und ich bin gefragt worden, ob ich mitgehen würde. Ich wollte nicht, aber dann habe ich mich entschlossen zu schauen, ob ich mich so an Auschwitz erinnere wie ich denke, dass ich mich daran erinnere.

Der Holocaust hat mir nichts getan. Er hat mich nicht berührt. Als ich vor etwa 14 Jahren dort zum ersten Mal wieder war und die Massengräber sah, war es das erste Mal, dass ich wirklich berührt wurde.

Ich stand an der Rampe von Birkenau, ich stand dort in Uniform und ich war stolz, dort zu stehen.

Das ist die Kurzversion der Geschichte.

An was denkst Du, wenn Du Dich an Deine Kindheit erinnerst? Ich war glücklich. Wir hatten eine gute Kindheit. Wir hatten viele nichtjüdische Freunde. Wenn mein Vater über die Revolution redete, haben mein Bruder und ich Blumen gepflückt und sind kleinen Tiere hinterhergelaufen. Ich war ein Naturkind. Ich bin auf Berge geklettert und bin in den Bächen geschwommen. Gelernt habe ich nicht gerne. Mein Bruder war da anders. Ich habe Fußball gespielt. Es war eine gute Kindheit. Später während des Holocausts habe ich nicht an das Schlimme gedacht. Selbst als alle Leute um mich herum gestorben sind, war ich mir immer so sicher, dass ich nach Ungarn heimkehren würde.

Ich war so sicher, dass ich es überstehen werde. Ich habe nie gedacht, dass ich sterben könnte.

Konntest du noch optimistisch sein als dein Vater starb? Als mein Vater starb, war es nicht so einfach. Der ganze Boden war bedeckt von sterbenden Menschen. Und unter uns waren russische Kriegsgefangene. Sie waren stark und gingen durch die Toten und brachen ihnen die Goldzähne heraus. Sie haben einen Stein genommen und … Ihr wisst schon. Ich wusste, dass mein Vater zwei Goldzähne hatte. Also versteckten wir ihn. Als ich sah, dass er tot war, nahm ich das Gold heraus. Ich tat es um sicherzugehen, dass niemand seinen Kiefer bricht. Aber nichts hat mich berührt. Selbst damals war ich sicher, ich würde heimkehren.

Meine stärkste Erinnerung an den Holocaust ist der Todesmarsch, als wir die Berge überquerten. Eines Tages kletterten wir auf einen Berg und sahen von oben ein kleines Dörfchen, ein deutsches Dörfchen mit weißen Häusern und roten Dächern und ich habe es genossen. Ich überlegte, wie ich diese Aussicht meinen Freunden zu Hause erklären könnte. Ich hatte den Vorteil, das zu sehen.

Denkst Du, dass Kinder in dieser Zeit stärker waren als Erwachsene? Ja, ich denke schon. Für mich war es ein Spiel. Ich denke, ich verstand nicht, was wirklich los war. Später habe ich darüber nachgedacht, dass ich meinen Vater nie lachen gesehen habe in dieser Zeit.

Ich war im Arbeitslager, wir waren drei Kinder, die Dienstboten waren. Ich war der »Putzer« des befehlshabenden Offiziers. Wir Kinder haben uns getroffen, gelacht und gespielt. Wenn ich jetzt

HEUTE

darüber nachdenke, ich habe meinen Vater während dieses Jahres nie lachen gesehen. Ich habe das Ganze als Spiel gesehen. Ich erinnere mich nicht an die Menschenmassen und den Hunger während der Transporte. Ich habe durch ein Loch geschaut, um zu sehen, wo die Reise hingeht. Es war eine Reise für mich.

Du warst ein wirklicher Patriot für Ungarn. Bist Du das genauso für Israel geworden? Wisst Ihr, nach dem Gespräch mit diesem Mann änderte ich meine Heimat von Ungarn zu Israel. Ich wollte schon immer Soldat sein. Als ich nach Israel kam, fühlte ich mich vom ersten Moment an zu Hause. Hier gibt es zwei Arten von Menschen: die Neuankömmlinge und die Alteingesessenen. Ich wollte ein Alteingesessener werden, aber ich wollte besser sein. Ich habe alles gegeben, das zu erreichen.

Ich glaube, Du hattest große Erwartungen, als Du hierher kamst? Wurden diese erfüllt? Ja, aber das Land heute ist nicht so wie ich es erwartet oder mir gewünscht habe. Aber als ich 20 Jahre alt war, war ich schon ein Offizier. Ich habe mich wie der größte Held der Welt gefühlt. Es war wie mein Traum. Ich habe mich besser als die Israelis gefühlt, die in Israel geboren worden sind. Wisst Ihr, sie haben Shorts getragen. Meine Shorts waren die kürzesten!

Also würdest Du sagen, Du hattest ein gutes Leben? Ja, das würde ich sagen. Aber viele Leute fragen: »Wie können Sie das sagen, nach allem, was Sie erlebt haben?«. Deshalb sage ich heute nicht mehr, dass ich ein gutes, aber dass ich ein bedeutsames Leben hatte. Ich begann im Kibbuz in Negev, ich habe ein Kibbuz von Anfang an aufgebaut. Ich war einer unter den Ersten in der Armee und heiratete ein Mädchen aus dem Kibbuz.

Was heißt es für Dich, Jude zu sein? Es bedeutet, sein Land zu pflegen und es zu verteidigen. Ich bin eine von zwei Personen, die an allen sieben Kriegen Israels teilgenommen haben. Bis vor zwei Jahren war ich noch Soldat in der Armee. Ich bin immer noch in der Reserve.

Glaubst Du an Gott? Nein, ich tat es nie. Aber auch nicht vor der Schoah. Religion war nicht wichtig für mich.

Aber könntest Du Dir vorstellen, ein Land für eine Religion aufzubauen? Ja, das ist eine schwierige Frage. Aber ich tat es nicht für die Religion. Ich tat es für das Land Israel. Ich fühle mich den Beduinen, die in der Armee dienen, näher als den religiösen Leuten, die nicht dienen.

Mein Sohn sagte zu mir: »Du rennst in den Krieg, weil du es magst. Ich gehe in den Krieg, weil es nötig ist. Aber ich mag es nicht.« Im Hinblick hierauf verstehe ich die Jugend. Sie sind sehr anders als wir. Wir waren bereit, alles zu tun. Ich bin aufgewachsen mit dem Ideal, mich für mein Land zu opfern.

Was hältst Du von der aktuellen Situation? Ich bin sehr besorgt um die Zukunft. Ich war positiv gestimmt, aber jetzt bin ich wirklich darüber besorgt, was passieren könnte. Es ist nicht sicher, dass wir überleben werden. Wir sind umgeben von Feinden.

Wir sind nicht stark genug, sie alle zu bekämpfen. Die europäischen Staaten müssen etwas tun!

Was erwartest Du also von jungen Menschen wie uns? Ich möchte, dass Ihr Botschafter werdet, wenn Ihr glaubt, dass wir o.k. sind. Wir sind nicht so heilig. Wir machen schlechte Dinge, das weiß ich. Aber wenn es nötig ist, dann werde ich mich verteidigen.

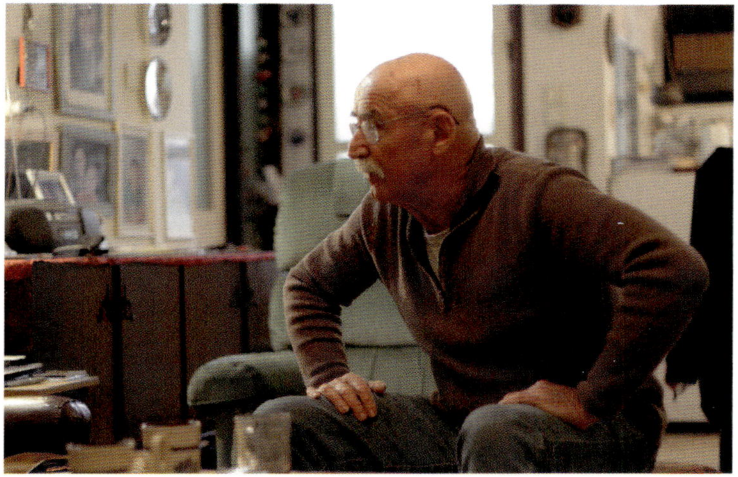

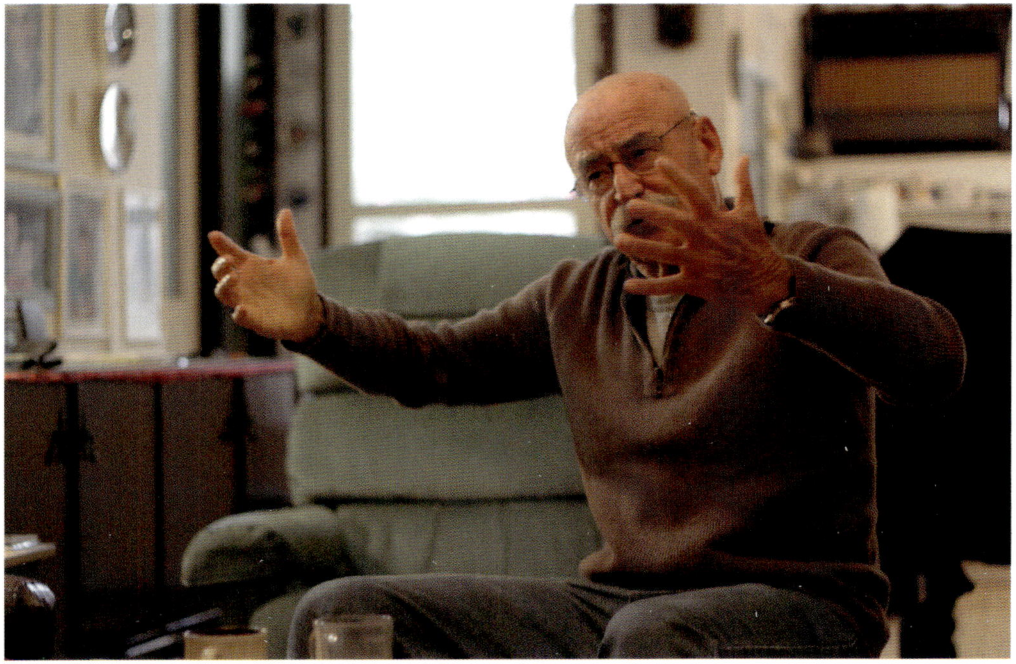

DIE BEGEGNUNG

Tibi Ram ist ein Patriot durch und durch – als Ungar wie als Israeli. Schon als kleines Kind schlug sein Herz für sein Heimatland. Umso unverständlicher war es, als seine Heimatliebe unter der nationalsozialistischen Herrschaft nichts mehr zählte. Und selbst nach der Zeit der Verfolgung, nach Lagern und Todesmärschen, war sein erster Impuls, wieder nach Ungarn zurückzukehren. Dass er dort nichts hatte, zu dem er zurückkehren konnte, war eine schwere Lektion.

Israel gab dem Heimatlosen schließlich wieder etwas, wofür es sich zu kämpfen lohnte, und Tibi wollte der Beste sein. Wenn die ursprünglichen Siedler sieben Stunden auf dem Feld arbeiteten, arbeitete er zehn. Wenn sie kurze Shorts trugen, waren seine kürzer. Diesen Enthusiasmus legt er noch heute an den Tag, wenn er von früher erzählt und uns das Kibbuz zeigt, in dem er lebt.

Es ist schwer zu glauben, mit wie viel Kraft der 80-Jährige über Pfützen hüpft und durch den Regen läuft. Mit ungebremsten Elan stürzt er sich in politische Debatten und fragt interessiert nach unserer Meinung.

Die Zeit in Afikim verging wie im Fluge und das Gespräch hinterließ einen heiteren, beinahe unbeschwerten Eindruck, obwohl Tibi in seinen Erzählungen auch die schrecklichen Dinge nicht ausließ. Doch genau dies hat uns besonders nachdenklich gestimmt: Man erwartet keinen fröhlichen Überlebenden. Nach den Geschehnissen des Zweiten Weltkrieges kann man sich so etwas schwer vorstellen. Auch seine Tochter schüttelt den Kopf, als sie kurz aus ihrer Wohnung in der Nachbarschaft herüber kommt und hört, dass ihr Vater wieder einmal gut gelaunt von früher erzählt.

Als Tibi dann an seine Rückkehr in das Vernichtungslager Birkenau mit einer Gruppe israelischer Jugendlicher denkt, ist er wieder nachdenklich. Er erinnert sich, wie er damals das erste Mal von seinen Erlebnissen wirklich berührt worden ist.

Wir können nicht einschätzen, wie es Tibi heute geht. Jeder Überlebende hat sich uns geöffnet – wie weit wissen wir nicht. Aber wir wissen, wie sehr jeder kleine Einblick und jedes Entgegenkommen uns beeindruckt und verändert hat.

»When I was there for the first time again and I saw the mass graves, that was the first time I really got touched. I stood at the ramp of Birkenau and I stood there in uniform and I was proud to stand there.«

BRIEFE VON KINDERN UND JUGENDLICHEN

Lieber Tibi,

Ich bin sehr beeindruckt von deiner Geschichte und der Stärke mit der du mit ihr umgehst.

Obwohl du so viel Leid erlebt hast, bist du sehr positiv und versuchst das Beste aus allem zu machen.

Diese Lebenseinstellung ist toll und ich finde sie erstrebenswert für alle.

Hoffentlich bleibst du weiterhin fit und gesund.

Liebe Grüsse
Jannis (17)

7. Klasse

Normen #15

Hallo Herr Ram,

Ich habe mich noch nie so richtig mit dem Thema beschäftigt, aber als wir im Unterricht ihre Geschichte gelesen haben war ich sehr überrascht. Ich habe die Zeit mit anderen Augen gesehen und versucht es mir vorzustellen. Aber ich konnte es mir nicht vorstellen das sie diese Zeit durch gestanden haben und trotzdem noch so viel Lebensfreude haben. Es berührt mich sehr. Ich hoffe, dass sie weiterhin ihr Leben genießen und Gesund bleiben.
Jeder sollte sie respektieren.

Beste Wünsche, Normen

10. Klasse

Dir Tibi

Ich habe deine Geschichte gelesen und war sehr berührt von ihr.

Ich bewundere wie du in der schwierigen Zeit es geschafft hast so stark, selbstbewusst und zielstrebig zu sein.

Ich glaube, dass sich niemand bei dir entschuldigt hat für diese unmenschlichen und grausamen Erfahrungen, die du erleben musstest.

Deswegen entschuldige ich mich, im Namen aller für diese Zeit.

Ich wünsche dir das beste und ich danke dir, dass durch dich, deine Erfahrung und deine Geschichte an uns weiter gegeben werden konnte.

Vorallem ein Satz hat mich sehr berührt:

„Ich stand an der Rampe von Birkenau, ich stand dort in Uniform und ich war stolz dort zu stehen."

Danke dafür!

Mit den besten Wünschen
Isabella, 15

9. Klasse

Lieber Tibi,

vorhin haben wir über Ihre Geschichte geredet. Diese hat mich sehr berührt.
Ich finde es wirklich grausam, was Sie durchmachen mussten, das hat niemand verdient.
Deshalb finde ich es auch so erstaunlich, dass Sie nicht aufgegeben haben und heute so ein fröhlicher, gesunder Mensch sind. Dafür haben Sie meinen Respekt.
Es ist bestimmt nicht immer einfach, mit den Folgen von solch einem Schicksal zu leben. Ich glaube, so etwas schlimmes kann man nicht vergessen. Auch nicht, wenn man diese Geschichte nicht selbst erfahren hat.
Ich finde es gut, dass wir "anderen" die Möglichkeit haben, solche Schicksale zu lesen und mehr über das Leben damals zu erfahren.
Ich wünsche Ihnen viel Glück auf Ihrem weiteren Weg.

Liebe Grüße,
Yvonne

9. Klasse

Hallo Tibi,

Ich finde es super erstaunlich wie sie nach so einem Erlebnis eine so große Willenstärke haben trotz nach dem was sie erlebt haben. Ich kann total nachvollziehen wie es ist am liebsten den ganzen Tag draußen zu sein und sport zu machen. Außerdem ist das total aufregend was sie so erlebt haben. Ich finde es schade das die Menschheit so darauf fixiert ist alles gleich und noch besser zu haben. Doch wenn alle unterschiedlich sind, wird es nie langweilig :)
Ich finde es so mutig das man einfach alles dafür gibt um zu überleben und sich einfach nicht runterkriegen lässt bzw. sich dem Schicksal überlässt.
Ich werde in Zukunft auf jedenfall wachsamer sein zudem was um mich rum passiert und mich gegen den Krieg einsetzen!

Mfg. Hjördis
13 Jahre alt

4. Klasse

Lieber Tibi,

ich finde deine Geschichte sehr eindrucksvoll und spannend. Außerdem freue ich mich, dass du überlebt hast und wir so deine Geschichte kennenlernen konnten.
Ich wünsche dir noch viel Spaß in deinem Leben.

Dein Aaron :) (13 Jahre)

PS: Ich hoffe das so etwas wie die Judenverfolgung nie wieder eintritt.

9. Klasse

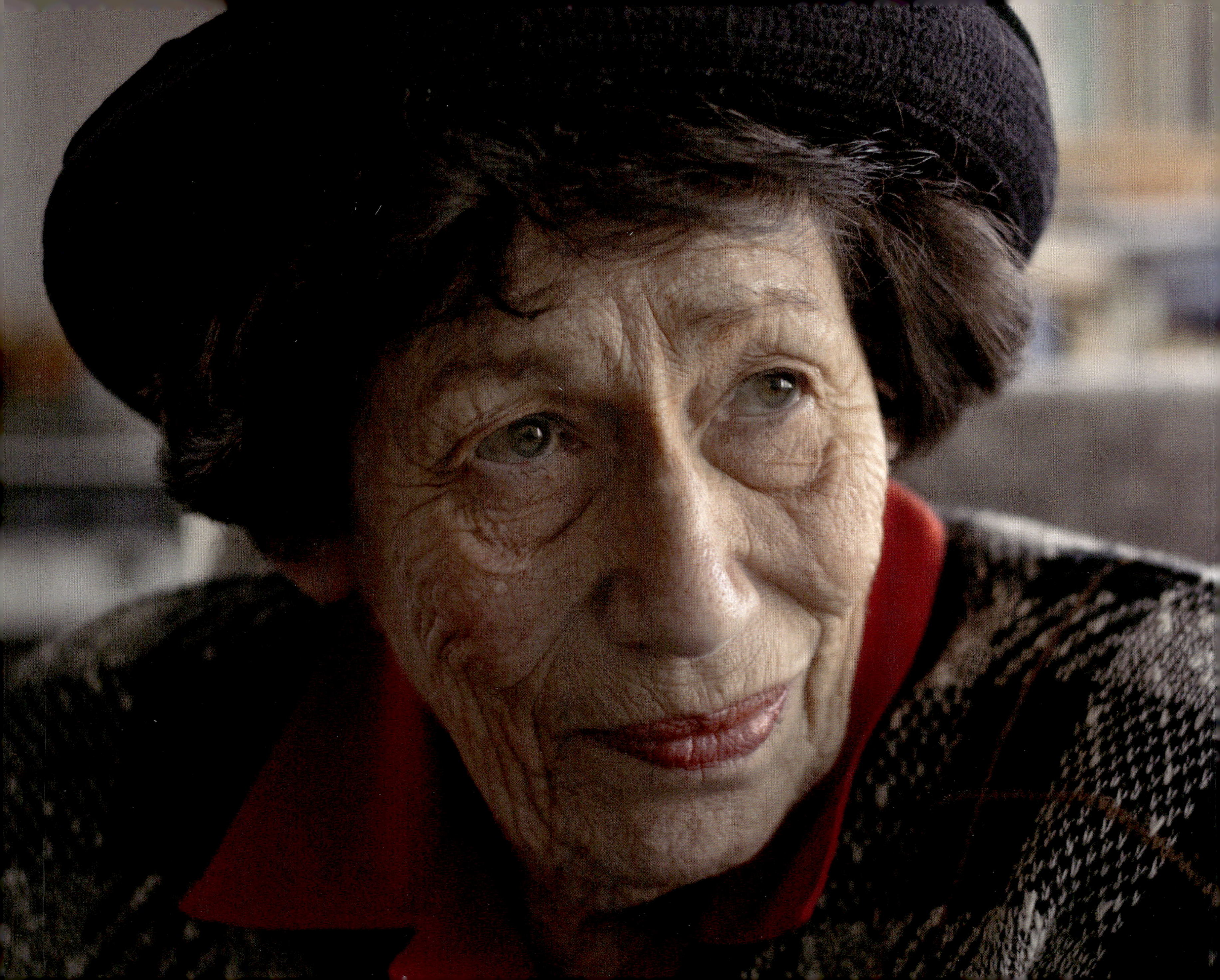

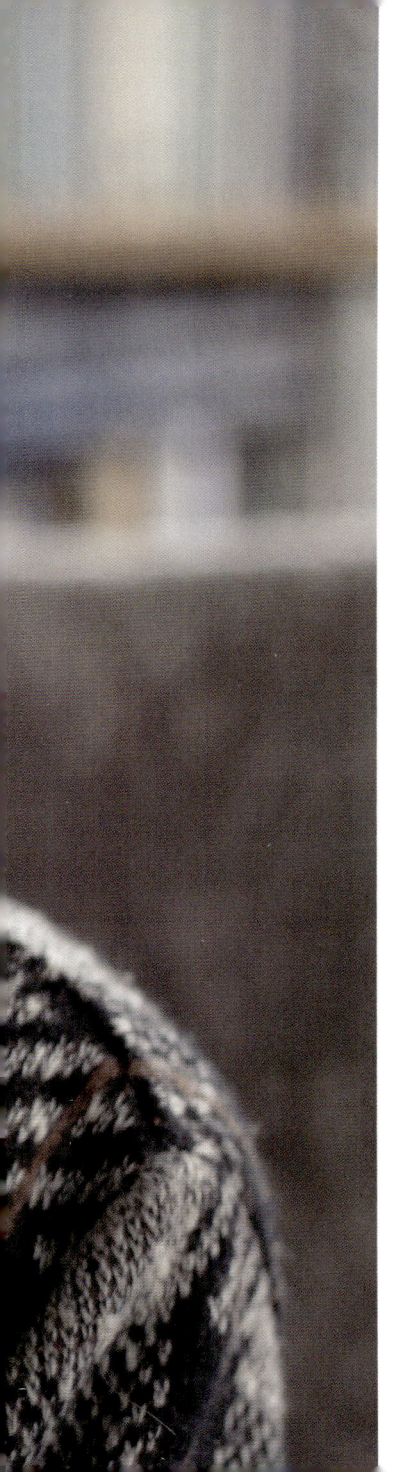

HANNAH PICK-GOSLAR

geboren 1928 in Deutschland,
lebt heute in Jerusalem

LEBENSSTATIONEN

Nach der Machtübernahme durch die Nationalsozialisten, emigrierte die Familie von Hannah Pick-Goslar nach Amsterdam. Dort lernte sie Anne Frank kennen und besuchte mit ihr die Schule. Im Juni '43 wurde »Hanneli«, wie sie von Anne in ihrem Tagebuch genannt wird, zusammen mit ihrem Vater, ihren Großeltern und ihrer jüngeren Schwester Gabi von der Gestapo verhaftet, nach Westerbork und anschließend nach Bergen-Belsen deportiert. Dort traf sie ihre Jugendfreundin im März '45 kurz vor deren Tod wieder. Hannah wurde zusammen mit anderen Anfang April '45 in den Verlorenen Zug gepfercht und überlebte nach einer 10-tägigen Irrfahrt mit ihrer Schwester durch Deutschland schließlich die Schoah.

Heute lebt sie als Teil einer großen und liebevollen Familie in Jerusalem, der Heimat ihres Glaubens und ihrer Wahl.

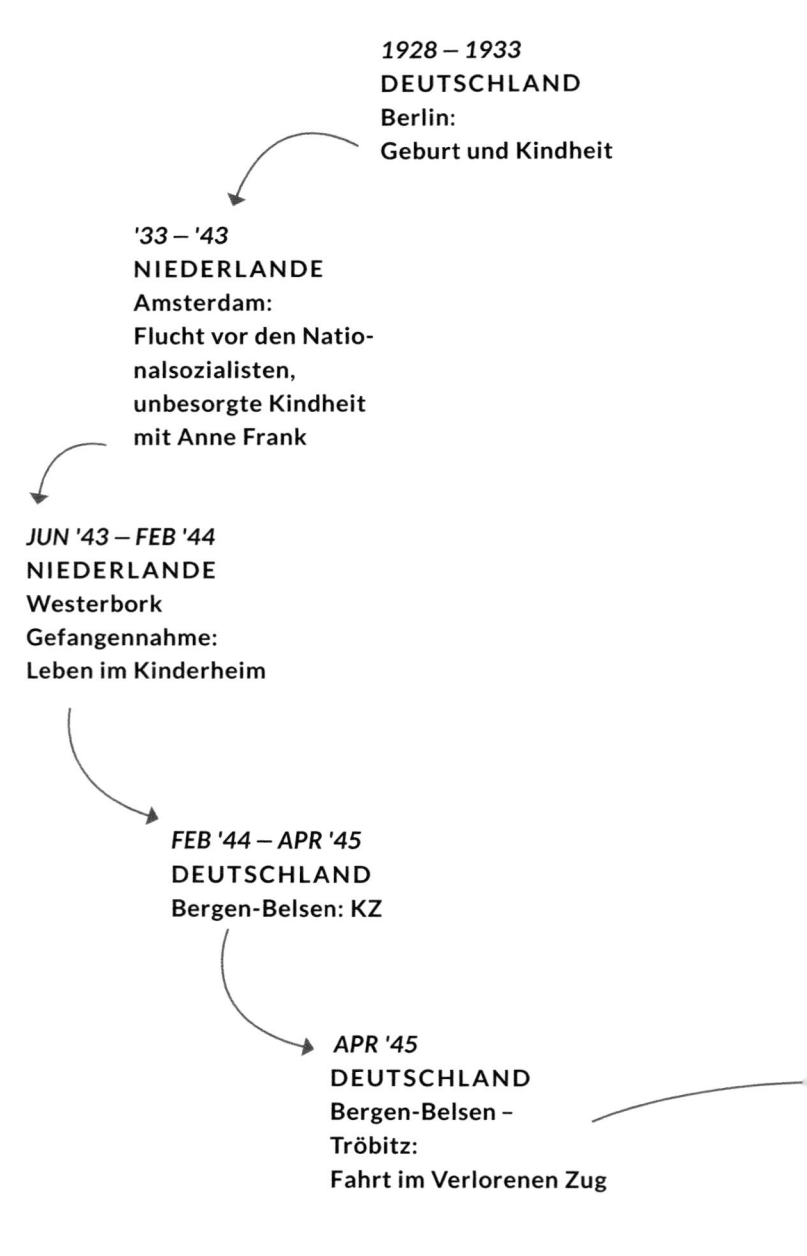

1928 – 1933
DEUTSCHLAND
Berlin:
Geburt und Kindheit

'33 – '43
NIEDERLANDE
Amsterdam:
Flucht vor den Nationalsozialisten,
unbesorgte Kindheit
mit Anne Frank

JUN '43 – FEB '44
NIEDERLANDE
Westerbork
Gefangennahme:
Leben im Kinderheim

FEB '44 – APR '45
DEUTSCHLAND
Bergen-Belsen: KZ

APR '45
DEUTSCHLAND
Bergen-Belsen –
Tröbitz:
Fahrt im Verlorenen Zug

NIEDERLANDE

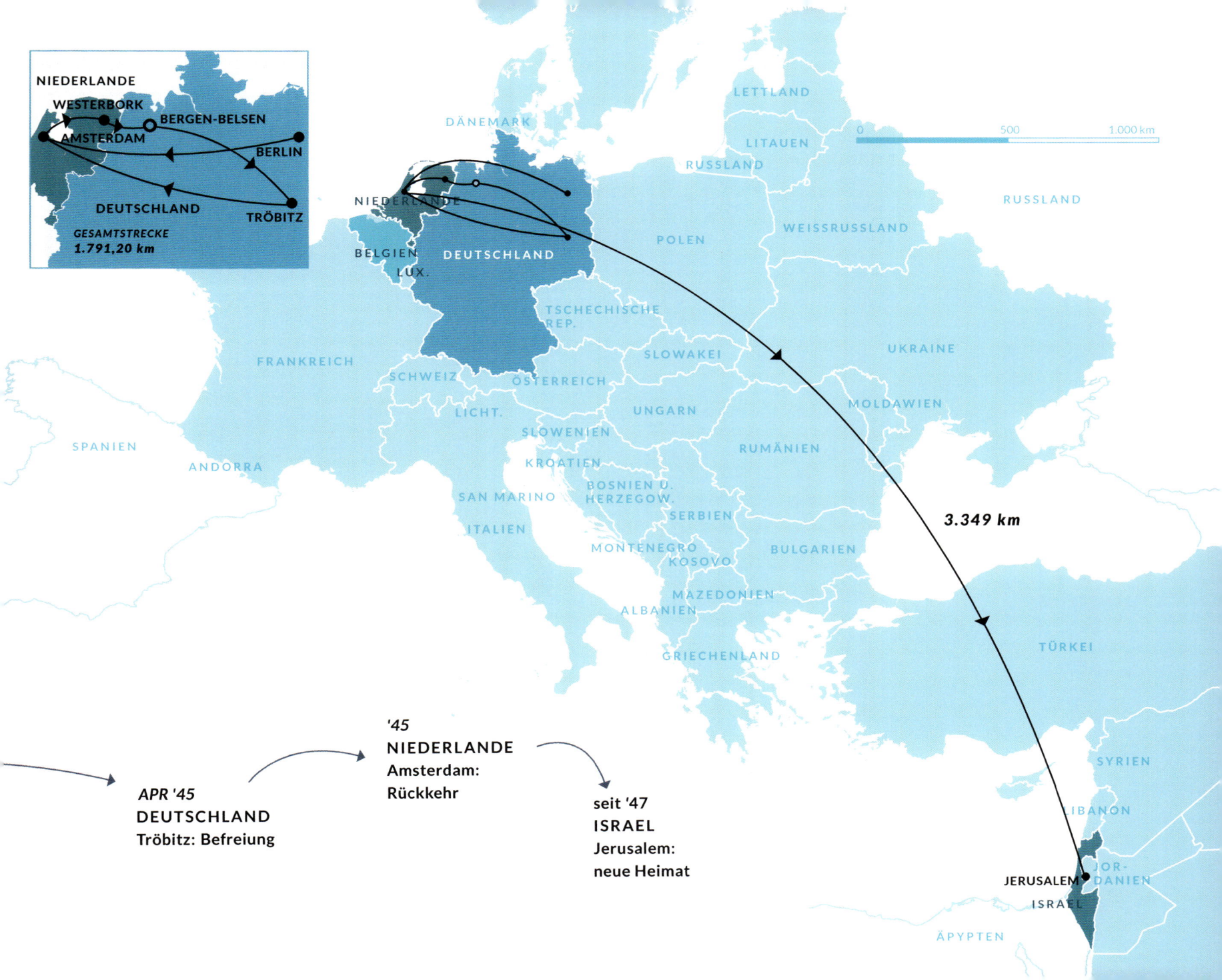

- WESTERBORK
- BERGEN-BELSEN
- AMSTERDAM
- BERLIN
- DEUTSCHLAND
- TRÖBITZ

GESAMTSTRECKE **1.791,20 km**

3.349 km

APR '45
DEUTSCHLAND
Tröbitz: Befreiung

'45
NIEDERLANDE
Amsterdam: Rückkehr

seit '47
ISRAEL
Jerusalem: neue Heimat

KINDHEIT

14. März 2011, Jerusalem

Als Erstes würde ich gerne wissen, wie Ihre Kindheit war. Mein Vater ist in einer assimilierten jüdischen Familie aufgewachsen — wahrscheinlich mit Weihnachtsbaum, Schweinefleisch und ähnlichen Sachen. Er wurde als deutscher Soldat nach Polen geschickt. Er war das einzige Kind der Familie. Als mein Vater dann zurückkam, war er ein religiöser Jude. Die großen Familien und religiösen Menschen in Polen haben ihm sehr gefallen.

In Deutschland war er einer der zwei höchsten jüdischen Beamten. Er war Ministerialrat im preußischen Staatsministerium und außerdem Pressechef. Diese Position hat mir und meiner Schwester später unter anderem geholfen, zu überleben.

Am Schabbat hat er natürlich nicht gearbeitet. Er ging in die Synagoge und sonntags arbeitete er dann alleine. Doch 1933 kam Hitler dann demokratisch zur Wahl.

Wo haben Sie damals gelebt? Wir haben in Berlin gewohnt, In den Zelten 21a. Heute ist das alles aber nicht mehr da.

Mit der Wahl Hitlers musste die ganze Regierung zurücktreten. Da mein Vater Jude war, wurde er natürlich nicht wieder eingestellt. Wir sind zunächst nach England ausgewandert. Meinem Vater wurde dort ein wunderbarer Posten von Unilever angeboten. Doch als er in England seinem Arbeitgeber mitteilte, dass er am Schabbat nicht arbeiten kann, musste er wieder gehen.

Zu diesem Zeitpunkt haben meine Eltern einen großen Fehler begangen. Sie hatten die Möglichkeit nach Palästina oder in die USA auszuwandern. Doch sie haben sich dazu entschieden, nach Holland zu gehen.

In Holland haben meine Eltern eine kleine Dreizimmerwohnung gemietet. Dort haben wir gewohnt und gleichzeitig haben meine Eltern ein Büro eröffnet. Meine Mutter, die Lehrerin war, war die Sekretärin und mein Vater stellte zusätzlich einen Rechtsanwalt ein. Dieses Büro sollte allen Flüchtlingen aus Deutschland helfen, sich in Holland anzusiedeln oder auszuwandern.

ANTISEMITISMUS

Hat Ihr Vater schon so früh gemerkt, dass es für Juden eng wurde? Hierzu muss ich Ihnen die Wahrheit sagen: Nein. Mein Vater war ein Mitbegründer der religiösen zionistischen Partei, Hapoel Hamizrahi. Er war ein großer Zionist und wollte nach Israel einwandern. Meine Mutter aber war klein und schwach. Sie hat immer gehört, dass Frauen in Israel sehr schwer arbeiten mussten, was damals auch so war. Sie hatte Angst. Es ist traurig, denn sie hätte es gut geschafft in Israel als Lehrerin zu unterrichten.

Deswegen sind wir in Amsterdam geblieben und waren dort die Nachbarn von der Familie Frank. An dieser Stelle kam Anne Frank in die Geschichte.

Anne war damals meine engste Freundin und wir haben sehr viel zusammen gespielt. Wir haben sieben oder acht Jahre zusammen verbracht. Wir waren in einem Kindergarten und auch zusammen in einer Schule. Dann kam der Krieg.

In Holland habe ich als Kind keinen Antisemitismus bemerkt. In unserer Freundesgruppe, in der Anne und ich waren, war auch ein Mädchen, dessen Eltern holländische Nazis waren.

Wir hatten ein normales Leben. Wir waren nicht besonders reich, aber es ging uns gut. Ich hatte immer schöne Kleider, die aber nicht teuer gewesen sind. Meine Mutter hatte einen auffälligen Geschmack. Deswegen kleide ich mich heute auch nicht zu elegant, denn es hat mir früher nicht gefallen.

Wir haben viel draußen gespielt und ich bin gerne in die Schule gegangen. Wir hatten eine sehr nette Direktorin. Ich weiß noch, dass sie sogar geweint hat, als wir alle in die jüdische Schule mussten. Sie hat die Kinder nicht nach der Religion geliebt, sondern nach ihrem Charakter.

Von der Zeit in Holland habe ich nur gute Erinnerungen.

Auch an die Zeit in der Familie? Wir hatten keine große Familie. Mein Vater war Einzelkind und meine Mutter hatte eine Schwester und einen Bruder.

Am Anfang konnte man sich noch besuchen. '36 wurde beispielsweise ein Cousin von mir geboren und meine Großeltern sind nach London zur Beschneidung gefahren. In dem gleichen Jahr ist die Mutter meines Vaters gestorben. Aber weil mein Vater als ehemaliger Pressechef Angst hatte, dass er, wenn er zurück nach Deutschland kommt, verhaftet würde, bin ich mit meiner Mutter alleine zur Beerdigung der Oma gefahren. Ich war in Bad Kreuznach in einem jüdischen Kinderheim untergebracht. Ich weiß noch, dass da ein Schwimmbad war, an dem stand: »Juden verboten«. Das war das erste Mal, dass ich so etwas gesehen habe.

Aber in dem Kinderheim war es sehr nett. Und obwohl wir Juden waren, war es eine gute Zeit für mich.

Schließlich sind die Deutschen in Holland eingefallen. Der Krieg dauerte fünf Tage und mein Vater wollte nach England flüchten. Doch er blieb in Ijmuiden stecken, weil bereits keine Schiffe mehr fuhren. Auch meine Mutter und ich wollten am letzten Tag noch flüchten, aber es war zu spät. Die Nachricht, dass Holland sich ergeben hatte, kam und mein Vater kehrte heim. Aus Angst fingen wir an, alles, was mit Deutschland zu tun hatte, zu vernichten. In einem Loch hinter dem Buffet versteckten wir Schmuck und ich stand auf der Toilette und spülte die Unterlagen weg. Aber das war vollkommen überflüssig, denn nachher wurden alle Juden abgeholt.

Hatten Sie selber als Kind Angst vor den Deutschen? Nein, damals hatte ich noch keine Angst. Man wusste nicht genau, was passiert.

Mein Großvater kam nach der Kristallnacht zu uns. Er wartete an meinem Geburtstag, am 12. November, bei uns Zuhause, als wir aus der Synagoge zurückkamen. Mein Onkel floh in die Schweiz und hatte meinen Großvater überredet, zu meinem Geburtstag zu uns nach Holland zu gehen. Man hat immer alles umschrieben.

Aber Angst? Später schon. Wissen Sie, ich erkläre das immer damit, dass man, wenn man nicht selber in einem Lager war, die Situation nicht einschätzen konnte. Die Menschen im Lager durften nicht schreiben. Wir durften in Bergen-Belsen alle zwei Wochen oder seltener eine Postkarte mit 25 Wörtern verschicken und darauf konnte man nicht schreiben: »Wir werden vergast.« Das wäre nicht durch die Zensur gegangen, es sei denn, du hast es gut umschrieben. Oder man schrieb eben, dass es einem gut geht.

Aber unsere Eltern haben versucht, Informationen von uns Kindern fernzuhalten. Außerdem hat man in Holland nie gesagt: »Wir senden euch alle nach Auschwitz zum Vergasen.«

Man konnte es sich nicht vorstellen, dass Menschen wie mein Vater, der vorher Soldat für das eigene Land gewesen war, auf einmal vergast werden sollten. Auch nicht, dass man mit Gas tötete. Ich wusste, dass es giftig sein kann, aber dass man Leute mit Gas in Massen tötet, das war vorher noch nie passiert.

Als Kind habe ich das nicht gewusst. Im Gegenteil, erst als ich Anne in Bergen-Belsen gesprochen habe, hat sie mir davon erzählt. Ich weiß jedoch nicht mehr, wie mein Vater reagiert hat, als ich ihm davon erzählte.

Vergisst man viel? Manches ja — ich ja. Allerdings erinnere ich mich, wenn ich meine Geschichte erzähle, an manche Details sehr gut. Darüber wundere ich mich. An Einiges erinnere ich mich genau. Vielleicht, weil ich es immer wieder erzähle.

Wir sind an der Stelle stehen geblieben, als die Deutschen eingerückt sind. Das Schlimme ist, dass es prozentual in Holland die meisten Toten gab. Vielleicht denken durch Annes Tagebuch viele, dass die Holländer die Juden unterstützt hätten.

Aber von den 140.000 Juden in Holland wurden nur 5.000–6.000 Menschen versteckt. Ein paar Tausend sind wieder nach Hause zurückgekommen, die anderen sind tot. Das sind prozentual mehr Tote als in Polen.

Die holländische Königin ist nach England geflüchtet. Von dort hat sie durch das BBC zu ihrem Volk gesprochen. Sie hätte ihr Volk dazu aufrufen müssen, ihren jüdischen Freunden zu helfen. Vielleicht wären dann mehr versteckt worden.

Keiner hat das jüdische Volk gerne. Manchmal haben wir uns selber nicht gern. Aber ich glaube nicht, dass wir so schlecht sind, wie wir gemacht werden. Wir haben in diesem Land auch schon gute Dinge geschaffen — auch mit Arabern gemeinsam. Ich war Krankenschwester hier in den Dörfern und wir haben zusammen mit Arabern gearbeitet. Wir haben allen gleichermaßen geholfen.

Das wird oft nicht gesehen. Im Kleinen funktioniert es häufig, denn im Einzelnen will jeder Frieden.

Schwirig ist jedoch, dass sich die Araber schnell aufhetzen lassen. Sie müssen mit der Hetzerei aufhören! Und dann zwingt man uns, Frieden zu schließen. Wir wollen gerne Frieden haben, aber wie?

Wir dürfen keinen Krieg verlieren. Aber ich habe wirklich keine Kraft mehr für einen weiteren Krieg.

Es ist alles nicht so einfach, wie Sie es sich vorstellen.

Ja, das ging mir auch so. Viele Leute bilden sich aus der Entfernung eine sehr starke Meinung und Position zum Ganzen. Aber man muss es vor Ort erleben, um die ganzen Facetten zu sehen. Seit ich hier bin, habe ich gar keine Meinung mehr.

Zurück zu der Geschichte: Sie wohnten immer noch in Holland, nur unter deutscher Besatzung. Warum wurden Sie nicht gleich abgeholt? Im Jahr '42 gab es zwei verschiedene Begebenheiten, die uns geholfen haben.

Es begann damit, dass wir alle die gelben Sterne tragen mussten. Wir durften nicht mehr einkaufen, mussten in jüdische Schulen und vieles mehr. Wir mussten um acht Uhr zu Hause sein und die SS begann nach Listen, alle Familien nach und nach abzuholen.

Wenn aber eine schwangere Frau die Tür aufmachte, ließ die SS diese Frau bis zur Geburt des Kindes zu Hause und verschonte sie. Meine Mutter war im Jahr '42 schwanger und so durften wir zunächst bleiben. Im Oktober sollte das Kind kommen, aber dann wurde es tot geboren, und zwei oder drei Tage später starb meine Mutter an den Folgen der schweren Geburt. Damit hatten wir keine Mutter mehr und keinen Schutz.

Wenn man sehr großes Glück hatte, konnte man zu dieser Zeit einen Stempel bekommen, der besagte, dass die Deutschen einen noch für irgendeine Arbeit brauchten. Zum Beispiel waren Frauen, die eine Uniform nähen konnten, mit diesem Stempel vorläufig befreit. Mein Vater brauchte also einen Stempel und er bekam ihn. Dieser Stempel hat uns ebenfalls eine Zeit lang gerettet.

Allerdings konnte mein Vater nicht nähen, nicht einmal einen Knopf konnte er annähen. Ich weiß noch, wie ich einmal im Lager bei ihm einen Knopf gesehen habe, um den herum genäht worden war. Ich habe entsetzt gefragt: »Papa, habe ich das gemacht?« und er hat ganz stolz gesagt: »Nein, ich.« – Es ist komisch, an was man sich so erinnert.

Wir kamen damals mit deutschen Pässen nach Holland. Irgendwann läuft ein Pass ab und für deutsche Juden gab es natürlich keinen neuen Pass. Somit waren wir staatenlos, was eine schlechte Situation war. Viele, die damals irgendwie an Geld kommen konnten, haben sich Pässe im südamerikanischen Konsulat gekauft. Wir konnten das über einen Onkel auch so machen. Meine Großeltern bekamen einen Pass von Honduras, mein Vater, meine Schwester und ich von Paraguay.

Die zweite Begebenheit, die uns damals rettete, hatte damit zu tun, dass die Schweiz Verhandlungen um Listen mit Austauschjuden führte. Diese sollten den Zweck erfüllen, Kriegsgefangene gegen Juden austauschen zu können. Weil mein Vater im Rahmen seiner Tätigkeit als Pressechef regelmäßig über Palästina berichtet hat, setzte man uns als sogenannte Veteranen auf die zweite Austauschliste, obwohl wir keine Verwandten in Israel besaßen. Damals war uns noch nicht bewusst, wie wertvoll dieser Platz auf der zweiten Liste später sein würde.

DEPORTATION

Die Franks wurden versteckt. Weil unten ein Büro war, mussten sie bis vier Uhr ganz leise sein und durften nur auf Socken gehen. Sie durften keine Klospülung betätigen und lediglich flüstern. Aber was haben Leute gemacht, die sich mit einem Baby verstecken wollten? Oft wurden die Babys zu Bauern gebracht. Aber selbst die Bauern wurden durchsucht. Die Kinder wurden also in ein Waisenhaus, beispielsweise nach Westerbork, gebracht.

Da diejenigen, die die Listen mit den Austauschjuden zusammenstellten, diese Kinder in den Kinderheimen retten wollten, gab es schließlich 40 Listen.

Im November '43 gab es jedoch nicht genügend Leute, um die Deportationszüge zu füllen. Deswegen wurden die Listen, bis auf die ersten zwei, aufgelöst. Sie sehen, welches Glück gerade der Platz auf der zweiten Liste war.

Bis auf zehn Kinder wurden alle Kinder des Kinderheims mitgenommen. Ich war damals in dem Heim und meine Schwester im Krankenhaus. Sie hat dank drei Wundern überlebt. Hätten wir nicht einen Platz auf der zweiten Liste gehabt, wären wir damals mitgenommen worden.

Aber sie haben damals meinen Liebling mitgenommen, ein kleines Mädchen, deren Eltern ich nach dem Krieg in der Schweiz kennengelernt habe.

Das ist oft passiert. Es kamen Eltern zurück ohne Kinder und Kinder ohne Eltern. Bei dem Gedanken läuft es mir kalt den Rücken herunter – aber das sieht man nicht, weil ich es so oft erzähle. Schlimm. Es ist schwer, ein Jude zu sein, und doch würde ich nicht tauschen wollen.

Im Januar wurden alle zusammen gerufen, die noch in Westerbork waren, mit den Palästina-Papieren und Pässen. Uns wurde gesagt, dass wir Glück haben, denn wir sollten nicht in ein Arbeitslager im Osten kommen, sondern in ein Austauschlager in Bergen-Belsen.

'44 wurden wir also nach Bergen-Belsen gefahren. Wir saßen in einem normalen Waggon und es wirkte nicht zu schlimm. Als wir aber in Bergen-Belsen ankamen und die Menge von SS-Leuten mit ihren großen Hunden sahen, wussten wir, dass dies kein Sommeraufenthaltslager ist. Seitdem mag ich keine Hunde mehr. Es war besser als in den anderen Lagern: Wir wurden nicht tätowiert, wir wurden nicht kahl geschoren, uns wurden nicht die Pakete abgenommen, wir durften unsere eigene Kleidung anziehen und es wurde nicht getötet. Sie sehen, man muss sich schon für komische Sachen bedanken.

Weil meine Schwester einen riesigen Verband am Kopf wegen einer Ohrenoperation hatte, durften wir mit dem Laster ins Lager fahren. Wir kamen in eine Baracke mit 200 anderen Personen. Mein Vater und meine Großmutter kamen in eine andere Baracke.

Mein Vater wurde dort krank und ich ebenso. Er war acht Monate im Krankenhaus. Er starb daran, denn er wurde dort nicht gepflegt und hatte kein Essen. Aber ich durfte ihn besuchen und ich wusste wann, warum und wo mein Vater gestorben ist. Und in Auschwitz hat das keiner gehabt.

Es sind wirklich komische Sachen wofür man sich bedanken muss.

Was ist mit Ihrer Schwester geschehen? Meine Schwester bekam in Westerbork bereits nach kaum einer Woche eine Mittelohrentzündung. Sie musste operiert werden und nach sieben Monaten eiterte das Ohr noch immer. Sie wurde schwächer und schwächer und wollte nichts essen, da das Essen sehr schlecht war. Schließlich kamen wir nach Bergen-Belsen. Wir Holländer wurden ganz nach hinten in 20 Baracken verteilt. Ich musste wegen Gelbsucht ins Krankenhaus, doch ich wollte meine Schwester nicht alleine lassen. Ich war außer mir.

Doch wie durch ein Wunder trocknete der Eiter aufgrund des Klimas im Lager aus: Dort war es viel trockener und kälter. Die meisten sind in Bergen-Belsen krank geworden. Meine Schwester ist gesund geworden.

In gewisser Weise haben wir uns gegenseitig gerettet in dieser Zeit. Ich sah es als meine Aufgabe an, meine kleine Schwester durchzubringen. Auf der anderen Seite gäbe es mich ohne meine Schwester ebenfalls nicht mehr. Denn wenn zwei zusammen waren, Anne und Margot, Mutter und Tochter, Cousin und Cousine, dann war es ein bisschen leichter. Ganz alleine hatte man kaum eine Chance. Man konnte sich das Brot abgeben, wenn einer schwächer war, und beim Appell gegenseitig stützen. Das war immer das Schlimmste: Stundenlang Appell stehen bei Kälte oder Hitze.

Auf jeden Fall musste ich ins Krankenhaus und ich konnte nicht einfach irgendjemanden ansprechen, der sich um meine Schwester kümmern sollte. Da hat mir Gott geholfen.

Eine alte Frau kam auf mich zu. Ich kannte sie aus Amsterdam und sie fragte, was denn los sei. Ich erzählte ihr, dass ich morgen früh um acht in die Isolationshaft müsse und nicht wüsste, was ich mit meiner Schwester machen sollte. Sie sagte: »Vielleicht kann ich dir helfen.«

Sie verschwand und kam mit einer Frau zurück. Warum ich das ein Wunder nenne? Die Frau hatte sieben Kinder: zwei Jungen, die bei dem Vater waren, und fünf Töchter, alle im Alter zwischen mir und meiner Schwester. Sie sagte, dass mein Vater immer allen geholfen habe. Jetzt wolle sie mir helfen. Am nächsten Morgen holte ihre älteste Tochter meine Schwester ab. Das würde selbst heute niemand machen: Ein schwaches dreijähriges Mädchen, das wegen des vielen Eiters stinkt, zu sich zu nehmen.

Diese Frau hat meine Schwester einen ganzen Monat gepflegt. Wir wechselten die Baracke und wurden eine große, gemeinsame Familie. Sie selbst, ihr Mann und ein Sohn starben nach der Befreiung. Aber sechs ihrer Kinder leben heute noch.

Sie haben davon gesprochen, dass Ihre Schwester dank drei Wundern überlebte. Was war das dritte? In unserer Baracke waren auch Griechen mit einem Rabbiner untergebracht, der ein guter Freund von meinem Vater war. Weil die Griechen vor uns in das Lager gekommen waren, besetzten sie alle guten Posten. Die Frau des Rabbiners durfte zweimal die Woche Milch an Kinder unter drei Jahren verteilen. Natürlich hat jede Mutter, die ein Kind über drei Jahren hatte, angebettelt, etwas von der Milch zu bekommen. Sie hätten ihr alles gegeben, was sie hatten. Ich habe ihr nie etwas gegeben und sie gab uns trotzdem Milch.

Stellen Sie sich vor, meine Schwester hätte nur Wasser bekommen. Zwei Glas Milch in der Woche – das ist der Unterschied zwischen Leben und Tod.

Und das sind die Wunder meiner Schwester.

Als die Alliierten vorrückten, bekamen die Deutschen Angst. Sie wollten nicht, dass man sieht, was sie mit uns Juden in diesen Lagern machten. So begannen sie die Juden auf Todesmärschen aus Polen nach Deutschland zu bringen, in Konzentrationslager oder Munitionsfabriken zu schicken.

Als wir im Februar '44 nach Bergen-Belsen kamen, war das Lager noch leer. Ab September kamen Gefangene aus den Lagern aus Polen. Sie brachten mit Flecktyphus infizierte Läuse mit sich und infizierten somit uns andere. Bei der Befreiung waren 60.000 Leute in Bergen-Belsen, von denen noch 15.000 an Unterernährung und Krankheiten gestorben sind. Man hatte keine Medizin, war geschwächt und konnte der Krankheit nichts entgegensetzen.

Eines Tages kam das Gerücht auf, dass 7.000 Frauen aus Auschwitz kommen würden. Aber die Deutschen trennten sie mit einem großen Zaun von uns ab. Wir konnten sie nicht sehen, aber wir wollten doch wissen, wer diese Leute waren. Wir konnten nur Polnisch und Tschechisch hören und verstanden nichts.

Es dauerte bis Februar '45 bis mir jemand sagte, dass 40 Frauen aus Holland unter den 7.000 gewesen sind – inzwischen wusste ja keiner, wie viele von ihnen noch lebten – und dass meine Freundin Anne Frank auch hinter diesem Gitter sei.

Am Abend ging ich an das Gitter und rief. Da antwortete mir Frau van Daan, Frau van Pels hieß sie eigentlich, und brachte mir Anne an das Gitter.

Wir haben uns dreimal getroffen, aber wegen des Zauns haben wir uns nur gehört, nicht gesehen. Zweimal konnte ich ihr Essen über den Zaun werfen. Einmal hat sie es gefangen, einmal nicht. Eine andere Frau fing es auf und das war eine Tragödie. Margot konnte nicht zum Zaun kommen, sie war schon zu schwach.

Das war das Ende. Mein Vater ist gestorben und ich bin eine Woche lang nicht zum Zaun gegangen. Als ich eineinhalb Wochen später dann noch einmal dort war, war der Teil des Lagers leer. Margot und Anne waren auch weg. Sie waren irgendwo in Bergen-Belsen, aber es war ein riesiges Lager. Wir, die Holländer und Griechen, blieben in dem Lager bis zum 11. April '45.

Am 15. April wurde das Lager von den Engländern befreit, aber wir waren nicht mehr dort. Wir kamen dieses Mal in Viehwaggons und wurden durch ganz Deutschland geschickt.

War das der Zug ohne Ziel? Ja, der Verlorene Zug. Wir wurden erst 200 km südlich von Berlin zehn Tage später bei Tröbitz von den Russen befreit.

Dieser Zug war furchtbar. Dort hatte ich meinen einzigen hysterischen Anfall. Die Tür, an der wir lagen, war immer ein bisschen offen und es lag ein todkranker Mann neben uns. Er hatte Durchfall und einen Topf, den er nach draußen entleeren wollte. Aber es kam auf meine Schwester und mich. Es war einfach überall auf unseren Sachen. Und es gab kein Wasser, um uns sauber zu machen. Es war so schlimm und ich war so sauer, aber ich konnte ja niemanden anschreien. Er war ja krank.

Zehn Tage waren wir unterwegs, ohne Essen und Wasser gab es nur aus den Flüssen. Nach der Befreiung durch die Russen mussten wir in den Häusern der Deutschen bleiben.

Aber wir waren zu schwach, um jemanden aus seinem Haus zu vertreiben, und sind zu zehnt zurück zum Zug gegangen. Da sagten sie uns, es gäbe noch ein Dorf, das nur zwei Kilometer weiter weg sei. Dort mussten wir ein leeres Haus finden, da sich das Dorf ergeben hatte.

Wir haben ein leeres Haus gefunden. Der Mann, dem das Haus gehörte, hat uns das Leben gerettet, ohne es zu wollen. Er hatte hellgrüne Tapete mit Hakenkreuzen darauf und war geflohen. Wir haben mit dem Rücken zur Wand geschlafen.

In seinem Haus gab es nur rohe Kartoffeln, denn der vorherige Besitzer war der Bürgermeister des Dorfs und kein Bauer. Aber unsere Freunde im Nachbardorf haben in Häusern von Bauern geschlafen – mit Sahne, Milch, Käse und Butter in Mengen. Sie haben zu viel und zu schnell gegessen und viele sind an Durchfall gestorben.

Später haben wir eine Rationierungskarte bekommen und es gab jeden Tag gutes Essen. Zwei Monate blieben wir dort, dann haben uns zufällig zwei Amerikaner gefunden und wir durften am 1. Juli zurück nach Holland.

WEITERLEBEN

Zurück in Holland musste ich in ein Krankenhaus, meine Schwester war gesund und kam mit anderen Waisenkindern nach Amsterdam. Im September kam Herr Frank mich besuchen, und ich erzählte ihm von meinem Treffen mit Anne und dass sie vielleicht irgendwo in Deutschland sei. Aber er sagte: »Nein, nicht die Frau und nicht die Kinder kommen jemals zurück«. Sie mussten sterben mit eineinhalb Millionen anderer jüdischer Kinder, die nie etwas Böses getan haben.

Was ist nach der Befreiung geschehen? Ein halbes Jahr bevor der Unabhängigkeitskrieg begann, bekam ich endlich ein Zertifikat, um nach Israel einreisen zu dürfen. In Israel begann ich eine Ausbildung als Krankenschwester und '49 kam auch endlich meine Schwester nach Israel. Seitdem sind wir hier.

Damals im Krieg hatte ich keine Angst. Ich dachte: Wenn ich sterbe, sterbe ich. Aber heute ist das anders, jetzt habe ich Enkel und Kinder.

Wie war Ihre erste Zeit in Israel? Ich habe viel gearbeitet. Damals hat man noch zwölf Stunden am Tag gearbeitet und ich wusste immer erst einen Tag vorher, wie ich am nächsten Tag arbeiten würde. Deswegen war es schwierig zu planen. Aber ich hatte eine Frau, deren Kinder ich hütete und die sehr spontan war. Sie wollte nur zwei Nachmittage frei haben und ich konnte zu ihr kommen und sagen: »Morgen kann ich nach der Arbeit kommen.«

HEUTE

Eines Tages bin ich mit den Kindern von einem Spaziergang heim gekommen, da war im Küchentisch ein Loch von einer Rakete. Die Araber haben auf die jüdischen Viertel geschossen. Natürlich hat die Mutter der Kinder einen riesigen Schreck bekommen. Ich wurde entlassen und hatte kein Geld mehr. Aber ich musste mir doch Zahnpasta, Schuhcreme und andere Dinge zum Leben kaufen.

Dann habe ich meinen Mann kennengelernt. Wir haben geheiratet und ich habe weiterhin als Krankenschwester in den Dörfern um Jerusalem gearbeitet. Ich habe immer in Jerusalem gelebt. Wir haben drei Kinder bekommen.

'85 ist mein Mann gestorben und ab '87 habe ich angefangen zu erzählen. Vorher wollte mich keiner hören.

Wie war es für Sie, in das Land Ihrer Hoffnungen zu kommen? Ich hatte immer noch Hoffnung. Wenn man jung ist, kann man viel schaffen. Ich hatte hier eine entfernte Verwandte und habe ziemlich schnell meinen Mann kennengelernt. Ich habe schnell meinen Platz gefunden.

Wann haben Sie sich in Israel zu Hause gefühlt? Ich habe mich immer zu Hause gefühlt. In Holland gab es nichts mehr für mich. In Deutschland bin ich auch nie zu Hause gewesen. Was sollte ich da? Israel war unser Land. Für ältere Leute war es sicherlich viel schwerer. Ich war eigentlich nie unglücklich hier, auch wenn es nicht immer einfach war. Man hatte nicht viel, aber die Atmosphäre war gut. Man hat gelernt.

Kann man das Erlebte hinter sich lassen? Nein, es ist immer da. Im Gegenteil, vor allem nachts nicht. Am Anfang war es auch viel schwerer zu erzählen. Aber das viele Erzählen hilft mir. Nur was bewirkt es in der Welt? Es gibt immer noch Leute, die sagen, dass es die Schoah nicht gab. Wie kann so etwas sein?

Und Sie sind den ganzen Weg mit Gott gegangen? Ja, die ganze Zeit, auch wenn man zwischendurch hadert. Er hat uns immer wieder geholfen.

Können Sie sagen, dass Sie ein gutes Leben hatten? Im Großen und Ganzen: Ja. Wer hätte gedacht, dass ich Urenkel bekomme?

Vielen Dank für das Gespräch. Und jetzt wollen Sie noch Fotos machen? Das ist ja eigentlich der Hauptteil oder?

Ja. [lachend]

DIE BEGEGNUNG

Zu Beginn wollte Hannah Pick-Goslar nicht an unserem Projekt teilnehmen. Sie sagte, sie habe die Zeit nicht als so schlimm in Erinnerung, sei sie doch noch ein Kind gewesen, das Vieles überhaupt nicht mitbekommen habe. Doch sie ließ sich überzeugen, dass auch ihre Lebensgeschichte Teil der Gesellschaft ist, die wir darstellen möchten.

Wir sitzen uns in ihrem Wohnzimmer gegenüber. Ihre gesamte Wohnung erzählt von einer sehr gebildeten Frau. Das schüchtert im ersten Moment ein. Doch dann beginnt Hannah zu plaudern, von früher und Deutschland. Man vergisst schnell, dass man in Israel ist. Wir haben die gleiche Heimat und eine ähnliche Kultur.

Während wir miteinander reden, klingelt es an der Tür. Hannahs Enkelin besucht ihre Oma auf dem Heimweg von der Arbeit. Das macht sie jeden Tag. Es ist schön, den beiden in ihrem Gespräch zuzuschauen: das liebevolle Miteinander zwischen Generationen.

Gleichzeitig sind Hannahs radikale politische Einstellungen Zeugen ihrer Vergangenheit. Am Morgen des Tages unseres Treffens ist eine Siedlerfamilie an der Grenze zum palästinensischen Autonomiebereich umgebracht worden. Was soll man einer Frau entgegnen, die als Kind verfolgt wurde, Lager überlebte und der bis heute kein friedliches Zuhause vergönnt ist?

Obwohl Hannah Pick-Goslar häufig eingeladen wird, über ihre Geschichte und über Anne Frank zu sprechen, hat sie sich Zeit genommen. Mehr noch, sie war freundlich und offen. Wäre die Zeit gewesen, so hätte sie mich zu einem Schabbat-Mahl im Kreise ihrer Familie eingeladen. Es ist beeindruckend, mit welcher Offenheit und Wärme sie einer Fremden begegnet ist.

»Es war besser als in den anderen Lagern:
Wir wurden nicht tätowiert, wir wurden nicht kahl geschoren,
uns wurden nicht die Pakete abgenommen,
wir durften unsere eigene Kleidung anziehen und es wurde nicht getötet.
Sie sehen, man muss sich schon für komische Sachen bedanken.«

BRIEFE VON KINDERN UND JUGENDLICHEN

auch wenn man sich so eine nicht unbedingt erwünscht hast.
Ich hoffe du kannst noch weitere Leuten diese Geschichte erzählen, sie beeindrucken oder auch „mitreißen".

P.S.:
Danke, dass du Zeit hattest mit uns zu telefonieren.

Ich wünsche dir noch alles Gute und viel Gesundheit.

Shalom Hannah

(Ich bin übrigens Anna und 14 Jahre alt)

9. Klasse

Liebe Hannah,

ich habe deine Schicksalsgeschichte gehört und bin sehr gerührt. Es ist unfassbar, wie selbstbewusst und motiviert du am Leben weitermachst. In deiner Situation hätte ich meiner Meinung nach keinen Sinn gesehen weiter zu leben oder überhaupt weiter zu machen. Immer ausgeschlossen zu werden, sich verstecken zu müssen und in Angst zu leben. Ich glaube niemand könnte sich unbedingt in dich reinversetzen, aber allein der Gedanke reicht schon um zu wissen wie schlimm es für dich und deine ganze Familie gewesen sein muss. Ich bin zudem total stolz auf dich, dass du eine Familie nach dem ganzen Erlebniss gegründet hast. Es ist zudem bewundernswert, dass du so offen darüber reden kannst und auch willst, dass andere ~~über~~ deine Lebensgeschichte hören sollen. Dadurch kann man es bildlich vorstellen, da man ja sonst im Internet nur lesen kann, was ungefähr passiert sein muss. Du tust mir so leid, dass du keine so glückliche Kindheit/gewöhnliche Kindheit hattest wie alle anderen, aber immer das positive im Leben sehen, du hattest nähmlich eine sehr besondere Kindheit,

9. Klasse

Liebe Frau Pick-Goslar,

ich bin sehr gerührt von ihrem Schicksal, gleichzei bin ich aber auch sehr beeindruckt von ihnen. Gerührt bin ich, weil sie eine schwere Zeit hatten und sie das Vergangene wahrscheinlich immernoch belastet. Sie hatten eine schwere Zeit mit viel Angst, dass war bestimmt schwer für sie.

Beeindruckt bin ich von ihnen, da sie niemals aufgegeben haben und immer für ihre kleine Schwester da waren. Ich verstehe das, weil ich auch eine kleine Schwester habe. Für die würde ich alles tun und versuche sie immer zu beschützen. Dadurch kann ich es auch verstehen dass sie ihre kleine Schwester nicht alleine lassen wollten.

Ich merke anhand ihrer Geschichte, dass wir heutzutage nicht mehr so dankbar sind. Für sie war es damals nicht so, dass sie jeden Tag etwas warmes zu Essen hatten, aber für uns ist soetwas selbstverständlich. Ihre Geschichte zeigt mir, dass man für jede Kleinigkeit dankbar sein sollte und nicht alles als selbstverständlich nehmen sollte.

Ich wünsche Ihnen noch viel Glück, Gesundheit und das sie niemals aufgeben.

von Anna (15 Jahre alt)

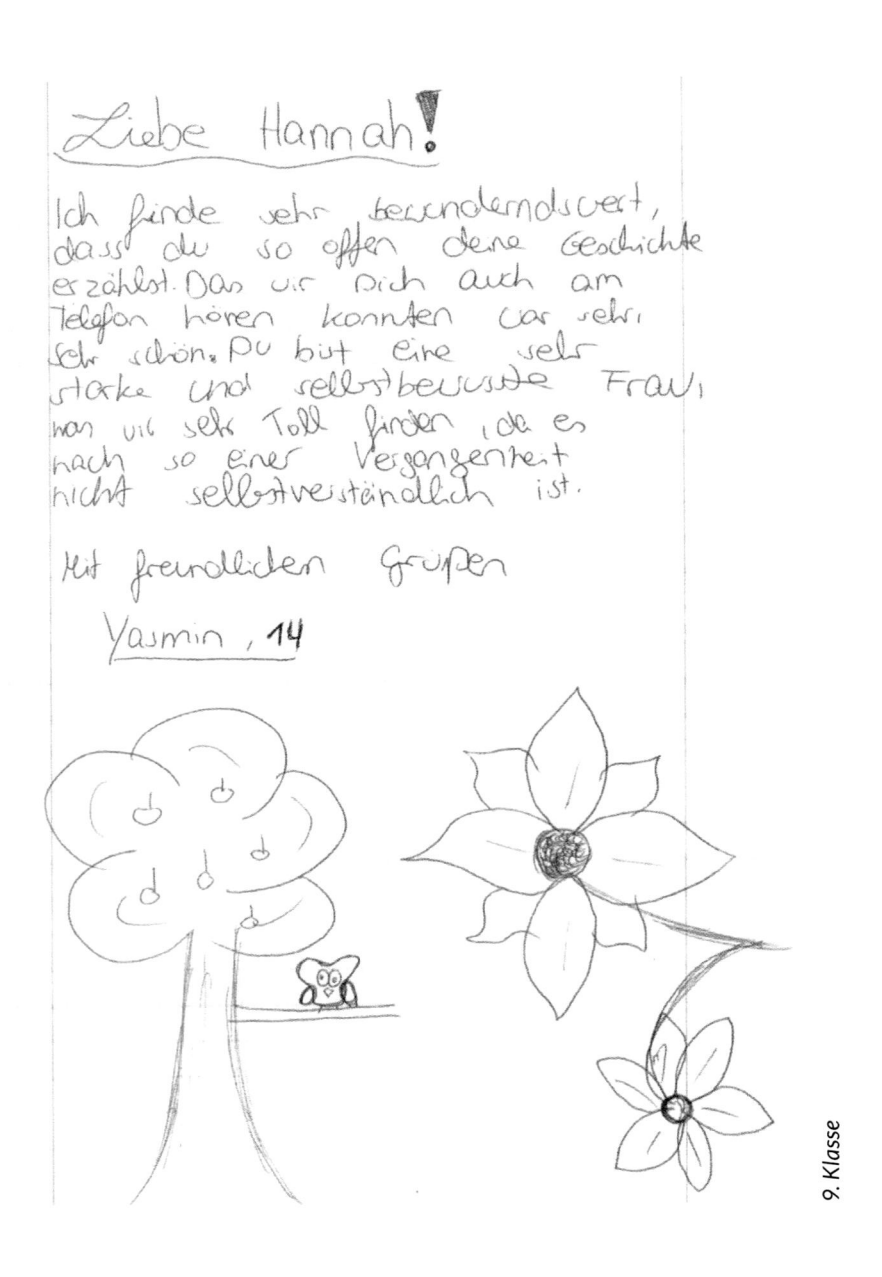

Liebe Hannah!

Ich finde sehr bewundernswert, dass du so offen deine Geschichte erzählst. Das wir dich auch am Telefon hören konnten war sehr sehr schön. Du bist eine sehr starke und selbstbewusste Frau, was wir sehr Toll finden, da es nach so einer Vergangenheit nicht selbstverständlich ist.

Mit freundlichen Grüßen

Yasmin, 14

9. Klasse

Liebe Hannah Pick

Ich habe ihre Geschichte gelesen und es hat mich sehr gerührt und in den moment wo ich es gelesen habe und als ich das video gesehen habe war ich sehr traurig, ich hoffe sie haben glückliche Jahre und ich wünsche ihnen und ihrer Familie viele größe und bleibt gesund. Bleiben sie so wie sie sind, bleiben sie stark und lassen sie sich nicht unterkriegen

Liebe grüße Samet

9. Klasse

Liebe Hannah, mir wurde deine Geschichte erzählt. Sie hat mich sehr berührt und hat mir gezeigt wie schrecklich diese Zeit war. Ich bewundere dich dafür, dass du trotz all den schlimmen Erlebnissen sagen kannst, dass du ein gutes Leben hattest. Trotz deiner Kindheit, bist du zu einer starken Frau geworden bist. Das was dameus passiert ist war schrecklich, denn wir Menschen sind alle gleich! Und wir sollten nicht für das verfolgt werden, an das wir glauben oder wer wir sind! Ich hoffe dir und deiner Familie geht es gut und du schaffst es irgendwie glücklich weiter zu leben. Ich hoffe du hast noch viele Jahre Zeit, in denen du zeigen kannst, was für ein wundervoller Mensch du bist.
Ich wünsche dir und deiner Familie Glück, Gesundheit und noch viele weitere schöne Jahre.

Deine Marlene, 15

9. Klasse

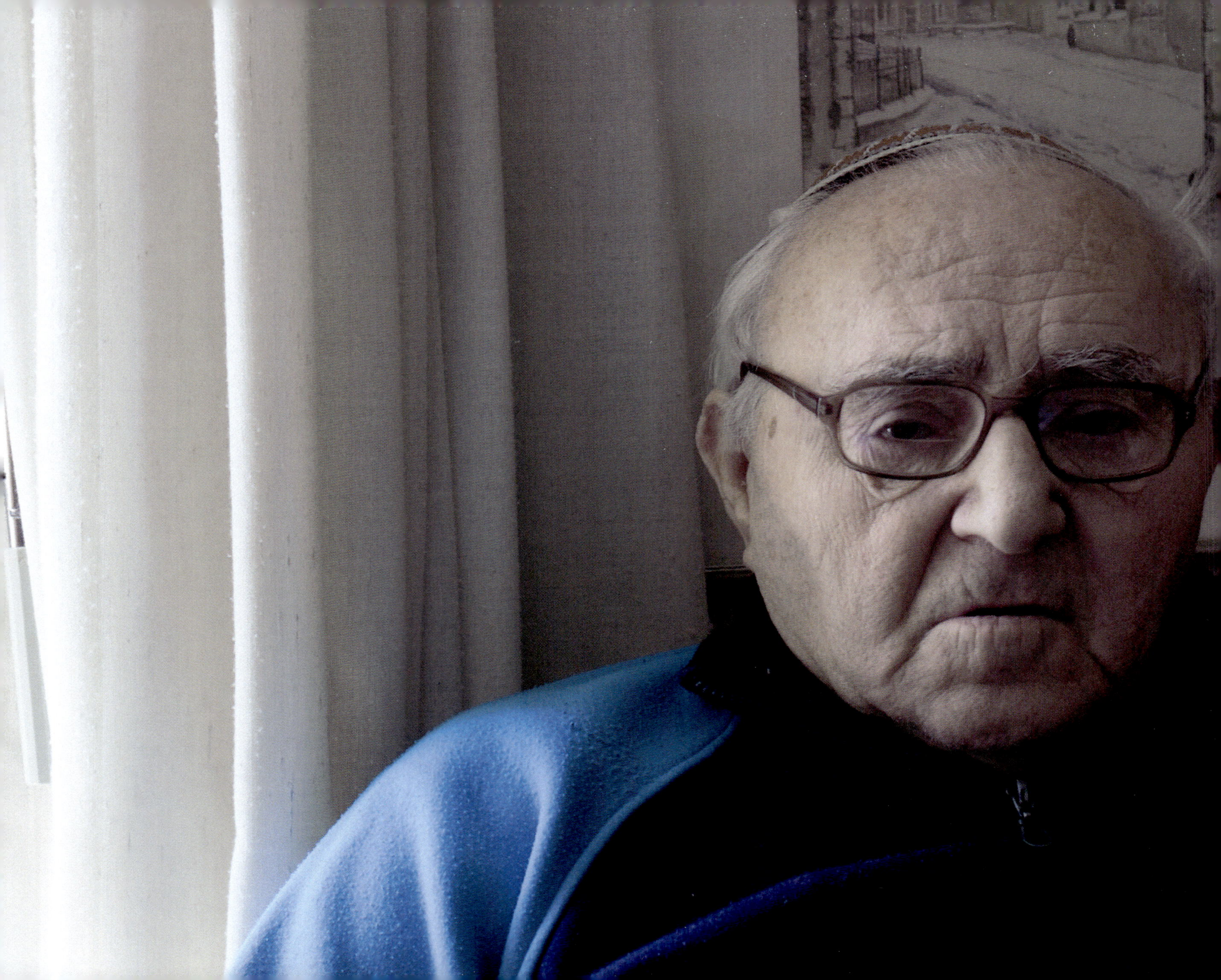

CHANOCH MANDELBAUM

geboren 1923 in Deutschland,
lebt heute in Jerusalem

LEBENSSTATIONEN

Als eines von vielen Kindern aus Deutschland nach Holland geschickt, konnte Chanoch Mandelbaum, den man zu der Zeit noch Heini nannte, dank seiner zionistischen Gesinnung noch bis 1943 in Westerbork bleiben.

Unter dem Vorwand, nach Palästina ausgetauscht zu werden, kam er dann nach Bergen-Belsen und überlebte als einer von wenigen die letzte Fahrt eines Judentransports — den Verlorenen Zug. Sein Leben lang arbeitete er, vom zionistischen Grundgedanken angetrieben, in und für Israel — ein Israel, das sich zu seiner Enttäuschung immer mehr von dem einstigen Traum entfernt.

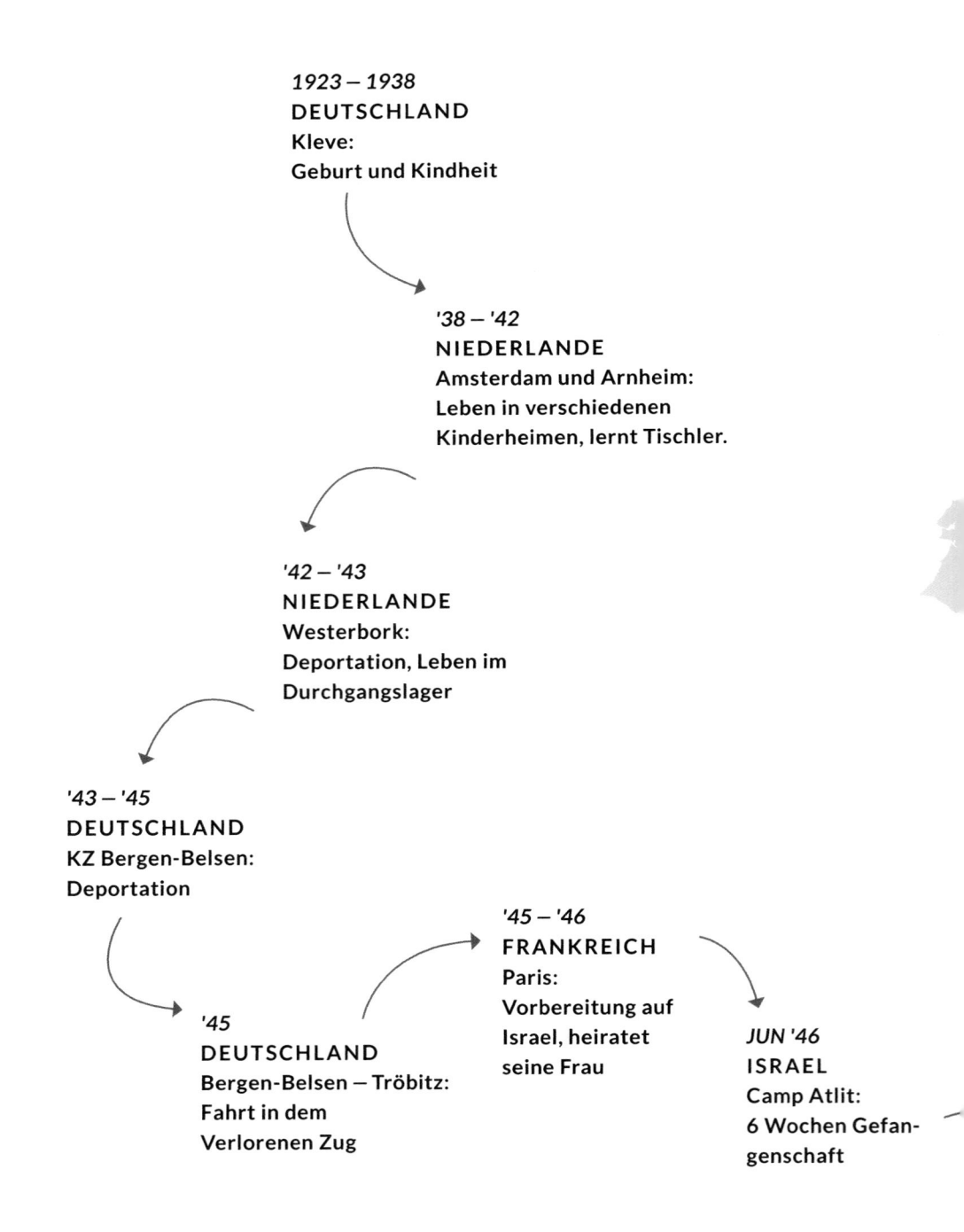

1923 – 1938
DEUTSCHLAND
Kleve:
Geburt und Kindheit

'38 – '42
NIEDERLANDE
Amsterdam und Arnheim:
Leben in verschiedenen
Kinderheimen, lernt Tischler.

'42 – '43
NIEDERLANDE
Westerbork:
Deportation, Leben im
Durchgangslager

'43 – '45
DEUTSCHLAND
KZ Bergen-Belsen:
Deportation

'45
DEUTSCHLAND
Bergen-Belsen – Tröbitz:
Fahrt in dem
Verlorenen Zug

'45 – '46
FRANKREICH
Paris:
Vorbereitung auf
Israel, heiratet
seine Frau

JUN '46
ISRAEL
Camp Atlit:
6 Wochen Gefangenschaft

1. SEP '46
ISRAEL
Tel Aviv

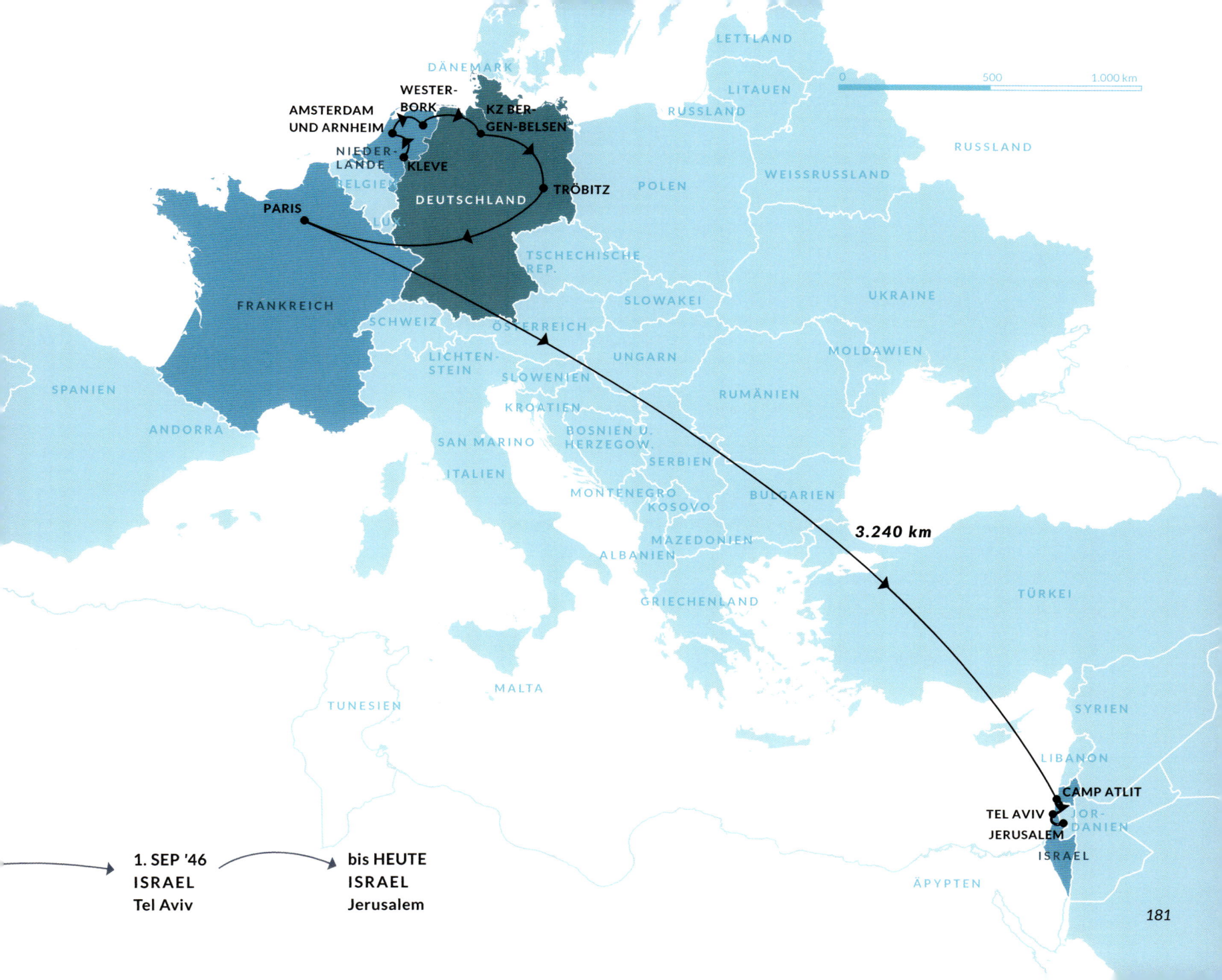

bis HEUTE
ISRAEL
Jerusalem

181

KINDHEIT UND ANTISEMITISMUS

17. März 2011, Jerusalem

Erzählen Sie uns Ihre Geschichte. Ich bin in Deutschland, in Kleve, im Jahre '23 geboren. Meine Eltern sind nach dem Ersten Weltkrieg aus Polen nach Deutschland gekommen, weil sie damals in Deutschland Arbeit und ein neues Leben suchten. Ich habe mit meinen Eltern nie darüber gesprochen. Ich war noch ein Kind und hab so weit gar nicht gedacht. Das sind ja alles erst Gedanken, die heute aufgekommen sind. Mein Vater war ein Schuhschneider für Schuhe.

Wieso sind Sie nach Kleve gekommen, so weit weg von Polen? Weil es in Kleve so große und viele Lederfabriken gab. In den Fabriken haben mein Vater sowie meine Mutter gearbeitet. Später haben sie ein kleines Geschäft aufgemacht, ein Textilwarengeschäft. Mein Vater ist mit dem Fahrrad zu den Dörfern gefahren, um die Kunden zu besuchen und die Waren zu verkaufen. Meine Mutter hat genäht. Hauskittel, Bettwäsche und solche Sachen hat sie genäht, keine Kleider. So sind wir geboren worden. Mein Bruder — ich hatte einen älteren Bruder — ist in Kleve aufs Gymnasium gegangen und '38 nach dem 10. November, da mussten doch die jüdischen Kinder von der Schule runter.

Ich habe meine jüdische Volksschule acht Jahre absolviert und ich konnte schon nicht mehr aufs Gymnasium gehen. Ich bin ins Berufliche gegangen. Und zwar nicht weit von Kleve entfernt in eine jüdische Gerberei. Man hat uns gesagt, dass der Gerberberuf ein guter Beruf für die Zukunft sei und ich bin dort angestellt worden. Mit einem Vertrag für drei Jahre.

Jeden Tag bin ich um sechs Uhr in der Früh eine halbe Stunde mit der Eisenbahn gefahren und dann noch eine Stunde zu Fuß bis zur Gerberei. Das mit 13 Jahren.

Ich habe schwer gearbeitet — ich war doch noch ein Kind — bis zum 10. November.

Am 10. November in der Früh bin ich mit der Eisenbahn weggefahren. Kleve hat auf einem Hügel gelegen und oben auf dem Berg war eine Synagoge und die hat gebrannt. Ich bin mit dem Zug gefahren, ich habe aus dem Fenster zu der Schwanenburg geschaut und habe die Rauchschwaden von der brennenden Synagoge aufsteigen sehen. Ich wusste sofort, da ist Feuer.

FLUCHT UND GEFANGENSCHAFT

Dass das die Synagoge gewesen ist, hat man mir erst später gesagt. Als ich an meinem Arbeitsplatz angekommen bin, hat mich der Arbeitsleiter gerufen und hat gesagt: »Heini«, — ich hab Heini geheißen damals, »du musst diesen Arbeitsplatz verlassen. Du musst nach Hause, du kannst hier nicht mehr weiter arbeiten.« Gut, ich habe das nicht alles verstanden, noch nicht.

Als ich dann nach Hause gekommen bin, haben mir meine Eltern erzählt, dass die Synagoge verbrannt ist und dass die Geschäfte eingeschlagen worden sind. Kristallnacht.

Auch das Geschäft von Ihrem Vater, nehme ich an? Ja, da hat man auch die Scheiben eingeschlagen, sicher. Als ich an dem Tag nach Hause geschickt worden bin von der Arbeit, da haben wir keine große Zukunft für mich gesehen.

Dann wurden — wer das organisiert hat, weiß ich nicht — tausende jüdische Kinder aus Deutschland nach Holland gesendet. Also man hat mich nach Holland geschickt. Ich bin einige Zeit in Holland gewesen. Zuerst in Amsterdam, dann bin ich nach Arnheim gekommen und dort hat zu unserem Glück ein Kinderheim eröffnet, in das ich konnte.

Und da konnte man Schlosser oder Elektriker oder Tischler lernen. Ich habe eine Sympathie gehabt für Möbeltischler und hab in Arnheim angefangen, in dieser Schule Möbeltischlerei zu lernen.

Und dann hat es nicht mehr lange gedauert und der Hitler ist nach Holland gekommen, hat Holland besetzt und '42, '43, '44 haben die Deportationen angefangen.

Die Juden wurden nach Westerbork deportiert — das war das Durchgangslager in Holland, das ist Ihnen bekannt? Zuerst war es ein Aufenthaltslager für jüdische Flüchtlinge. Nachdem das schon existiert hat — Baracken und alles — haben die Deutschen das ausgenutzt und haben das Lager als Durchgangslager für die Transporte nach Auschwitz genutzt.

Bis ins Lager sind die Eisenbahnschienen gegangen. Da war eine Schiene: Assen, Groningen, das waren die Umgebungen. Das war alles gut organisiert. Man hat die Eisenbahnschienen so gelegt, dass sie bis ins Lager fahren konnten. Und im Lager ist mittendurch eine Eisenbahnschiene verlaufen, so dass jeden Dienstag ein Zug hereinkommen konnte. Ich weiß nicht mit wie vielen Eisenbahnwagen. Und der Zug ist dann jeden Dienstag gefüllt worden mit tausend Juden und jeden Dienstag gegen zwölf Uhr mittags ist dieser Zug weggefahren und ist dann eine Woche später leer wieder zurückgekommen. Da war ein Schild drauf: »Westerbork-Auschwitz«.

Und dann haben Leute gefragt: »Was ist das, Auschwitz?«

Wenn man auf Transport gehen musste, ist man in der Früh um fünf Uhr aufgeweckt worden. Es wurde nur gesagt: »Pack deine Sachen, du gehst auf Transport!«

Wir haben uns mit einigen Leuten in Verbindung gesetzt. Wir haben gesagt: »Wenn ihr ankommt, schreibt einen Brief und versteckt ihn. « Wir wussten, was Auschwitz ist. Wir wussten, dass das ein Vernichtungslager war. Das wusste man.

Aber wenn man mit dem Zionismus in Verbindung stand, konnte man zurückgestellt werden.

Wir, die Jugendlichen, mussten dafür Hachschara durchmachen. Hachschara — die Vorbereitung für Israel. Hauptsächlich berufliche Vorbereitung und Landwirtschaft. Da ist ein Austauschgeschäft gemacht worden. Und wer da rein gekommen ist, der hat großes Glück gehabt. Und die sogenannten Austauschjuden sind dann nach Bergen-Belsen geschickt worden.

Und was war mit Ihnen zu der Zeit?
Ich war ja auch da, ich wollte ja auch nach Palästina gehen und ich war auch eingeschrieben in die Hachschara-Zentren. Ich habe in einer Tischlerei gearbeitet und das hat gegolten als Vorbereitung für die Hachschara — beruflich.

Gut, also wir sind später nach Westerbork gekommen und von Westerbork sind wir, alle die von den Hachschara-Jugendlichen, sind wir zeitweilig zurückgestellt worden. Weil wir auch als Arbeitskräfte eingesetzt werden konnten, weil auch die landwirtschaftlichen Flächen um Westerbork zur Erntezeit Helfer für die Ernte brauchten. Also waren wir produktiv gewesen.

Ich bin dann '43 nach Bergen-Belsen gekommen. Dass Bergen-Belsen ein so schreckliches Konzentrationslager war, hat natürlich keiner gewusst. Wir haben geglaubt, wir kommen in ein Erholungsheim, aber das war eine große Enttäuschung. Wir haben schwer gearbeitet und wir waren unter SS-Aufsicht, schlechtes Essen, es waren so viele, viele, viele, viele Menschen, die in Bergen-Belsen gestorben sind.

Massengräber.

DER VERLORENE ZUG

Gut, so waren wir in Bergen-Belsen. Und was geschieht jetzt in Bergen-Belsen? Man hat doch geredet. Wir haben immer alles gewusst, gehört. Von wo hat man's gehört? Von der JPA. Wir haben uns übereinander lächerlich gemacht. Die JPA: Jüdische Plattfußagentur. Warum? Juden haben viel Plattfüße gehabt, das war bekannt. Und dann hat man gesagt: Wovon hat man's gehört? Die JPA hat's erzählt. Gehört hat man es von der SS, die haben doch was im Radio gehört und haben hier und da ein Wort fallen lassen.

Wir haben doch gehofft, dass wir nach Palästina ausgetauscht würden. Denn wir wussten, es gibt jedes Jahr 1.500 Zertifikate, um nach Palästina zu kommen. Aber es waren keine 1.500 Interessierte da. Eines guten Tages — wir mussten immer stehen auf dem Appellplatz — ist ein Austauschtransport zusammengestellt worden von ungefähr 250 Leuten. Und die sind angekommen. Ich habe später noch Bekannte getroffen.

Es sind Parteileute gekommen aus Berlin und die haben Listen gehabt. Und die sind dann in separate Baracken gekommen. Ob sie den Judenstern runter nehmen durften, das weiß ich schon nicht mehr—das sind Einzelheiten. Wir sind noch mit Judenstern gefahren.

Dieser Transport war der einzige und wir haben weiter gehofft, gehofft, gehofft.

Aber wir sind nicht mehr ausgetauscht worden.

Dann zwei Wochen vor der endgültigen Befreiung wurden drei Züge voll gepackt.

Man hat gesagt, man schickt uns nach Theresienstadt. Wie gesagt: JPA. Aber es war wahrscheinlich etwas Wahres daran. Also, der erste Zug ist wirklich nach Theresienstadt gekommen. Hier nebenan hat eine Familie gewohnt, die war in dem Zug und ist dann später nach Israel gekommen. Einer wohnt noch hier in Jerusalem.

Der zweite Zug ist von den Amerikanern in der Umgebung von Magdeburg befreit worden und man hat die Leute zurückgeschickt. Bei den Deutschen war das Interesse, vielleicht für ihren guten Namen, die Leute wieder zurückzuschicken in die Länder, wo sie herkamen.

WEITERLEBEN

Also, und wir sind 20 Tage, oder mehr, weitergefahren — gefahren, gefahren, gefahren. Bis wir nach Tröbitz in Ostdeutschland gekommen sind. Was war in Tröbitz?

Da war eine Brücke, die ging über die Elbe und die ist in dieser Nacht von den Deutschen gesprengt worden, weil die wussten, die Russen sind unterwegs nach Berlin, und die wussten, da müssen wir sie anhalten.

Also, wie gesagt, wir sind dann angekommen in Tröbitz. Mit den vielen Toten. Neben dem Zug, wo ein schöner weicher Boden war, hat man sie begraben. Und im Zug waren Schaufeln und Pickeln — die Deutschen waren ja nicht dumm — die wussten, wir würden eine Menge Tote haben und die mussten begraben werden. Und das hat man auch gemacht. Wer einen Verwandten hatte, den er begraben musste, der hat den Verstand gehabt zu fragen, wo sind wir hier genau? So dass er später wusste, wo er hingehen musste, um das Grab zu besuchen. Also, so sind wir dann nach Tröbitz gekommen.

Und die Russen haben uns befreit. Die Russen haben nicht gewusst, was sie mit uns machen sollten – sie waren auf so etwas nicht vorbereitet! In was für einem Zustand wir waren, wie wir in den Viehwagen gelegen sind. Und wir hatten Flecktyphus und da waren sie medizinisch nicht darauf vorbereitet. Also, was hat man gemacht?

Aus Tröbitz sind die meisten Leute weggelaufen, wegen den Russen, und haben Wohnung mit allem übergelassen: mit Kleidung und gut zu Essen. Und die Leute von uns sind doch ausgehungert gewesen. Man hat gesagt: »Wer gehen kann, gehe in die Richtung und nimmt sich eine Wohnung.« Das haben die Russen gesagt. Also, das war nicht ganz fair, aber wir haben keine andere Möglichkeit gehabt.

Ich weiß, dass ich mit einem alten Herrn, dem ich immer geholfen habe, einer Bekannten und einer Tochter in eine Wohnung gegangen bin. Viele Menschen haben die Gläser aus den Vorratskammern aufgemacht und haben gegessen — nicht gegessen, sie haben gefressen. Das Essen hat ihnen den

Magen kaputt gemacht und sie sind gestorben an Ort und Stelle.

Hunderte sind vom Überessen gestorben. Ich habe ganz langsam angefangen zu essen. Brot, wenn es das gegeben hat. Später habe ich dann sogar angefangen zu kochen.

Das war kein koscheres Fleisch. Aber es war Krieg und in Kriegszeiten musste man nicht so achtgeben auf koscheres Essen. Das Leben war wichtiger.

Eines guten Tages sind die Amerikaner mit Lastautos gekommen. Da hat man gesagt: »Fertig machen!« und hat uns nach Leipzig gebracht. Der ältere Mann und ich sind in einen Rote-Kreuz-Zug und dort hat man uns ein ganz bisschen Medizin gegeben und wir sind nach Holland, nach Amsterdam, gefahren.

Wir waren doch alle interessiert daran, nach Palästina zu kommen. Und die Hagana war doch in Holland. Und eines guten Tages hat man uns gesagt: »Morgen früh müssen du, du, du und du bereit sein, da fahren wir los!« Und dieser „morgen früh" war ein Schabbat. Am Schabbat hat man uns gefahren. Das war uns sehr unangenehm. Aber es war Krieg.

Man hat uns von Amsterdam nach Belgien gebracht. Dort hat man uns wieder Essen und einen Schlafplatz gegeben. Eines guten Tages sind wir wieder gerufen worden und dann hat man uns nach Paris gebracht. Von Frankreich aus fand die illegale Einwanderung nach Palästina statt.

Ich habe in Frankreich in zwei Tischlereien gearbeitet. Eines Tages hat es einen Abend gegeben in einem großen Saal und da waren hunderte Menschen und da sind wir auch hingegangen. Wir haben nicht viel verstanden, wir haben ja kein Französisch gesprochen.

Dort war ein schönes großes Mädchen und ich fing an, mit ihr zu sprechen. Aber die hat kein Deutsch gesprochen. Und da hat sie eine, die sie kannte, geholt. Hat gesagt: »Du sprichst doch Deutsch, komm red mit ihm.« Also habe ich angefangen mit ihr zu reden, und so rede ich noch bis heute.

Schön, Sie und Ihre Frau haben sich in Paris kennengelernt. Ja, eine Pariser Liebschaft.

Waren Sie noch lange in Paris? Ja, sie hat mich dann zu ihren Eltern geführt und die haben mich kennengelernt. Und denen war wichtig, dass ich ein wenig religiöse Bildung hatte und das konnte ich nachweisen. Und ich habe mich mit denen sehr gut verstanden und da habe ich eines guten Tages dieser Dame vorgeschlagen: Komm ein paar Tage rüber, sie sollte mit uns zusammen sein. Da haben wir uns viel unterhalten. Aber nicht so, wie es heute ist. Es ist nichts geschehen zwischen uns. Aber wir hatten eine Sympathie.

Und ich wusste, ich will nach Palästina und ich will nicht alleine nach Palästina fahren. Gut.

Wieviel Jahre ist es her? [Chanochs Frau setzt sich zu uns.]

Das ist nicht wichtig.

Du weißt es nicht?

Ja, ich will es dir bald sagen. So habe ich eines guten Tages gesagt: Ich will sie heiraten!

Ich wusste nichts vom Heiraten. Ich habe kein Geld gehabt, keine Wohnung. Aber da hab ich sie gehalten und habe gesagt zwei Worte: »Sage ja.« Und sie hat »Ja.« gesagt.

Erinnerst du dich, wann es war?

Es war ein Freitag. Diesen Monat. Den Heiratstag kann ich dir nicht sagen.

Aber du warst dabei. In zwei Wochen ist es 65 Jahre.

Und das war Freitagmittag. Wir hatten damals keine großen Säle und viele Gäste. Ich hatte kein Geld. Sie war in Limoges und ich hatte kein Geld, um zu ihr zu fahren. Da hat mir der Rabbiner 3.000 Franken gegeben, von denen ich einen Ehering – Zeig einmal den Ehering! – einen ganz einfachen, dünnen Ehering hab ich ihr gekauft und eine Flasche Parfum. Und damit bin ich nach Limoges zur Hochzeit gefahren.

Armselig. [Seine Frau lacht.]

[Chanoch zeigt auf die Collage eines Stammbaums mit seinen Enkelkindern.] Das ist armselig? Da ist ein Reichtum draus entstanden.

Jetzt stehen wir vor zwei Geburten. Die sind so süß. Das ist etwas, das wenigstens Freude macht. Ich habe zwei Töchter und sie haben gut geheiratet.

Die eine hat sieben Kinder, die andere hat drei. Das sind zehn Enkel, davon sind sieben verheiratet.

Der Baum hat eine abgehackte Krone, meine Eltern sind umgekommen. Aber zwei Zweige sind geblieben, das sind meine zwei Töchter.

Und Sie haben geheiratet und sind dann zusammen nach Palästina gefahren? Wir haben geheiratet und sind dann illegal auf zwei Schiffen zehn Tage gefahren. Mitten im Meer, im Mittelmeer, sind wir von dem einen Schiff auf das andere.

In Haifa haben sie uns nicht herunter gelassen. Wir mussten noch bleiben zehn Tage in den Schiffen. Wir durften nicht rausgehen. Es war Juli, es war heiß. Und dann haben sie uns in ein Camp gebracht — Atlit, haben Sie gehört davon? Da haben die Engländer die illegalen Einwanderer eingesperrt.

Mit Stacheldraht drumherum.

Wir waren dort sechs Wochen und dann sind wir am 1. September nach Tel Aviv.

Und der hat geschimpft: Ich bin aus einem Lager, jetzt muss ich wieder sein in einem Lager! Hat er recht. Er war noch kein Jahr befreit. Er ist befreit worden im Mai '45 und im Juni '46 sind wir angekommen.

Und wie war es dann, endlich nach Israel zu kommen? Es war großartig. Es war nicht leicht.

Es war schwer, aber wo hatten wir zurückzugehen? Nach Straßburg? Nach Frankfurt? Nach Kleve? Er hatte niemand mehr.

Ich hätte ohne Schwierigkeiten nach Kleve gehen können. Aber damals hab ich nicht gewollt. Ich wollte nicht zurück.

Und wie haben Sie sich dann hier ein neues Leben aufgebaut? Ich habe einen Onkel gehabt, und sie hat hier eine Tante gehabt. Sie haben uns zuerst aufgenommen. Sie hat bei der Tante gewohnt und ich bei meinem Onkel. Wir haben uns auf halber Strecke getroffen.

Und die Tante kannte einen, der hatte eine Tischlerei. Da habe ich gearbeitet. Nach einer Woche hab ich schon gearbeitet. Ich hab kaum etwas verdient. 90 Piastre. So bin ich von einer Tischlerei zur anderen.

HEUTE

Und dann war der Entschluss: zwei Staaten. Einen israelischen Staat und einen arabischen Staat. Die Araber haben's nicht anerkannt. Aber Ben Gurion hat das anerkannt. Und dazu musste er doch den Staat erklären.

Der Tischler war bekannt, bei dem ich gearbeitet habe, und man ist zu ihm gekommen und hat gesagt: »Schnell, schnell, schnell!«. Man musste das vorbereiten. Es hat einen Tisch gegeben mit den Parteiführern und angesehenen Leuten, die waren alle eingeladen. Haben gesessen rund um den Tisch.

Und ich habe mitgeholfen. Wir haben gearbeitet und es war sehr schön. Ich konnte an der Feierlichkeit nicht teilnehmen. Ich wohnte zu weit weg. Aber ich kann heute sagen: Ich habe mitgeholfen, den Tisch zu bauen.

Der Tisch existiert heute noch. Im Museum in Tel Aviv.

Es gibt ein Bild. Der Ben Gurion steht an dem Tisch und erklärt den Staat Israel. Es ist ein Stück Geschichte gewesen.

Ich habe den ersten Nagel in den Staat Israel geschlagen. [Chanoch lacht.]

Ich habe da noch eine ganze Zeit gearbeitet bei dem Tischler und dann habe ich gesagt: »Du, ich will selbständig werden.« Ich habe den Mut gehabt — hatte kein Geld, nichts — selbständig zu werden.

Ich hab mich langsam eingearbeitet. Später hatte ich einen Teilhaber, dessen Frau hatte einen Laden, wo man auch Kleinmöbel, Leichtmöbel kaufen konnte. So hat sich das langsam entwickelt. Und ich habe bis '88 als Tischler gearbeitet. War nicht leicht.

Aber Sie haben viel geschafft. Ich habe viel geschafft.

Was empfinden Sie, wenn Sie jetzt auf das Leben in Israel zurückblicken? Ich bin manchmal enttäuscht. Es ist doch nicht alles so geworden, wie wir uns das vorgestellt hatten.

Wir haben noch immer nicht unsere Ruhe. Und die Politik ist schmutzig. Und die Araber …

Ab wann haben Sie sich hier in Israel zu Hause gefühlt? Ich hab mich hier in Israel sofort, sofort zu Hause gefühlt. Die Arbeit hat mich befriedigt.

Wir waren ein verliebtes Paar — kurz nach der Hochzeit. Meine Frau hat ihren Bruder in Israel gehabt.

Wir haben uns ein Zimmer gemietet und haben darin gehabt schon einen Schrank und einen Tisch, ein eisernes Bett mit der Matratze. Ihr Bruder hat noch bei uns geschlafen.

Gekocht haben wir auf dem Balkon. Da haben wir eine Kiste gehabt mit einem Spirituskocher. Nicht weit von dort habe ich eine Synagoge gehabt. Da konnte ich Schabbat feiern.

Hat Ihr Glaube Sie die ganze Zeit begleitet oder haben Sie in all den Jahren auch gezweifelt? Schauen Sie, ich war noch zu jung, um so weit zu denken. Wir waren im Lager und haben versucht, soweit es ging ein religiöses Leben zu halten. Koscheres Essen hat es, wie gesagt, nicht gegeben im Lager.

Haben Sie irgendwann im Lager den Lebensmut verloren? Nein, ich habe nie den Lebensmut verloren. Ich habe immer Freunde gehabt. Diesen älteren Herrn, mit dem habe ich mich angefreundet. Ich will nicht sagen, er war wie ein Vater. Aber er war ein Mensch, dem konnte man sagen, wenn man etwas auf dem Herzen hatte.

Sie haben sich hier ein neues Leben aufgebaut. Aber dennoch kann man ja nicht vergessen. Man kann nicht vergessen. Ich denke noch oft an die Vergangenheit. Aber ich beherrsche mich.

Es kommt bei mir nicht zum Ausdruck. Manchmal zittere ich und fang an zu weinen, innerlich zu weinen. Das passiert noch, ja.

Aber allgemein glaube ich, dass ich das doch gut überstanden habe und irgendwie doch gut das Leben wieder von vorne angefangen habe.

Ich habe viel Freude gehabt mit meinen Töchtern und den Enkelkindern, die alle gekommen sind. Das ist viel wert.

Vielen ist es nicht gelungen – haben keine Kinder.

Vorherige Woche waren da zwei Enkelkinder, jede mit ihrem Mann und ihren fünf Kindern, und das war ein...

Ein Tohuwabohu? Nein, kein Tohuwabohu... Es war lustig, wenn man überlegt... Selbstverständlich, das hilft einem auch.

Sie haben ja 14 Jahre lang in Deutschland gelebt. Vermissen Sie etwas aus dieser Zeit? Aus Kleve? Nein. Ich vermisse nichts aus der Zeit.

DIE BEGEGNUNG

Chanoch Mandelbaum geht es körperlich sehr schlecht. Trotzdem hat er die große Anstrengung auf sich genommen, mit uns zu reden und sich für die Fotos umzusetzen. Obwohl es ihm große Schmerzen bereitet. Er kämpft noch immer. Darum, dass man ihm und den anderen Überlebenden Gehör schenkt, sich ihre Geschichten einprägt und sie nicht in Vergessenheit geraten lässt.

Als junger Mann ist Chanoch damals mit der Liebe seines Lebens und großen Hoffnungen in das gelobte Land gekommen. Stolz schwingt in seiner Stimme mit, als er erzählt, wie er als Schreiner den ersten Nagel in seinen Staat Israel schlug. Der Tisch, den er damals für die Verkündung von Israels Unabhängigkeit schreinerte, kann noch heute besichtigt werden. Die Visionen von damals jedoch scheinen mit Chanochs Generation zu verschwinden. Das macht ihn traurig und wütend.

Doch es gibt auch Schönes. Das Mädchen, das er nach dem Krieg in Paris ansprach, ist seit über 65 Jahren mit ihm verheiratet. Sie sitzt während unseres Gesprächs an seinem Bett und achtet darauf, dass er sich nicht zu sehr anstrengt. An der Wand hängt eine Collage mit dem Stammbaum der beiden. Es sind seine vielen Kinder, Enkel und Urenkel, die Chanoch bei jeder Erwähnung lächeln lassen.

Zur Mittagszeit verabschieden wir uns. Chanoch ist erschöpft. Dennoch betont er, wie wichtig es ihm ist, dass wir seine Geschichte weitergeben. Er hat es sich zur Aufgabe gemacht zu sprechen, solange er noch kann. Während wir durch den Hausflur laufen, geht uns ein Gedanke durch den Kopf: Überlebende, die wegen einer Gesellschaft, für die es einfacher ist zu verdrängen, nicht loslassen können.

*Man hat doch geredet. Wir haben
immer alles gewusst, gehört.
Von wo hat man's gehört?
Von der JPA: (...)
Jüdische Plattfußagentur.
Warum?
Juden haben viel Plattfüße gehabt,
das war bekannt.*

BRIEFE VON KINDERN UND JUGENDLICHEN

Lieber Channoch Mandelbaum. :)

Ich hab von deiner Geschichte gehört. Unglaublich wie du alles es überstanden hast. Schon schrecklich was passiert ist. Wie geht es dir heute?
Du hast eine sehr starke Seele und ein mutiges Herz.

Was wünscht du heut zu tage?

Liebe Grüße
Sarah.

9. Klasse

Lieber Channouch ich wollte sagen, dass deine Geschichte mich sehr berührt hat. Es ist eine sehr emotionale Geschichte. Ich wollte mich bei dir bedanken, dass wir deine Geschichten hören durften. Wir finden es toll, dass sie noch leben und hoffen dass sie noch weiterhin lange bei uns bleiben. Halten sie durch!
    Gruß Mustafa (15)

10. Klasse

Hallo Chanouch Mandelbaum,

Ich heiße Laura und bin 16 Jahre alt, ich habe von ihrer Geschichte gehört. Ihre Geschichte hat mich sehr gerührt. Sie haben eine schwere Zeit hinter sich und haben trotzdem ihre große Liebe gefunden und eine Familie aufgebaut. Ich hoffe sie konnten die damalige Zeit gut verarbeiten, und denken nicht mehr all zu oft drüber nach. Ich hoffe ihnen und ihrer großen Familie geht es gut. Ich hoffe ihnen geht es in Jerusalem gut, und werden dort noch viele schöne Jahre verbringen.

Mit vielen lieben grüßen

Laura ☺

10. Klasse

Lieber Channouch Mandelbaum,

ich habe von ihrer Geschichte gehört und bin wirklich erstaunt was ihnen in ihrem Leben schon passiert ist und finde es auch gut, dass sie und ihre Frau das alles schon so gut gemeistert haben. Ihre Geschichte hat mich sehr gerührt und ich werde sie gleich zuhause meiner Familie erzählen, weil ich finde, dass jeder davon wissen sollte. Es war sehr mutig von ihnen so viel durch zu machen. Ich hoffe sie haben die schwere Zeit damals gut verarbeitet und hoffe das sie Glücklich sind trotz ihrer schweren Vergangenheit. Ich hoffe auch das sie nicht all zu viel darüber nach denken.

Mit Freundlichen Gruß

Vanessa, 16 Jahre

PS: Ich wünsche ihnen alles gute weiterhin, und viel Glück ihnen und ihren Kindern :)

10. Klasse

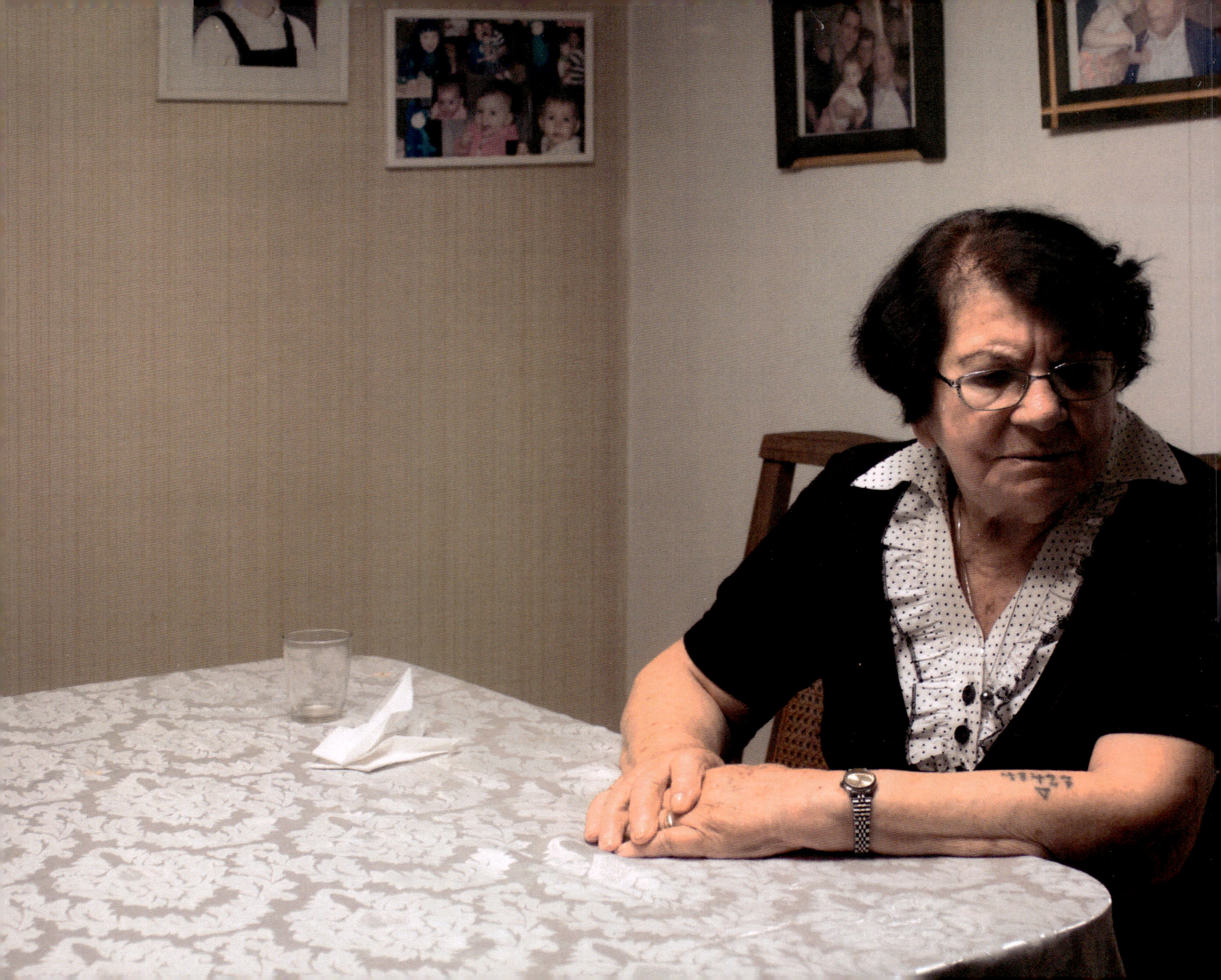

FRIEDA KLIGER

geboren 1921 in Warschau, Polen,
lebt heute in Holon, Israel

LEBENSSTATIONEN

Die Geschichte Frieda Kligers ist eine, die man am liebsten nicht glauben möchte. In Polen geboren lebte sie zunächst mit ihrer Familie im Warschauer Ghetto. Dank ihrer Arbeitserlaubnis durfte sie außerhalb arbeiten, doch als das Ghetto liquidiert wurde, ging sie ohne nachzudenken über den Todesstreifen, um bei ihrer Familie zu bleiben. Wie durch ein Wunder passierte ihr nichts und auch als ihr Versteck aufflog, sie deportiert und ins Krematorium geschickt wurde, kam in letzter Sekunde ein Aufseher mit dem Befehl, 1.000 Frauen für Auschwitz zu holen. Selbst als sie sich vor den elektrischen Zaun werfen wollte, brachte sie der Wachmann zum Umkehren. Friedas eine Geschichte endet in Bergen-Belsen und dort fängt auch ihre andere an: Als erstes jüdisches Paar nach dem Krieg heiratete sie dort ihren Mann, und zusammen gingen die beiden nach Israel, um ein neues Leben zu beginnen.

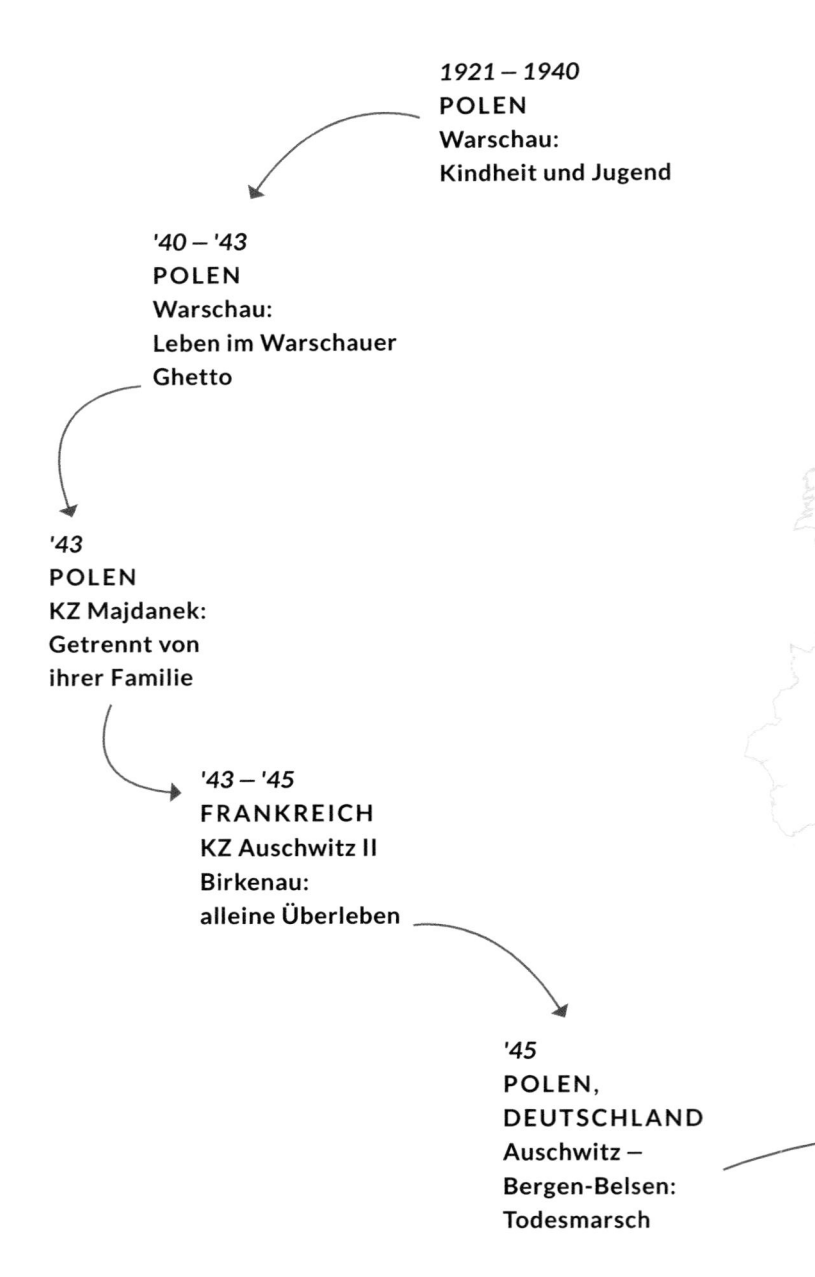

1921 – 1940
POLEN
Warschau:
Kindheit und Jugend

'40 – '43
POLEN
Warschau:
Leben im Warschauer Ghetto

'43
POLEN
KZ Majdanek:
Getrennt von ihrer Familie

'43 – '45
FRANKREICH
KZ Auschwitz II Birkenau:
alleine Überleben

'45
POLEN, DEUTSCHLAND
Auschwitz – Bergen-Belsen:
Todesmarsch

KZ BERGEN-BELSEN

WARSCHAU

POLEN

KZ MAJDANEK

KZ AUSCHWITZ-BIRKENAU

DEUTSCHLAND

3.055 km

HOLON

'45 – '47
DEUTSCHLAND
KZ Bergen-Belsen:
Befreiung,
DP Camp und
Hochzeit

seit '47
ISRAEL
Holon:
neue Heimat
in Israel

20. März 2011, Holon

So Frieda, tell me about your childhood. What do you remember the most?
[She shows a picture] This is my family, without my father, of course. You are probably wondering why I still have the picture. It's a miracle.

When my father decided to emigrate, they closed the gates in America already. But Argentina still needed people to work – so he went there. And my mother was left with four little children.

So she took us to the photographer and sent to my father a copy of this photograph. But when my father after two years asked my mother to take the children and come to Argentina she refused to come. She was afraid. She wasn't ready to do this. I wished she would.

Anyway, so my father came back — of course. When he came back, I remember I still was a little girl, he didn't bring back this picture. When the war started and the Germans did what they did, we lost everything. When they said: »Give everything!« I gave everything. But I held in my hand the picture. It was so dear to me. I didn't think that they would do what they did. It was not a German, it was a Polish girl. They had helpers all over. The Germans didn't have to do all the dirty work.

The girl grabbed the picture and in my presence she ripped the picture. This was the most painful thing. I'm left without the picture. I don't have anything about my family.

Years and years went by. When we came to America in the 50's, I met a man who was in Argentina at the same time when my father was there. I begged the man to go to the place where my father lived in Buenos Aires, to see if maybe a picture of my father would still be there. I didn't believe that. And he was so nice, he went to the house. But the man who lived there passed away and the son put everything in one room. It took him five hours to look for the picture and he found it! It was such a thing. This original picture with my mothers handwriting…

I have no words for this!

So this is the only »corpus delicti« from where I come. It's just too bad that my father isn't here.

Was it a normal, happy childhood?
Yes, it was. We were four children, sometimes we fought with each other but most of the time, we loved each other.

But after my father came back, maybe a year later, my mum felt sick. I don't know exactly what it was, a kind of infection, and she passed away. I was three or four years old. I didn't understand too much. But the whole time everyone was crying.

So, time passed by and my father had to bring in a woman for the children. He even asked my aunt.

I remember, I was six and I had to go to school. I was a sad girl and I remember my first grade in singing. My director came to see our class and he saw me not singing. My teacher said: »Oh, she is an orphan«. I was very sad because everyone in my age had a mummy, just not me.

ANTISEMITISMUS

Two or three years later, women wanted to marry my dad. He married a woman, and I thought my mother came back to me. I was very happy. She started to take care of me and I called her mama. But my two sisters didn't like her because they remembered their mother. But they didn't tell me. It was a happy childhood, we played, my stepmother was good to me, life came for me to live and enjoy.

It took me some time to realize that she wasn't that nice to my sisters. And my father always was on her side.

Did you grow up religious? Yes! Let me tell you. I went to a catholic school and I felt comfortable to be there and I was liked by the teachers and the children. I could even take part as the only Jewish girl in religion. But when we finished the Old Testament, my teacher told me I had to change the class. So I went to another school. I was the best student at school.

I didn't feel any anti-semitic resentment until '33. I was the best in class so my teacher told me that I will get the stipendium for High School. So my sister prepared me to learn Latin and German so that I would be able to skip a class. But my beloved teacher got sick and then a new teacher came to class, she took the class book and read our grades. Mine was a five in every subject [Five was the highest grade] and she said: »What? A five in language for a jewish girl?«. She said Jews can't have a five. That was so painful. I always were happy at school. She handled me so bad, she said I can't write and she gave me bad marks. It was not true, I was a terrific writer.

I came home and I was crying. So I decided to visit my old teacher, she promised to come back in half a year. But the other teacher influenced her and she wasn't as nice as before and I didn't get the scholarship. I was out and another girl got the scholarship!

I was heartbroken. But I was still to attend High School. But my stepmother brainwashed my father. You know, for a Jew it was really hard to get a place to study. There were NCs for Jewish students and when you got a place, you were not allowed to sit during classes, just to stand. But some were so ambitious to get a place, some emigrated. I loved to study and I wanted to continue. But my dad changed his mind and I had to learn something with my hands. I learned to knit but I didn't want it. I wanted physics, mathematics and history.

My father would have agreed to let me study but my stepmother didn't. It was a terrible, terrible time for me, between Elementary School and High School. In '34, I was so jealous seeing my friends going to High School. It was very, very hard. But somehow I am a strong person. So I found a place where they had courses of High School for Jews, for talented children and I started a regular High School program. I was so happy. But not for too long. The war broke out. I couldn't even graduate. All the schools for Jewish children got closed!

How does the story continue? I remember the day the war broke out: At the first of September, it was a friday, we all heard planes. We went out and we didn't know who it was! But it didn't take long and we saw the bombs.

We teenagers were very active to build barricades. But they bombed the town. After four weeks, we didn't have any food. Nothing! We were so desperate to eat dead horses, so many people got killed. The last day before they walked in, they didn't throw bombs. My dad came and begged me to go down with them but I said, I wanted to stay in bed. Then, ten metres away, there was a bomb right next to our house.

The next morning, I went out and I couldn't believe my eyes, there were people with flowers, to welcome the Germans!

I couldn't believe it!
Why did they give flowers to enemies?!
I loved Poland.
I was born here.
That was my place.

HEIMAT

But the people didn't know it better, they thought the Germans were good people, not like the Russians in the First World War.

I remember one of my good friends coming to my house and she was telling me: »I heard that the Germans are going to kill all the Jews. And I have to save you. I came to take you with me.«.

I didn't believe that there really was this inhuman idea of killing all the Jewish and I refused. I said: »I love my people and if they get killed I will get killed, too. I have to be with my people.« This was the first day I heard about that idea.

You said, you are really patriotic about your fatherland Poland? Why did you go to Israel? After the concentration camp we came to Poland but they didn't welcome us four girls.

So when we went on the bus and people said: »So many? Hitler left so many of you?«. When we came to our hometown, everything was destroyed.

It was even hard to see where we lived. I started to dig to find something. Then a woman came screaming »Run away! There are bombs!«. I didn't know what to do there. Where could I stay? I didn't have anything and nobody and I decided not to stay. So I met a girl by accident and she told me about a Zionist movement nearby. And they said: »Come! You will enjoy it, you will like it!«

When did you begin to start feeling home in Israel? The very first day! I was pregnant and we got a small room and when I came in the first day I kissed the room all over. I was so happy!

How do you define »home«? Home is like a bird has a nest. Home is to feel love around you, to feel free to say what takes your thoughts, what pains you, what disturbs you. If you have people around you who you love.

How was it during the war? I didn't have this feeling of a home since I had my stepmother.

IM GHETTO

So for a long time, you didn't have a home? When did you have the feeling of being home again? After the war? It took a long time. Luckily I was loved by people. And nobody had a home. You have to create your own. When I came to Palestine, when we got our first room, I kissed all the walls, I had a husband and we had our first baby. Then I started to feel home.

Could you explain what you experienced during the war? When the Germans came in, schools started to close. We had to move out of our district. This was the first thing. Later I went to live with my sister and my nephew. In the evenings I could meet with the other teenagers in the building and we had some social life.

But during the day I had nothing to do so then I started to teach other children.

But every day, you heard some new sad happenings. Times were getting worse and they closed more and more streets. Also the food. But there were a lot of people who risked their lives to do black marketing. So the children that I was teaching, their parents were businessmen before the war, but it was illegal to work. And if the Nazis had caught them, they would have killed them! But they didn't have another chance if they wanted to get enough food for the children. So they did some business with the Polish. These people had more food than I had.

My dad didn't work during war. So he asked me what he should do. I told him: »You can also work illegally« but he said, that he is an honest businessman and he couldn't lie and work during the war. But the other people did things, they normally wouldn't do. So we already had starvation.

Then the time of children diseases came and I had to stop being around the children. I didn't know what to do then. I wanted to do anything, it was already '41. So then we heard something about a needling factory and they hired me. I even got paid every week. For maybe three or four months, I got money. That was unbelievable. The owner didn't want to go to war and was allowed to hire »nützliche Juden«. They didn't have to go to the crematorium. So it was good for everyone.

We repaired clothes for the German soldiers. With my first payment I bought bread and milk and I went to my sister's place and to my nephew and I put all the food on the table and my nephew, who always starved, couldn't believe that this was all for him. I was the happiest woman ever.

It didn't last for a long time because '42 Eichmann and the whole gang decided on the final solution and the time started. So who didn't have an »Arbeitskarte« yet, was a candidate for a concentration camp already.

My sister didn't have a card but I went to the factory and I begged to give her a card, too. And because of me they gave her the card — other Jews paid thousands to get such a card. But she had a hard time because of the child. So I sometimes took them with me to the factory and hid them under clothes. I could give them a bit of the food they gave us in the factory too.

This started in July '42. They caught the people on the street. The Nazis promised Jews, if they join the police, they can save their families but they have to bring them Jewish people. Many believed it. One day a policeman asked my sister and my nephew to come into his rickshaw. But this child was special. It said: »Sir, policeman, today the whole process is about the children. So maybe you will let go of my mother.« The policeman's heart was somewhat touched. He told my sister: »Hide here until I will come and I will bring you back home.«

Somehow we could still survive, we sold everything and we hid. Around August / September '42, »Neue Verordnung« all the Jews from where they were had to come to this and this street.

Everybody had to come!

Terrible. Terrible. Terrible.

At that time I had a boyfriend, Heniek Bander. We were eachothers first big love. So when we had to leave the house, everyone had to be there by ten o'clock. His mother came to me and told me that my boyfriend was crying and he wanted me to be with him. But I told her I couldn't leave my family. I asked her to tell Heniek that the war will come to an end, that we would see each other again and we will love each other. But five minutes later, she came back — he didn't accept it.

He was still crying but I told her »I love him but I'm not ready to leave my family«. Then she told me that they decided to go all together.

I loved him all my life. I love him until today — all my life. And I am sorry that he was murdered when he was only 22 years old.

So we all went together to the factory as one family. There was still a little street for Jews. After a short time, two days maybe, again »Verordnung!«, that we had to leave. But I was together with the people I loved and who loved me, so we felt at home without a home. We were happy to be together and we forgot that we lost everything.

One day they announced through the speakers, »everyone who has a working card has to line up«. Just my sister and me had the card but I didn't want to leave my family. My sister went but I didn't want to. But then Heniek took me and carried me onto the street. He said: »I will have one person less to worry about. You go and you take care of yourself.« I was crying. We had to go back to the factory but I couldn't rest until I knew what happened to my family.

They transported masses of people to Treblinka. I begged a policeman to find out what was going on. He brought me a list with people who survived. But there was nothing. So I decided to go by myself. But there was a death zone between the factory and the remaining streets for Jews. If they found me walking there, they would shoot me. But somehow they didn't see me. All the way there were corpses. But they didn't kill me.

I found my family. It was impossible, there were hundreds of people in one hiding place without toilets. So my dad and my stepmother walked out from the hiding place they told me. He took the shabbat-candles with him — he didn't expect to die. But no one ever saw him again and it means that they took him to Treblinka.

We built a hiding place that could save us for two years. There was also a pharmacy family because they had this potassium cyanide. We decided if the Germans are coming in, we take this poison. But we didn't have enough pills for everyone, so we decided if the Germans are coming, they will break the pills into two pieces and everybody will get one. Each of us a half. But our rooms weren't connected. So the Germans broke in, somebody announced us, and the minute we heard them, within a second, the other family died and we remained alive. We didn't have any weapons and we had to follow. My little nephew with his hands above his head.

But my boyfriend's mother, she didn't want to go with the Germans and she gave me a small purse and said »You are young and you will live«. And she stayed in the dark.

So we had to walk and walk. They had this »Umschlagplatz«. They already had thousands of people there. Hell, hell, hell.

We couldn't do anything, we lost everything — but we still had each other.

It's so hard to talk about this.

We had to walk up to the building, they couldn't put all the people at once on trains. We couldn't do anything. So we had to walk up to a school to sit. If you moved, you would get shot. The Ukrainians were responsible for us. There were no Germans.

After a couple of hours, Germans came in and said »Los, aufstehen«. The German behind Heniek hit him with the wooden part of his gun in his back. I felt his pain but he didn't complain.

We got on the train. Sarah, if there is a hell, probably this was it.

So many people, you didn't have room for your feet. Everybody screamed. I tried that people wouldn't touch him because I felt his terrible pain. Then I opened the small purse which his mother gave me. She was such a smart woman. I found valium, sugar, some money and cognac. I gave Heniek a little sip of the cognac and a little bit of the valium.

This train… You are dying for a little sip of water. The train goes on and on so slowly.

Then we stopped at a field. And I begged a person, »please give us water«. But he didn't. Then I offered him my watch and he gave me a little, little bottle of water.

We arrived on May 1st on a huge field in Majdanek. In Poland, it's still cold and it was drizzling and it was dark. They left us on the field. We spent the whole night, happy to be together, but it was so cold and wet. The next day, all the Germans came in, many of them, and they started to separate us. That was the worst part! They separated women from men, children just screaming, screaming, screaming...

We had to follow the order and keep on running. But I didn't want to be separated from Heniek. Normally, they would shoot someone who ran out of the line towards the men, but I hugged him and they didn't shoot. He promised that we would be together.

Then again »Aufstehen«, we had to go to a field. It was hell. No food and water for the whole day. At the end of the day, we had to line up with five people and then she gave me the job to give out soup to the people and gave me a spoon and a stick to beat the people. But I said »I can't do that, I'd rather die!«. It was impossible for me to have a stick in my hand. And I ran with my sister behind me. It was such a chaos so nobody could follow me. Another woman took the stick and did the job. Not close to the evening we decided to go somewhere. So we walked and walked.

We walked into one barrack, barrack number 18.

What happened next? Next morning »Aufstehen!«. You had to understand this word. It was still dark. »Betten machen! Zählappell!«, you can imagine what »Betten« are there to »machen«.

It was so cold. But the women always checked that we didn't use a slice of the bed sheet around our bodies. Then again: »Antreten!« and arbeiten, arbeiten, arbeiten.

The »Vorarbeiter« were »Volksdeutsche« or Polish people. I made sure not to get hurt, I just worked and worked. But the thing is, you just have to work and work with no meaning at all. They just wanted us working until we die without food and drink. Just this water in the morning called »Kaffee« and a soup and sometimes a slice of bread.

What happened after the »Lager«? »Antreten, antreten, antreten« almost all of the women, and they took us to the crematorium. We knew that there was a crematorium, but not more than that. It was built to cheat you. It looks like you are taking a shower, very nice. And the last minute one officer came and said, »Alles raus! Alles raus!«, and they took us on a train to Auschwitz.

That's it. I can't tell anymore.
I'm so sorry for everything.

You have been in Auschwitz? What happened then? So you also have to know what happened to my beloved sister with the little son. One day I came back from my work, I went to the barrack with the mothers and children.

Normally it's so loud there but this time I came in and it was quiet. So I asked my sister »What's going on? What happened with them?«. She said there is another place. So I started running.

But my sister came and stopped me. I was ready to die with my sister and the others. I wanted to go in, but one officer just said: »Du bist zu jung zum Krepieren. Erst musst du arbeiten, dann kannst du krepieren.« So I picked myself up and went. I cried day and night.

In Birkenau, I decided to kill myself so I went straight to the electric edge. Because for escaping, you got shot. »Run away girl — if not, you get shot«, it's so remarkable, I wanted to die but when he screamed: »Run away«, I ran. And I didn't kill myself, the instinct of life was still stronger than to die.

It was meant that I survive.
Sarah don't cry,
I cried enough for all that.

▶

20. März 2011, Holon, Übersetzung

Frieda, erzählen Sie mir von Ihrer Kindheit. Woran erinnern Sie sich am meisten? [Sie zeigt ein Bild] Das ist meine Familie, ohne meinen Vater natürlich. Du wunderst dich wahrscheinlich, warum ich immer noch dieses Bild besitze. Es ist ein Wunder.

Als mein Vater sich entschloss auszuwandern, hatten sie die Tore nach Amerika bereits geschlossen. Aber Argentinien benötigte noch Menschen, die arbeiten konnten — also ging er dorthin. Meine Mutter blieb mit vier kleinen Kindern zurück.

Sie brachte uns zum Fotografen und schickte meinem Vater ein Exemplar des Bildes. Als er sie nach zwei Jahren bat, ihm mit uns Kindern nachzureisen, weigerte sie sich. Sie hatte Angst. Sie war noch nicht bereit. Ich wünschte, sie wäre es gewesen.

Natürlich kam mein Vater wieder zurück. Ich erinnere mich, ich war noch ein kleines Mädchen. Das Bild brachte er nicht mit zurück. Als der Krieg begann und die Deutschen taten, was sie taten, verloren wir alles. Als sie sagten: »Gebt alles ab!«, gab ich ihnen alles. In meiner Hand hielt ich aber das Original von dem Bild. Für mich war es so viel wert. Und ich dachte nicht, dass sie tun würden, was sie taten. Es war keine Deutsche, ein polnisches Mädchen. Sie hatten ja überall Helfer. Die Deutschen mussten nicht die ganze dreckige Arbeit machen.

Das Mädchen entriss mir das Bild und zerstörte es vor meinen Augen. Das war das Schlimmste. Ich blieb zurück, ohne etwas von meiner Familie.

Die Jahre vergingen. In den 50er Jahren traf ich jemanden in Amerika, der zur gleichen Zeit wie mein Vater in Argentinien gewesen war. Ich flehte den Mann an, an den Ort zu gehen, an dem mein Vater in Buenos Aires gelebt hatte, um zu sehen, ob es vielleicht noch ein Bild von meinem Vater geben würde. Ich glaubte nicht wirklich daran. Er war so freundlich und ging zu dem Haus. Aber der Besitzer war verstorben und sein Sohn hatte alles in einem Raum gelagert. Der Mann suchte fünf Stunden lang und er fand es! Es war so eine große Sache für mich. Ein Originalbild mit der Handschrift meiner Mutter darauf.

Ich kann das nicht in Worte fassen! Das ist das einzige Überbleibsel von meiner Herkunft. Es ist zu schlimm, dass mein Vater nicht darauf ist.

War es eine normale, glückliche Kindheit? Ja, das war es. Wir waren vier Kinder, manchmal stritten wir uns, aber die meiste Zeit liebten wir einander.

Aber ungefähr ein Jahr nach der Rückkehr meines Vaters wurde meine Mama krank. Ich weiß nicht genau, was es war, eine Art Infektion. Sie starb. Ich war drei oder vier Jahre alt. Ich verstand nicht viel, aber die ganze Zeit weinten alle. So verging die Zeit und mein Vater musste für die Kinder wieder eine Frau ins Haus bringen. Er hat sogar meine Tante gefragt.

Ich erinnere mich, ich war sechs, und ich musste in die Schule gehen. Ich war ein trauriges Mädchen und ich erinnere mich noch an meine erste Gesangsstunde. Mein Direktor kam in unsere Klasse und er sah mich nicht singen. Mein Lehrer sagte: »Oh, sie ist ein Waisenkind.« Ich war sehr traurig, weil jeder in meinem Alter eine Mami hatte, nur ich nicht.

ANTISEMITISMUS

Zwei oder drei Jahre später wollten die Frauen meinen Vater heiraten. Er heiratete eine Frau und ich glaubte, meine Mama sei zurückgekommen. Ich war sehr glücklich. Sie fing an, sich um mich zu kümmern, und ich nannte sie Mama. Aber meine beiden Schwestern mochten sie nicht, weil sie sich noch an ihre richtige Mutter erinnerten. Aber sie haben mir das nicht gesagt. Es war eine glückliche Kindheit. Wir spielten, meine Stiefmutter war lieb zu mir und ich konnte mein Leben leben und genießen.

Ich habe etwas gebraucht, bis ich realisiert habe, dass sie nicht so nett zu meinen Schwestern war. Und Vater war immer auf ihrer Seite.

Wuchsen Sie religiös auf? Ja! Schau, ich bin auf eine katholische Schule gegangen und habe mich dort wohlgefühlt. Die Lehrer und die Kinder mochten mich. Ich konnte sogar als einziges jüdisches Mädchen am Religionsunterricht teilnehmen. Aber als wir mit dem Alten Testament fertig waren, erklärte mein Lehrer mir, dass ich in eine andere Klasse gehen sollte. Also ging ich in eine jüdische Schule. Ich war die Beste an der Schule.

Ich habe keinen Antisemitismus gespürt bis '33. Ich war die Beste in der Klasse, also sagte mir meine Lehrerin das Stipendium für die weiterführende Schule zu. Meine Schwester half mir in Latein und Deutsch, so dass ich eine Klasse überspringen können würde. Aber meine geliebte Lehrerin wurde krank und es kam eine neue Lehrerin in die Klasse. Sie nahm das Klassenbuch, um unsere Noten zu studieren. Ich hatte eine Fünf in allen Fächern [Bestnote] und sie sagte: »Was? Eine Fünf in Sprache für eine Jüdin?« Sie sagte, dass Juden keine Fünf haben können. Das war so schmerzhaft. Ich war immer so glücklich in der Schule gewesen. Sie behandelte mich so schlecht.

Sie sagte, ich könne nicht schreiben und sie gab mir schlechte Noten. Das war nicht wahr. Ich konnte begnadet schreiben.

Ich kam weinend nach Hause und beschloss, meine alte Lehrerin zu besuchen. Sie versprach, in einem halben Jahr wiederzukommen. Aber sie wurde von den anderen beeinflusst und sie war nicht mehr so nett wie zuvor. Ich habe das Stipendium nicht bekommen. Ich war raus und ein anderes Mädchen bekam das Stipendium.

Ich war untröstlich. Ich konnte immer noch auf eine weiterführende Schule gehen. Aber meine Stiefmutter beeinflusste meinen Vater. Weißt du, für einen Juden war es wirklich schwer, einen Platz an einer weiterführenden Schule zu bekommen. Es gab NCs für jüdische Schüler und wenn man einen Platz bekam, durfte man nur stehend am Unterricht teilnehmen – man durfte nicht sitzen. Einige waren so ehrgeizig, einen Platz zu bekommen, viele wanderten aus. Ich liebte es zu lernen und ich wollte weitermachen. Doch mein Vater änderte seine Meinung und ich musste etwas Handwerkliches lernen. Ich lernte Stricken, aber ich mochte es nicht. Ich liebte Physik, Mathematik und Geschichte.

Mein Vater hätte mich studieren lassen, aber meine Stiefmutter wollte es nicht. Es war eine sehr schlimme Zeit für mich zwischen der Grundschule und der weiterführenden Schule, im Jahr '34. Ich war so eifersüchtig auf meine alten Schulkameraden, die aufs Gymnasium gehen durften. Es war sehr, sehr hart. Aber irgendwie bin ich eine starke Person. Ich fand einen Ort, an dem sie Kurse für Juden angeboten haben, für begabte Kinder. So konnte ich normal weiterlernen. Ich war so glücklich – aber nicht zu lange. Der Krieg brach aus. Ich konnte nicht einmal einen Abschluss machen. Alle jüdischen Schulen wurden geschlossen!

Wie geht die Geschichte weiter? Ich erinnere mich noch an den Tag, als der Krieg ausbrach. Am 1. September, es war ein Freitag, da hörten wir Flugzeuge. Wir gingen hinaus – wir wussten nicht, wer es war. Aber es dauerte nicht lange und wir sahen die Bomben.

Wir Jugendlichen haben uns aktiv daran beteiligt, Barrikaden zu bauen. Aber sie bombardierten die Stadt. Nach vier Wochen hatten wir keine Lebensmittel mehr. Nichts. Man war so verzweifelt, dass man sogar tote Pferde gegessen hat. Viele Menschen starben. Am letzten Tag bevor sie einmarschierten, haben sie keine Bomben geworfen. Mein Vater kam zu mir und flehte mich an, mit ihnen hinunter zu kommen [in den Keller], aber ich sagte, ich wolle im Bett bleiben. Dann, zehn Meter entfernt, war eine Bombe direkt neben unserem Haus eingeschlagen.

Am nächsten Morgen ging ich hinaus und wollte meinen Augen nicht trauen. Es gab dort Menschen, die mit Blumen die Deutschen willkommen hießen.

Ich konnte es nicht glauben!
Warum gaben sie unseren Feinden Blumen?
Ich liebte Polen.
Ich wurde hier geboren.
Das war mein Platz.

HEIMAT

Aber die Leute wussten es nicht besser. Sie dachten, dass die Deutschen gute Menschen sind — nicht wie die Russen im Ersten Weltkrieg.

Ich erinnere mich, wie eine meiner guten Freundinnen zu mir nach Hause kam und mir erzählte: »Ich habe gehört, dass die Deutschen alle Juden umbringen werden. Ich muss dich retten. Ich bin gekommen, um dich mitzunehmen.« Ich glaubte nicht, dass es wirklich diese unmenschliche Idee der Tötung aller Juden gibt, und ich weigerte mich mit ihr zu gehen. Ich sagte zu ihr: »Ich liebe mein Volk und wenn sie getötet werden, möchte ich auch getötet werden. Ich muss bei meinem Volk sein.« Dies war der erste Tag, an dem ich von dieser Idee hörte.

Sie sagten, Sie sind wirklich eine patriotische Polin gewesen? Warum sind Sie nach Israel gegangen? Nach dem KZ sind wir nach Polen zurück, aber sie haben uns vier Frauen nicht wirklich willkommen geheißen.

Als wir in den Bus gestiegen sind, sagten die Leute: »So viele? Hitler ließ so viele von euch übrig?« Als wir in unsere Heimatstadt kamen, war dort alles zerstört.

Es war allein schon schwer zu erkennen, wo wir gewohnt hatten. Ich begann zu graben, um irgendetwas zu finden. Sofort kam eine Frau und schrie: »Lauf weg! Da sind Bomben!« Ich wusste nicht, was ich dort tun sollte. Wo hätte ich bleiben sollen? Ich hatte nichts und niemand. Ich beschloss also, nicht zu bleiben. Ich traf durch Zufall ein Mädchen, und sie erzählte mir von einer jüdischen Bewegung in der Nähe. Und sie sagte zu mir: »Komm. Dir wird es gefallen, du wirst es mögen!«

Wann hatten Sie das Gefühl sich in Israel zu Hause zu fühlen? Am ersten Tag! Ich war schwanger und wir bekamen ein kleines Zimmer, und als ich am ersten Tag in unsere kleine Wohnung kam, küsste ich das ganze Zimmer. Ich war so glücklich!

Wie definieren Sie »Heimat«? Heimat ist wie das Nest für einen Vogel. Heimat ist die Liebe, die du um dich herum fühlst. Es bedeutet, sich frei zu fühlen, sagen zu können, was deine Gedanken sind, was dich schmerzt und was dich stört. Heimat ist, wenn du die Leute um dich herum hast, die du liebst.

IM GHETTO

Wie war es während des Krieges? Ich hatte dieses Gefühl von Zuhause nicht mehr, seit ich meine Stiefmutter hatte.

Sie hatten also lange Zeit kein Zuhause? Wann hatten Sie das Gefühl, wieder ein Zuhause zu haben? Nach dem Krieg? Es dauerte lange Zeit. Zum Glück gab es Menschen, die mich geliebt haben. Und keiner hatte ein Zuhause. Man musste sich ein eigenes Zuhause kreieren. Als ich nach Palästina kam und wir unsere erste Wohnung bekamen, habe ich alle Wände geküsst. Ich hatte meinen Mann und wir bekamen unser erstes Baby. Da begann ich mich Zuhause zu fühlen.

Können Sie erzählen, was Sie während des Krieges erlebt haben? Als die Deutschen kamen, begannen die Schulen zu schließen. Wir mussten unser Viertel verlassen. Das war das Erste. Später bin ich zu meiner Schwester und meinem Neffen gezogen. An den Abenden konnte ich mich in den Häusern mit anderen Jugendlichen treffen und wir hatten ein soziales Leben.

Aber tagsüber hatte ich nichts zu tun. Also fing ich an, andere Kinder zu unterrichten.

Aber jeden Tag hörte man von neuen, traurigen Geschehnissen. Die Zeiten wurden schlechter und sie schlossen mehr und mehr Straßen. Auch das Essen wurde schlechter. Aber es gab eine Menge Leute, die ihr Leben auf dem Schwarzmarkt riskierten. Die Eltern der Kinder, die ich unterrichtete, waren vor dem Krieg Geschäftsleute gewesen. Geschäfte waren jedoch illegal. Hätten die Nazis sie erwischt, hätten sie sie getötet! Doch sie hatten keine andere Chance, wenn sie Essen für die Kinder haben wollten. Also machten sie Geschäfte mit den Polen. Diese Leute hatten mehr Essen als ich.

Mein Vater hat während des Krieges nicht gearbeitet. Er fragte mich, was er tun solle. Ich sagte ihm, er könne auch illegal arbeiten. Aber er sagte, dass er ein ehrlicher Geschäftsmann sei und er nicht lügen und während des Krieges arbeiten könne. Aber die anderen Leute haben in dieser Zeit Dinge getan, die sie normalerweise nicht tun würden. Also hungerten wir bereits damals.

Dann kamen die Kinderkrankheiten und ich konnte nicht mehr mit den Kindern arbeiten. Ich wusste nicht, was ich tun sollte. Ich hätte alles gemacht, es war schon '41. Da hörten wir etwas über eine Nähfabrik, und sie stellten mich ein. Ich wurde sogar jede Woche bezahlt! Für vielleicht drei oder vier Monate bekam ich Geld. Das war unglaublich. Der Besitzer wollte nicht in den Krieg gehen und durfte »nützliche Juden« einstellen. Sie mussten nicht ins Krematorium. So war es gut für alle.

Wir haben Kleidung für die deutschen Soldaten repariert. Mit meinem ersten Gehalt kaufte ich Brot und Milch und ging zu meiner Schwester. Ich legte meinem Neffen das ganze Essen auf den Tisch. Mein Neffe hatte immer Hunger und konnte nicht glauben, dass dies alles für ihn war. Ich war die glücklichste Frau überhaupt!

Das hat nicht lange angehalten, denn '42 entschieden Eichmann und seine ganze Bande über die Endlösung und es begann. Wer also nicht über eine Arbeitskarte verfügte, war schon ein Kandidat fürs Konzentrationslager.

Meine Schwester hatte keine Karte, aber ich ging in die Fabrik und ich bettelte dort, ihr auch eine Karte auszustellen. Und wegen mir gaben sie ihr die Karte – andere Juden zahlten ein Vermögen für solch eine Karte. Aber meine Schwester hatte wegen ihres Kindes große Probleme. Also nahm ich manchmal auch ihn mit in die Fabrik und versteckte ihn dort unter der Kleidung. Ich konnte ihm auch ein wenig von dem Essen geben, das es in der Fabrik gab.

Es startete im Juli '42. Sie nahmen die Leute auf der Straße fest. Die Nazis versprachen den Juden, wenn sie sich der Polizei anschließen würden, könnten sie ihre Familie retten. Aber sie mussten dafür andere Juden verraten. Viele glaubten das. Eines Tages rief ein Polizist meine Schwester und meinen Neffen in seine Rikscha. Aber dieses Kind war etwas besonderes. Es sagte: »Herr Polizist, heute geht es doch um die Kinder. Vielleicht könnten Sie meine Mutter frei lassen.«

Der Polizist war irgendwie berührt. Er sagte meiner Schwester: »Versteckt euch hier bis ich wiederkomme. Ich werde euch zurück nach Hause bringen.«

Irgendwie konnten wir noch überleben. Wir verkauften alles und wir versteckten uns. Im August / September '42 kam eine »Neue Verordnung«: Alle Juden mussten sich auf einer bestimmten Straße sammeln.

Jeder musste kommen!

Schrecklich. Schrecklich. Schrecklich.

Zu dieser Zeit hatte ich einen festen Freund, Heniek Bander. Wir waren unsere erste große Liebe. Als wir also das Haus verlassen mussten – jeder musste um 10 Uhr dort sein – kam seine Mutter zu mir und erzählte mir, dass mein Freund weinte. Er wollte mich bei sich haben. Aber ich sagte ihr, dass ich meine Familie nicht verlassen könne. Ich fragte sie, ob sie Heniek sagen könne, dass der Krieg irgendwann zu Ende sein wird und dass wir uns wiedersehen werden und uns lieben werden. Aber fünf Minuten später kam sie zurück – er wollte es nicht annehmen.

Er weinte immer noch, aber ich sagte ihr: »Ich liebe ihn, aber ich bin nicht bereit, meine Familie zu verlassen«. Dann erzählte sie mir, dass sie entschieden hatten, dass wir alle zusammen bleiben werden.

Ich habe ihn mein Leben lang geliebt. Ich liebe ihn bis heute – mein ganzes Leben. Und es tut mir so leid, dass er mit 22 Jahren ermordet wurde.

Wir gingen also alle zusammen zu der Fabrik – als eine Familie. Es gab dort eine kleine Straße, in der noch Juden bleiben durften. Nach einer kurzen Zeit, zwei Tagen vielleicht, kam wieder: »Verordnung!«, und wir mussten gehen. Aber ich war zusammen mit den Menschen, die ich liebte und die mich liebten, so dass wir uns trotzdem, ohne Zuhause, zu Hause gefühlt haben. Wir waren glücklich, zusammen zu sein, und wir vergaßen, dass wir alles verloren hatten!

Eines Tages verkündeten sie über die Lautsprecher: »Alle, die eine Arbeitskarte besitzen: Antreten«. Nur meine Schwester und ich hatten eine Karte, aber ich wollte meine Familie nicht verlassen. Meine Schwester ging, aber ich wollte nicht. Da nahm mich Heniek und trug mich auf die Straße. Er sagte: »Ich werde mich um eine Person weniger sorgen müssen. Geh und kümmere dich um dich selber«. Ich weinte. Wir mussten zurück zur Fabrik gehen. Aber ich hatte keine Ruhe, bis ich nicht wusste, was mit meiner Familie passiert war.

Sie transportierten Massen von

DEPORTATION UND LAGER

Menschen nach Treblinka. Ich bat einen Polizisten, herauszufinden, was los war. Er brachte mir eine Liste mit Leuten, die überlebt haben sollten. Aber da war nichts. Also beschloss ich, selber zu suchen. Doch zwischen der Fabrik und den übrigen Straßen für Juden gab es eine Todeszone. Wenn sie mich erwischen würden, wie ich dort hinüber ging, würden sie mich erschießen. Doch irgendwie haben sie mich nicht gesehen. Überall waren Leichen. Aber sie haben mich nicht getötet. Ich fand meine Familie. Es war unfassbar: Hunderte von Menschen in einem Versteck, ohne Toiletten. Man erzählte mir, dass mein Vater und meine Stiefmutter aus dem Versteck hinaus gegangen sind. Er hatte seine Schabbat-Kerzen mitgenommen — er hatte nicht erwartet, dass er sterben würde. Aber niemand sah ihn wieder, was bedeutet, dass sie ihn nach Treblinka gebracht haben.

Wir haben ein Versteck gebaut, in dem wir zwei Jahre hätten überleben können. Auch eine Apotheker-Familie war dabei, weil sie Zyankali hatten. Wir beschlossen, dass wir, wenn die Deutschen kämen, das Gift nehmen würden. Aber wir hatten nicht genug für alle und entschieden, dass wir, wenn sie kämen, die Pillen in zwei Teile brechen würden, so dass jeder eine halbe Pille hätte. Aber unsere Zimmer waren nicht verbunden. Als die Deutschen schließlich kamen, jemand muss uns verraten haben, in der Minute, als wir sie hörten, starb die Apotheker-Familie im Nebenzimmer. Wir blieben am Leben. Wir hatten keine Waffen und wir mussten folgen: Mein kleiner Neffe mit seinen Händen über dem Kopf.

Aber die Mutter von meinem Freund weigerte sich mit den Deutschen zu gehen. Sie gab mir eine kleine Handtasche und sagte: »Du bist jung und wirst leben.« Und sie blieb im Dunkeln.

Wir mussten laufen und laufen… Sie hatten diesen Umschlagplatz. Sie hatten bereits Tausende von Menschen dort versammelt. Hölle, Hölle, Hölle.

Wir konnten nichts tun, wir hatten alles verloren — aber wir hatten immer noch uns.

Es ist so schwer, darüber zu reden.

Wir mussten bis zu einem Gebäude gehen, sie konnten nicht alle Menschen auf einmal in die Züge pferchen. Wir konnten nichts tun. Wir mussten zu einer Schule gehen und dort sitzen. Wenn du dich bewegt hast, wurdest du erschossen. Ukrainer waren für uns verantwortlich, keine Deutschen.

Nach ein paar Stunden kamen Deutsche und sagten: »Los, aufstehen!« Der Deutsche hinter Heniek schlug ihn mit dem hölzernen Ende seines Gewehrs in den Rücken. Ich habe seinen Schmerz gespürt. Aber er beschwerte sich nicht.

Wir kamen in den Zug. Sarah, wenn es eine Hölle gibt, dann war sie das.

Es waren so viele Menschen, dass du nicht einmal Platz für deine eigenen Füße hattest. Jeder hat geschrien. Ich habe versucht, Henieks Rücken zu schützen. Ich habe seinen schrecklichen Schmerz gespürt. Schließlich habe ich die kleine Handtasche seiner Mutter geöffnet. Was für eine kluge Frau. Ich fand Valium, Zucker, etwas Geld und Cognac. Ich gabe Heniek einen kleinen Schluck Cognac und ein bisschen von dem Valium.

Dieser Zug... Man ist bereit für einen kleinen Schluck Wasser zu sterben. Und der Zug fährt weiter und weiter — unendlich langsam.

Als wir an einem Feld hielten, bat ich jemanden dort draußen, uns Wasser zu geben. Aber er tat es nicht. Erst im Tausch gegen meine Uhr gab er mir eine klitzekleine Flasche.

Wir kamen am 1. Mai auf einem großen Feld in Majdanek in Polen an. Es war noch kalt, es nieselte und es war dunkel. Sie ließen uns auf dem Feld zurück, auf dem wir die ganze Nacht verbrachten, glücklich zusammen zu sein. Aber es war so kalt und nass. Am nächsten Tag kamen die Deutschen, viele, und sie begannen uns zu trennen. Das war der schlimmste Teil. Sie trennten Frauen von Männern, Kinder, die nur schrien, schrien, schrien....

Wir mussten gehorchen, immer weiter rennen, aber ich wollte nicht wieder von Heniek getrennt werden. Normalerweise hätten sie jemanden sofort erschossen, der aus der Reihe lief und zu den Männern, aber ich rannte zu ihm, umarmte ihn und sie schossen nicht. Er versprach, dass wir zusammen sein würden.

Dann wieder: »Aufstehen!« Wir mussten auf ein Feld gehen. Es war die Hölle. Ohne Verpflegung und Wasser blieben wir dort den ganzen Tag. Am Ende des Tages mussten wir uns in Fünferreihen aufstellen und die Aufseherin gab mir den Job, jedem etwas Suppe zu geben. Sie gab mir einen Löffel und einen Stock zum Schlagen. Aber ich sagte: »Ich kann das nicht, lieber sterbe ich!« Es war unmöglich für mich, diesen Stock in den Händen zu halten. Und ich lief fort, meine Schwester hinter mir her. Es war so ein Chaos, dass uns niemand folgte. Eine andere Frau nahm den Stock und machte den Job. Als es Abend wurde, beschlossen wir irgendwo hinzugehen. Wir liefen und liefen. Wir liefen bis zu einer Baracke, Baracke 18.

Wie ging es weiter? Am nächsten Morgen: »Aufstehen!« Man musste dieses Wort verstehen. Es war noch dunkel. »Betten machen! Zählappell!« Du kannst dir vorstellen, was für Betten da zu machen waren.

Es war so kalt. Aber die Frauen haben immer geprüft, dass wir nicht ein Stück von dem Bettlaken um unsere Körper trugen. Dann wieder: »Antreten!« und arbeiten, arbeiten, arbeiten.

Die Vorarbeiter waren Volksdeutsche oder Polen. Ich habe darauf geachtet, mich nicht zu verletzen, ich habe gearbeitet und gearbeitet. Aber die Sache ist, man musste nur sinnlose Arbeit verrichten. Sie wollten uns nur so hart arbeiten lassen, bis wir ohne Essen und Trinken starben. Morgens dieses Wasser, das sie Kaffee nannten, eine Suppe und manchmal eine Scheibe Brot.

Was geschah nach dem Lager? Antreten, antreten, antreten! Sie ließen fast alle Frauen antreten und sie führten uns in das Krematorium. Wir wussten, dass es ein Krematorium gibt, aber nicht mehr als das. Es war gebaut worden, um dich zu täuschen. Es scheint, als würdest du zum Duschen gehen, sehr schön. Aber in letzter Minute kam ein Offizier herein und sagte: »Alles raus! Alles raus!« Und sie schickten uns mit dem Zug nach Auschwitz.

Das ist es. Ich kann nicht mehr sagen. Es tut mir alles so leid.

Du bist in Auschwitz gewesen? Was ist in Auschwitz passiert? Du musst auch wissen, was vorher mit meiner Schwester passiert ist. Meine geliebte Schwester mit ihrem kleinen Sohn. Eines Tages ging ich nach der Arbeit in die Baracke für die Mütter und Kinder.

Normalerweise war es dort so laut, aber dieses Mal war es still. Ich fragte meine Schwester: »Was ist los? Was passiert mit ihnen?« Sie sagte, es gibt einen anderen Ort. Ich begann zu laufen.

Aber meine Schwester hielt mich zurück. Ich war bereit, mit meiner Schwester und den anderen zu sterben und wollte hinein, aber der KZ-Aufseher sagte nur: »Du bist zu jung zum Krepieren. Erst musst du arbeiten, dann kannst du krepieren.« Also nahm ich alle meine Kraft zusammen und ging. Ich weinte Tag und Nacht.

In Birkenau habe ich beschlossen, mich umzubringen. Ich ging direkt auf den elektrischen Zaun zu, denn wer versucht zu fliehen, wird erschossen. Aber auf einmal schrie ein Offizier: »Lauf weg, Mädchen! Oder ich muss dich erschießen!« Das ist wirklich bemerkenswert, ich wollte sterben, aber als er schrie: »Lauf weg!«, bin ich weggelaufen. Ich habe mich nicht umgebracht, der Instinkt des Überlebens war noch stärker als mein Wunsch zu sterben.

Es war vorherbestimmt, dass ich überlebe.

Sarah, weine nicht,
Ich habe genug um alles geweint.

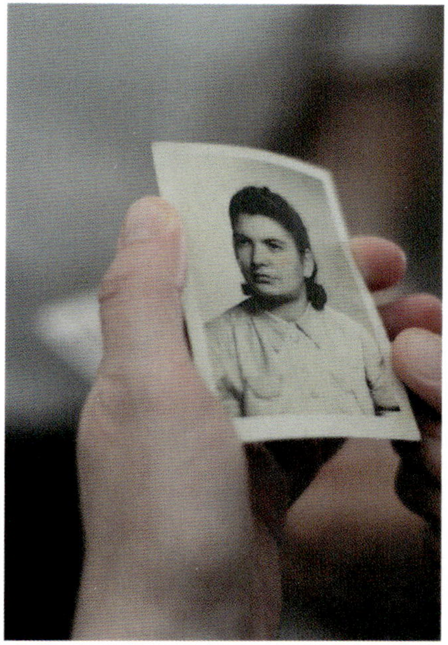

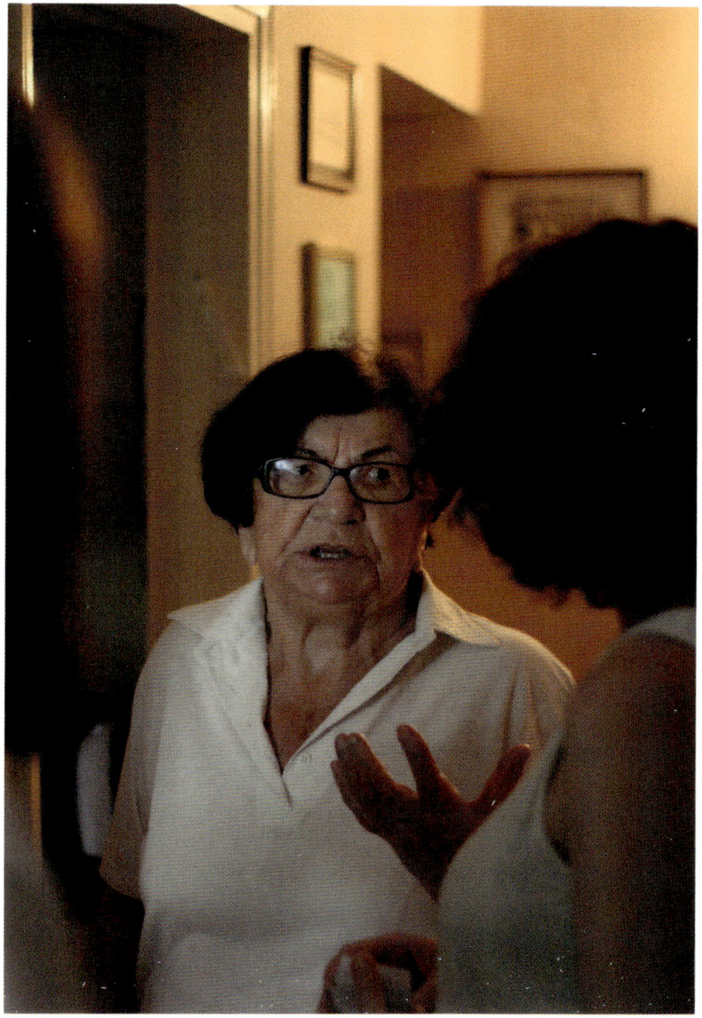

DIE BEGEGNUNG

Eigentlich wollte Frieda Kliger nie wieder mit einem Deutschen reden. Sie wollte auch nichts Deutsches in ihrer Wohnung haben. Ständig gehen ihr die Glühbirnen kaputt, weil die einzig guten in Deutschland produziert werden. Und dann bringt die damals 90-jährige doch noch einmal die Kraft auf, überwindet sich und lädt mich junge deutsche Frau zu sich nach Hause ein.

Unsere erste kurze Begegnung fand auf einer Theateraufführung statt. Frieda spielte mit anderen Überlebenden und deren Enkeln die Erlebnisse während der Schoah nach. Mit dem Ende der Aufführung war Frieda umringt von Freunden und Verwandten – ein Bild geprägt von Leben, Herzlichkeit und Liebe.

Die nächsten Tage war Frieda von der Thematisierung ihrer Vergangenheit körperlich zu erschöpft für ein weiteres Treffen. Doch dank des guten Zuspruchs ihrer Tochter wuchs Frieda schließlich über sich hinaus und lud mich zu einem Gespräch ein: Erst einmal nur reden.

Wir redeten über sechs Stunden. Eigentlich hatte ich eine eher zögerliche, vielleicht skeptische Begegnung erwartet. Tatsächlich wurde ich mit einem Lächeln und einer Umarmung empfangen, beide Seiten etwas unsicher. Als wir uns verabschieden mussten, war noch lange nicht alles erzählt und für Fotos fehlte eigentlich das Licht. Aber darum ging es nicht mehr. Wir verabschiedeten uns als Vertraute und stumm staunte ich, wie viel sich in den Stunden unserer Begegnung verändert hatte. Ob ich zum Purim-Fest nicht ihr Gast sein wolle?

Das Purim Fest ist, ähnlich unserem Karneval, ein Freudenfest. Wir redeten und aßen zu lange, so dass wir den großen Umzug verpassten. Aber die Straßen waren noch voll von verkleideten, fröhlichen Menschen. Gerade eben hatten wir über Auschwitz gesprochen und kurz darauf standen wir eingehakt auf der Straße und lachten über einen kleinen Marienkäfer, der glücklich die süße Beute seiner Mutter zeigte.

Frieda Kliger hat Unfassbares erlebt und besitzt heute — vielleicht auch zu ihrer eigenen Überraschung — die Stärke, ihr Herz zu öffnen und Freundschaft zu schließen. Der letzte Satz unseres Interviews: »Sarah don't cry, I cried enough for all that.« beschreibt die intensive und emotionale gemeinsame Zeit sehr gut. Zwei Tage lang haben wir geredet, geweint und uns zum Schluss umarmt. So etwas kann man schwer in Worte fassen.

»*I wanted to die but when he screamed: »Run away«, I ran. And I didn't kill myself, the instinct of life was still stronger than to die. It was meant that I survive.* «

BRIEFE VON KINDERN UND JUGENDLICHEN

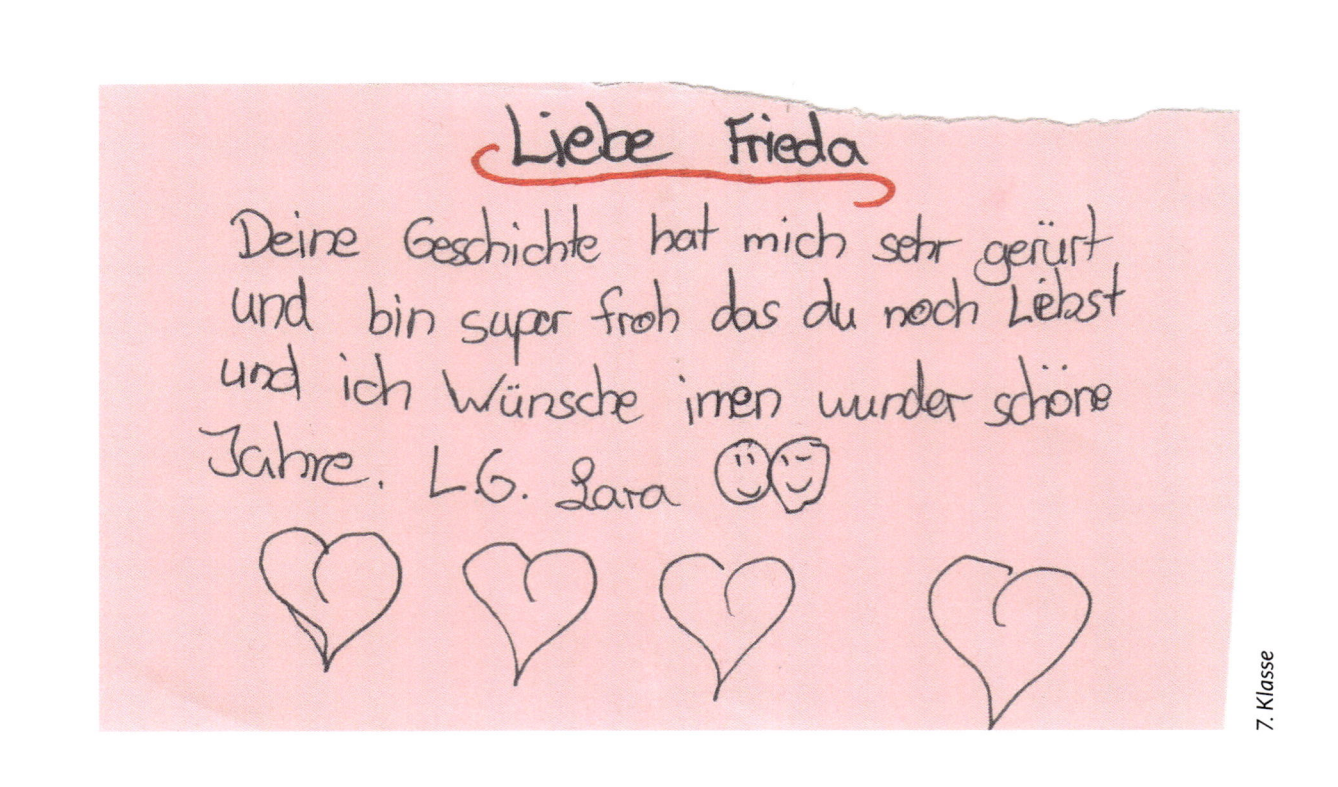

> Liebe Frieda
>
> Deine Geschichte hat mich sehr gerürt und bin super froh das du noch Lebst und ich Wünsche ihnen wunder schöne Jahre. LG. Lara

7. Klasse

224
Frieda Kliger

Liebe Frida,

Ich heiße Anna und bin 15 Jahre alt und lebe in einer Generation, wo das größte Problem ist, wenn man kein Empfang mit dem Handy hat. Wenn wir dann diese Geschichten hören von den Juden von damals, trifft uns das sehr, und merken erst dann das Leben zu schätzen. Ich finde es traurig das wir erst wenn wir sowas hören unser Leben bemerken, das wir alles zum Fenster raus schmeißen. Deswegen hast du und auch ihr alle die das erlebt haben meinen vollsten Respekt und seid für mich die stärksten Menschen und bedanke mich ihre Geschichte gehört zu haben.

Mit freundlichen Grüßen
Anna ♡

10. Klasse

Liebe Frieda Klieger,

es ist sehr schön, dass sie überlebt haben und ihre Geschichte weitererzählt wurde. Mir wurde ihre Geschichte erzählt und ich verstehe, dass sie, nach dem, was passiert ist nichts mehr mit Deutschland zu tun haben wollten. Ich bin froh, dass diese Zeiten vorbei sind und dass es kaum noch Leute gibt die so denken. Ich hoffe, dass sowas nie wieder passiert und ich bewundere alle, die das überlebt haben. Ich hoffe sie haben noch ein schöneres Leben.
Liebe Grüße Tabea
(14 Jahre)

8. Klasse

Frieda, danke!

Danke, dass wir deine Geschichte hören durften. Es ist kaum vorstellbar, was du erleben musstest, und wahrscheinlich, nein, bestimmt (!) ist es sehr schwierig sich daran zu erinnern und mit dieser Last leben zu müssen.
Du bist ein beeindruckend starker Mensch. Gesegnet seist du, und deine liebe Familie.
Danke, dass du uns das erzählt hast, was viele nie geschafft haben, weil sie dieser schrecklichen Tat zum Opfer gefallen sind.
Ich glaube und hoffe, dass niemand wieder so etwas erleben muss, und du trägst zu bei, dass uns klar wird, dass diese Zahlen echte Menschen waren. Dass hinter den 6 Millionen Menschen stecken.
Danke, dass du lebst.
Sei gesund, bleib stark.

Mit freundlichen Grüßen, ♡

Renate

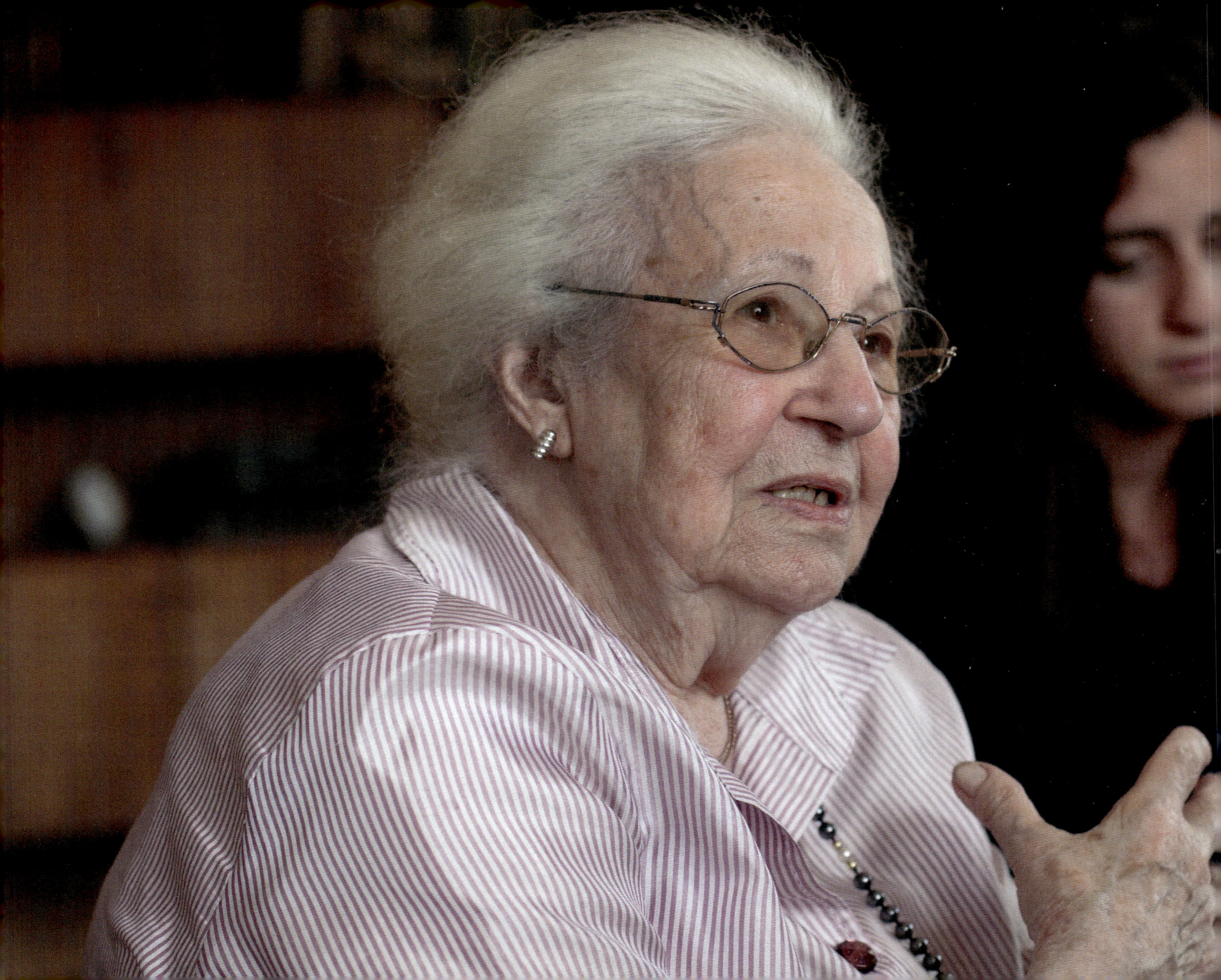

ERNA
DE VRIES

geboren 1923 in Kaiserslautern,

lebt heute in Lathen

LEBENSSTATIONEN

Erna de Vries kommt am 21. Oktober 1923 in Kaiserslautern zur Welt. Sie ist das einzige Kind von Jacob Korn und seiner Frau Jeanette und verlebt eine ungetrübte und schöne Kindheit. Doch im jungen Alter von 19 Jahren wird sie zusammen mit ihrer Mutter nach Auschwitz deportiert. Sie überlebt die Grauen des Konzentrationslagers wie durch ein Wunder.

Heute besucht Erna de Vries Schulen, um jungen Menschen ihre Geschichte zu erzählen. Es ist der Auftrag ihrer Mutter, den sie verfolgt: »Du wirst überleben und dann wirst du erzählen, was man mit uns gemacht hat.«

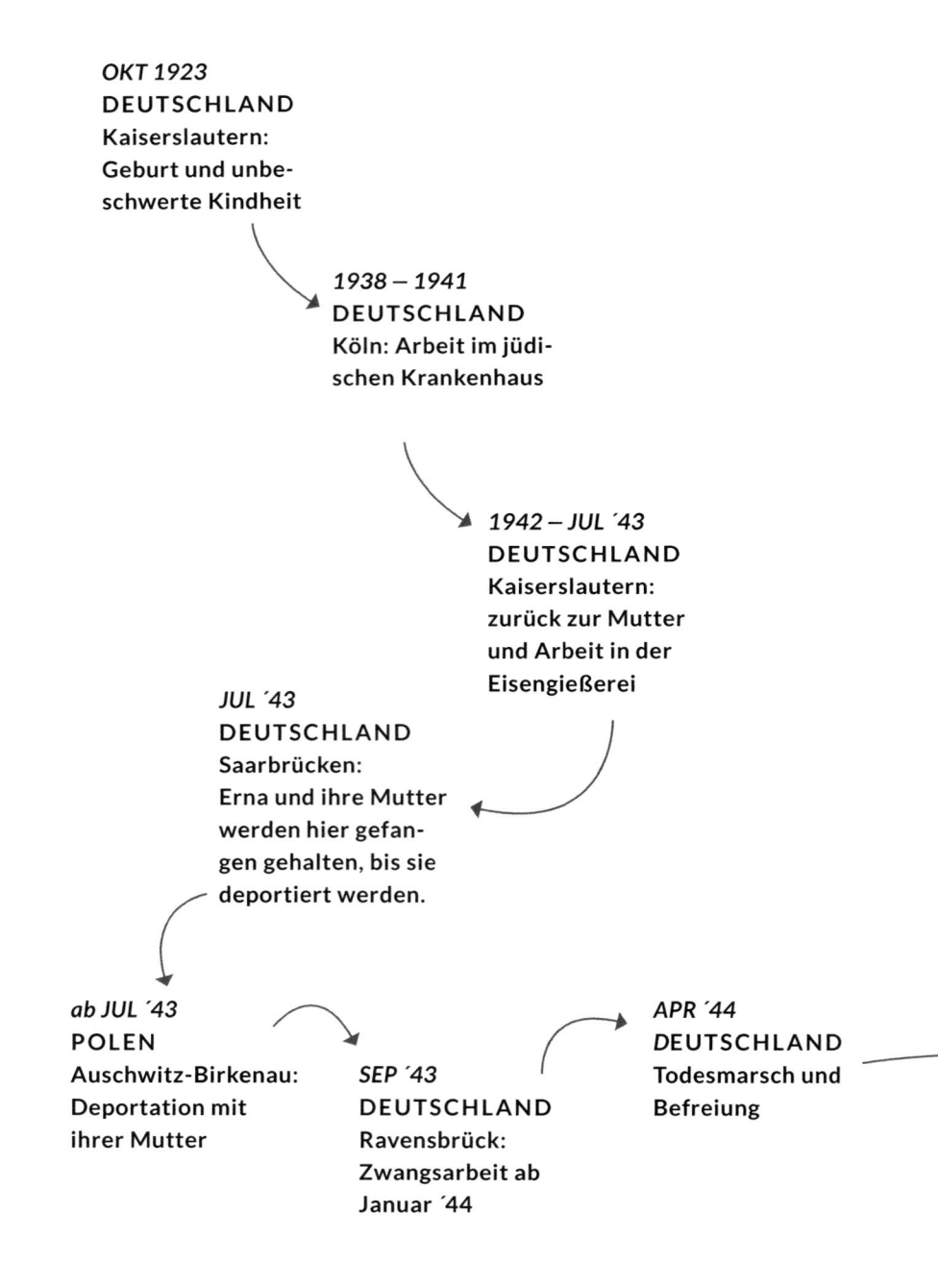

OKT 1923
DEUTSCHLAND
Kaiserslautern: Geburt und unbeschwerte Kindheit

1938 – 1941
DEUTSCHLAND
Köln: Arbeit im jüdischen Krankenhaus

1942 – JUL ´43
DEUTSCHLAND
Kaiserslautern: zurück zur Mutter und Arbeit in der Eisengießerei

JUL ´43
DEUTSCHLAND
Saarbrücken: Erna und ihre Mutter werden hier gefangen gehalten, bis sie deportiert werden.

ab JUL ´43
POLEN
Auschwitz-Birkenau: Deportation mit ihrer Mutter

SEP ´43
DEUTSCHLAND
Ravensbrück: Zwangsarbeit ab Januar ´44

APR ´44
DEUTSCHLAND
Todesmarsch und Befreiung

bis NOV ´44
Leben in Banzkow

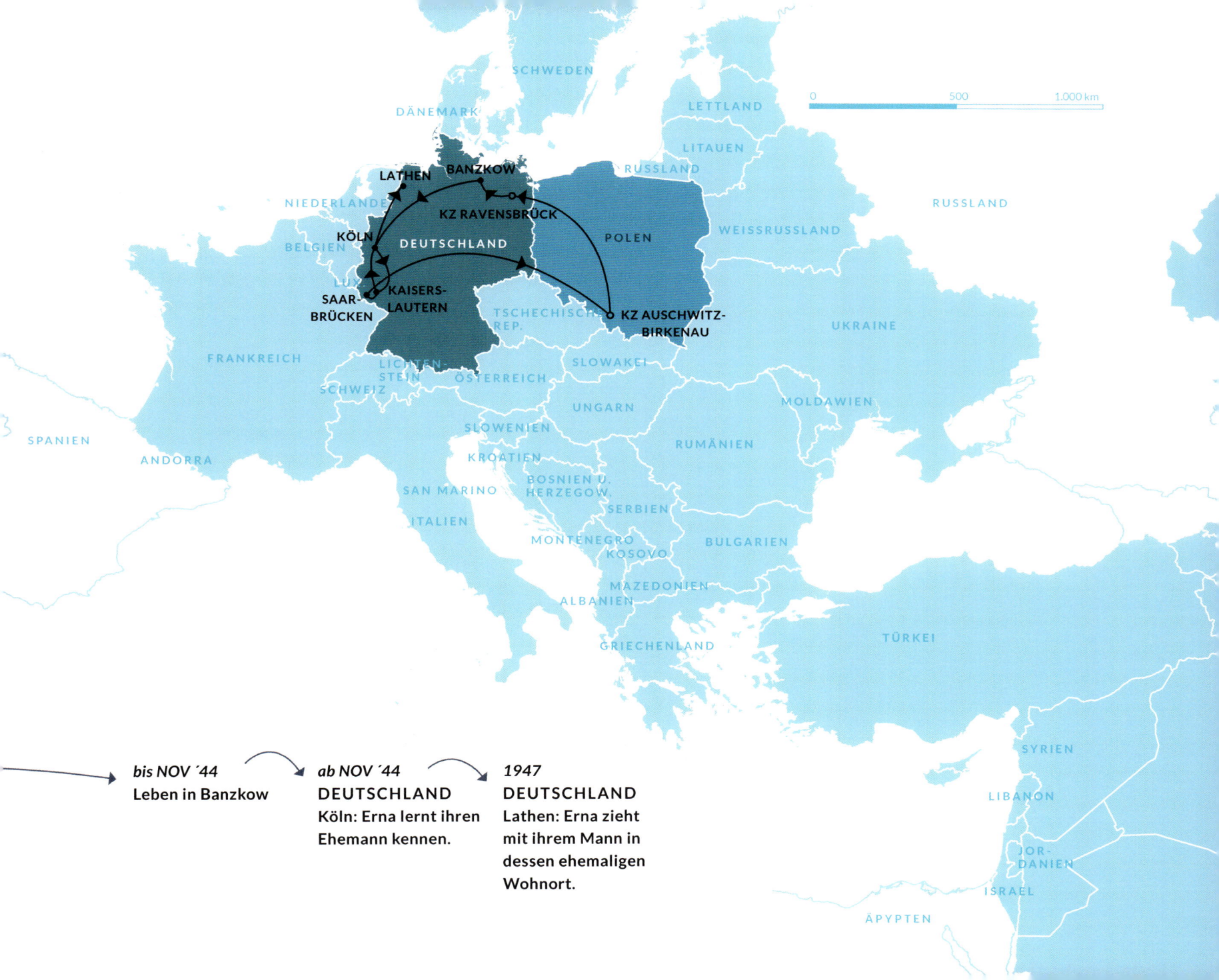

ab NOV ´44
DEUTSCHLAND
Köln: Erna lernt ihren Ehemann kennen.

1947
DEUTSCHLAND
Lathen: Erna zieht mit ihrem Mann in dessen ehemaligen Wohnort.

29. Mai 2012, Lathen & 02. Juli 2017, Lathen

Das folgende Interview ist ein Zusammenschnitt zweier Interviews von HEIMATSUCHER e.V.. Wir trafen Erna in den Jahren 2012 und 2017 und haben beide Gespräche miteinander verknüpft.

Frau de Vries, Sie sind am 21. Oktober '23 in Kaiserslautern geboren. Richtig? Richtig. Ich bin 1923 in Kaiserslautern geboren, mein Vater war evangelisch, Jakob Korn, meine Mutter geborene Löwenstein.

Haben Sie da Ihre gesamte Kindheit und Jugend verbracht, in Kaiserslautern? Bis zum 16. Lebensjahr.

Was hat es da für Sie bedeutet, Jüdin zu sein? Gar nichts. Dadurch, dass meine Eltern verschiedenen Religionen angehörten, hatte es für mich keine Bedeutung. Ich wusste schon darüber Bescheid, aber merkwürdigerweise ist das so abgepurzelt. Meinen Eltern ging es gut, wir hatten einen Speditionsbetrieb. Ich hatte 'ne ganz unbeschwerte frühe Kindheit bis mein Vater starb. 1930 ist er gestorben, er hat 'nen schweren Herzfehler gehabt.

Was geschah, als Ihr Vater verstarb? Da musste meine Mutter das Geschäft alleine weiterführen, das ging auch bis 1933. Das war natürlich 'n schwerer Einbruch, dass mein Vater starb, der geliebte Mann und Vater, der Ernährer und Beschützer. Meine Mutter hat das Geschäft dann bis 1933 weitergeführt, dann kam der zweite Einbruch. Die Nationalsozialisten kamen zur Regierung, dann hieß es auf einmal: »Juden sind unser Unglück, kauft nicht bei Juden, wir wollen den Juden nichts verdienen lassen.« Das machte sich natürlich auch ein bisschen bemerkbar.

Wie machte sich die Ausgrenzung noch bemerkbar? Es gab wichtige Kunden, die sich davon haben abhalten lassen, bei Juden sich bedienen zu lassen, und das Geschäft ging merklich zurück. Meine Mutter konnte es noch halten bis '35. '35 kriegte sie die Lizenz nicht mehr, musste sie abgeben und '35 kamen auch die Nürnberger Gesetze heraus, die die Juden immer weiter ausgrenzten, die waren sehr einschneidend. Und '35 kam ich in eine andere Schule zu den Franziskanern. Ich hatte ganz gute Zeugnisse, aber durch die Anfeindungen außerhalb, zum Beispiel wenn wir mit Kindern spielten und es kam eine kleine Differenz auf, dann hieß es gleich: »Ich spiel nicht mit dir, du bist 'n Jude!«. »Jude, Jude!«, das hörte man immer wieder, und das dann als Schimpfwort gebraucht zu hören, das war für mich ganz schrecklich. Ich hab meiner Mutter nie etwas davon gesagt. Ich wusste, sie hatte Sorgen genug, denn wenn ich irgendwie 'n kleinen Wunsch hatte, 'n größeren Wunsch, 'n Fahrrad zum Beispiel, dann hieß es: »Du weißt, wir haben kein Einkommen mehr, wir müssen vom Ersparten leben, wer weiß, wie lange der Zauber noch dauert.« Und da musste ich mich mit abfinden. Aber die äußeren Anfeindungen waren so schlimm und ich hab ganz schlechte Zeugnisse gekriegt dadurch und ich hab in der Schule sehr nachgelassen und eine Ordensfrau hat auch bestätigt, dass der Abfall der Leistungen wohl durch die äußeren Umstände gekommen sei. Und meine Mutter, die auf jede Mark achtete, hat mich dann von der Schule genommen, sie musste ja Schulgeld zahlen. Ich bin dann zu einer sogenannten jüdischen Sonderklasse gekommen und da bin ich natürlich nicht angefeindet worden.

Wie haben Erwachsene reagiert? Auch Erwachsene haben sich nicht geniert, irgend'n Schimpfwort zu sagen, wenn sie an uns vorbeigingen. Also, es war schon schlimm, ich hab sehr darunter gelitten. Ich kam in diese jüdische Sonderklasse, das war natürlich kein einfaches Unterrichten für den Lehrer, da kam 'n jüdischer Lehrer jeden Morgen ungefähr 30 km nach Kaiserslautern an mit dem Zug. Damals hatten die Lehrer noch nicht alle 'n Auto und ja, es war 'n schweres Unterrichten, aber auch ein schweres Lernen. Da hat die eine Klasse gesungen, die anderen mussten Aufsatz schreiben, die mussten Rechenaufgaben lösen, also es war nicht einfach.

Wie ging es dann für Sie nach der Schule weiter? Ich war dort bis '38. Im März, da bin ich entlassen worden. Und nun in Kaiserslautern gab es keine Möglichkeit für 'n jüdischen jungen Menschen, irgendwas zu lernen, was zum Beruf hätte führen können. Man konnte in die Hauswirtschaft gehen, da arbeiten, oder in 'ne Fabrik, und das hab ich dann auch getan. Ich bin zu einer Wäschenäherei gegangen, die war aber zu der Zeit noch in jüdischer Hand. Also, ich bin dann zur Wäschenäherei gegangen, aber meine Mutter hatte mich angemeldet in Köln zu einer Hauswirtschaftsschule, da ich wenigstens etwas lernen sollte. Und im Januar '38 kam auch ein kleiner Vetter zu uns nach Kaiserslautern. Die Eltern hatten in Ostpreußen 'nen schönen Betrieb und waren vermögende Menschen und sind nach Köln gegangen, weil sie sich da nicht mehr halten konnten, und hatten in Köln 'ne denkbar winzig kleine Wohnung. Die haben die erstbeste genommen, um da aus Ostpreußen wegzukommen. Und es waren Vater, Mutter und zwei halb erwachsene Töchter in der Wohnung und der kleine Junge. Den haben sie dann zu uns nach Kaiserslautern gegeben und der hat nur bei uns gewohnt und ging in die Sonderklasse und ich ging in diese Wäschenäherei und das ging den ganzen Sommer '38 so, bis dann etwas geschah im Herbst, was ganz Deutschland in Chaos stürzte.

Sie meinen die Novemberpogrome, oder? Am 10. November morgens, ganz früh, wir waren gerade beim Frühstücken, der Kleine, meine Mutter und ich, und da klopft und klingelt es an unserer Tür. Meine Mutter und ich, wir gingen ganz vorsichtig an die Tür, was konnte das sein? Wir erwarteten immer etwas Übles und wir machten vorsichtig auf. Draußen stand ein ehemaliger Chauffeur, ein Fahrer von unserem Geschäft, und erzählte ganz aufgeregt, was er beim Gang zu seiner Arbeitsstelle gesehen habe. Er sagte, grölende Horden zögen durch die Stadt und würden Schaufensterscheiben von jüdischen Geschäften einschlagen, würden die Auslagen herauswerfen auf die Straße: Leute würden vorbeirennen, sich was schnappen, Kleinmöbel flögen aus den Fenstern und er wollte uns warnen, aber was konnten wir schon tun? Jüdische Leute waren wahrscheinlich in derselben Situation wie wir und Nichtjuden wollten wir nicht kontaktieren aus Angst, dass die dadurch Unangenehmes erwarten würden. Meine

Mutter wollte uns gar nicht aus dem Haus lassen, uns beide nicht, aber ich musste in der Woche den Schlüssel holen beim Besitzer der Firma. Der Kleine wollte unbedingt zur Schule und meine Mutter hat uns dann, nachdem ich die überredet habe, beide losgelassen. Aber sie hat sehr viel Angst um uns gehabt.

Verständlich. Wie ging Ihr Tag dann weiter? Ich ging wieder an der zerstörten Synagoge vorbei und kam zum Besitzer der Fabrik und der war ganz aufgeregt und erzählte mir, was ich noch nicht wusste. Er sagte, jüdische Männer ab 16 Jahren würden verhaftet und in ganz Deutschland würden viele Synagogen brennen. Er war ganz aufgeregt: Er hat mir die Schlüssel gegeben, ich bin in die Fabrik, die war ganz nah bei seinem Wohnhaus, und ich bin da hingegangen und die Arbeiterinnen kamen schon an. Es waren ungefähr 50 Arbeiterinnen und die waren ganz aufgeregt, die hatten auch allerhand gesehen unterwegs. Wir sind nach oben gegangen zu unserem Arbeitsplatz und es war so 'ne bestimmte Stimmung im Raum, denn am anderen Ende dieser Straße standen auch so zwei Männer mit irgendwelchen Geräten, mit denen man was zerschlagen kann. Nach ungefähr 'ner Stunde hieß es: »Alle raustreten auf die Treppe!« Auf einmal kamen zwei Uniformierte von unten gelaufen: »Juden raus, Juden raus!« Nun waren noch sieben Juden da beschäftigt, außer mir noch sechs, und ich ging die Treppe wieder runter: ich war damals 15 Jahre und hatte nur eins im Kopf: »Was ist mit meiner Mutter, die alleine zu Hause ist, was ist mit ihr?« Und die anderen gingen in die eine Seite und ich bin zur anderen gelaufen. Keiner hat mich aufgehalten. Weshalb sie mich gelassen haben, ich weiß nicht. Ich bin nach Hause gerannt, meine Mutter stand da, war ganz apathisch und hatte nur Angst um uns beide. Und wir haben dann beraten: Was ist zu tun?

Wir kamen zu keinem Schluss und während wir noch überlegen, kommt der kleine Vetter an, laut weinend, so war er durch die ganze Stadt gerannt, und erzählte, was ihm passiert war. Er sagte, große Jungen, 14-, 15-Jährige, seien in den Raum der Sonderklasse eingedrungen und hätten den Lehrer und die Schüler die Treppe herunter gejagt und runter geschubst. Unten im Hof hätten die anderen Klassen schön säuberlich aufgereiht gestanden und hätten dann skandiert: »Wir wollen keine Juden hier! Wir wollen keine Juden hier!« und haben den Lehrer und die Schüler aus dem Pausenhof heraus gejagt und der Kleine ist vor Angst nach Hause gelaufen. Nun standen wir drei da: Was war zu tun? Ich wusste wohl, was ich nicht wollte. Ich wollte auf keinen Fall dabei sein, wenn man unser Haus zerstört, wenn man unsere ganze Einrichtung zerschlägt, und ich wusste mir keinen Rat.

Wusste Ihre Mutter, was zu tun ist? Meine Mutter sowieso nicht, die war ganz apathisch. Mein Vater war ja Nichtjude, er war aber tot, konnte uns nicht mehr helfen. Aber das schien mir die einzige Möglichkeit, um eine gewisse Sicherheit zu haben. Ich hab gesagt. »Wir gehen zum Friedhof zu Vaters Grab.« Meine Mutter war mit allem einverstanden, hat sich was übergezogen, wir gingen zum Friedhof. Es war ein trüber, nebliger Novembertag, wie man sich einen Novembertag vorstellt, mit dünnem Regen und Nebel, und ja, wir haben uns dann auf die Einfassung vom Grab gesetzt, die war pitschnass, und wir saßen da und — wie lange sollten wir da bleiben? Wie lange sollten wir warten? Schließlich hatte ich keine Ruhe mehr, ich merkte, wenn wir da lange sitzen, bestimmt werden wir uns hier schwere Erkältungen holen. Ich sagte meiner Mutti: »Ich geh nach Haus!« Sie hat mich festgehalten, ich hab mich aber trotzdem losgerissen, bin nach Haus gerannt. Ich dachte, besser 'n Dach überm Kopf, egal wie's in der Wohnung aussieht, als da im Nassen auf dem Grab. Und als ich nach Hause kam, da war der ganze Hof, auf dem sonst die Autos standen, voll Menschen. Die Fensterscheiben waren eingeschlagen, die Tür war ausgehängt und war gegen die Wand gelehnt, und ich hörte das Splittern und Krachen von drinnen, die waren noch richtig im Gange. Und der ganze Hof war voll Menschen und ich stand ausgerechnet neben einer Frau, die mich immer angefeindet hat, das hat sie wohl mit allen jüdischen Menschen gemacht. Wenn sie sie erkannt hat als Juden, dann hat sie ausgespuckt oder hat gerufen: »Seid ihr Juden immer noch da?« Und jetzt sah sie, ich wollte doch stark sein, ich war 15 Jahre alt, ich wollte keine Schwäche zeigen vor diesen Gaffern. Mir liefen die Tränen übers Gesicht, ich konnt es nicht ändern. Und da schrie diese Frau: »Jetzt heult sie! Jetzt heult sie! Schmeißt se rein in den Krempel, schmeißt se rein in den Krempel!« Ich dachte, jeden Moment nimmt mich jemand und schmeißt mich da wirklich rein. Hat sich keine Hand gerührt und sie schrie immer weiter, immer weiter. Die hat gehofft, dass mich doch noch jemand packt, und ich hab gehofft, eben nicht. Schließlich hatten die drin ihr Werk beendet und gingen weg. Und der ganze Hof hat sich geleert und die gingen wohl zur nächsten Stelle, wo sie was zerschlagen konnten, und ich ging zum Friedhof und hab meiner Mutter gesagt: »Ja, alles ist passiert, wir können aber nach Hause.«

Das muss wirklich furchtbar gewesen sein. Was ist passiert, als Sie nach Hause kamen? Als meine Mutter nach Hause kam, ist sie buchstäblich zusammengebrochen, als sie die Zerstörung sah. Sie als Hausfrau ging als allererstes in die Küche. Das, was sie hat auf den Tisch bringen wollen, das hing an der Wand. In ihrem Schlafzimmer fand ich's am schlimmsten. Die hatte noch Marmorabdeckplatten aufm Waschtisch und auf den Nachttischen kleine Marmorplatten. Es war alles zerschlagen, der Spiegel vom Waschtisch war zerschlagen, jedes Fläschchen, was da im Schlafzimmer stand, war zerschlagen. Der Kleiderschrank lag so gekippt auf de Seiten und die waren aufgeschlitzt. Die Federn konnten nicht fliegen, die hatten alles unter Wasser gesetzt, und zwar hatten sie Schläuche angeschlossen, mit denen früher unsere Autos gereinigt wurden. Und wie gesagt, die Teppiche, alles war zentimeterhoch voll Wasser und so sah es überall aus. Im Esszimmer, als wenn man reingreift in den Schrank und das Geschirr rausschmeißt. Bilder waren von den Wänden gerissen, Sitzmöbel aufgeschnitten und so sah es in allen Zimmern aus, in dem von dem Kleinen, in meinem Zimmer, überall war alles kaputt. Und meine Mutter ist zusammengebrochen, hat sich irgendwo hingesetzt, Stühle waren ja auch kaputt, die haben alles zerschlagen. Und was ich nie vergessen kann, in dieses ganze Chaos hinein kam wirklich eine Nachbarin und brachte uns etwas Heißes zu trinken und etwas zu essen. Ging aber sofort wieder weg, weil wenn jemand die Juden kontaktiert, konnte es passieren, ihr Mann war Lokomotivführer, dass der unter Umständen eine Kündigung gekriegt hätte.

Wie ging es weiter, nachdem die Nachbarin wieder weg war? Die war kaum weg, da klingelte es wieder am Tor. Meine Mutter, wie gesagt, die war zu gar nichts fähig, ich bin wieder dahin gegangen. Draußen stand ein Beamter von der Kriminalpolizei Kaiserslautern, die hatten noch keine Gestapo. Der eröffnete mir: »Alle Juden müssen bis abends 6 Uhr aus dem Gau Saarpfalz weg sein, die müssen den Gau Saarpfalz verlassen haben.« Und ich hab meiner Mutter das überbracht. Sie sagte sofort: »Nach Köln.«, denn da war ja ihr Bruder. Ich musste dann da anrufen, hätte ja sein können, dass die in der gleichen Situation gewesen wären wie wir, denn in Köln ist ja auch viel passiert, und mein Onkel war am Telefon und sagte: »Kommt, kommt.« Die Nachbarin kam und ich sagte: »Ja, wir haben noch nicht mal einen Koffer.« Das war alles pitschnass und zerschnitten und zerschlagen. Sie brachte auch noch 'n Koffer, holte ihre Sachen, ihr Geschirr und so weiter, und brachte uns dann den Koffer. Und ich hab dann gepackt, nass, trocken, das war mir egal. Ich dachte, der Winter steht bevor, das wird schon trocknen bis dahin. Und meine Mutter hat Papiere zusammengesucht und so waren wir um 6 Uhr aus dem Gau Saarpfalz raus. Und als wir in Köln ankamen, war der Vater von dem Kleinen, der Bruder meiner Mutter, an der Bahn, froh, dass uns nichts passiert war, *aber wie es in uns aussah, das kann man gar nicht beschreiben.* Und wir kamen in diese winzig kleine Wohnung, da waren schon Vater, Mutter und zwei erwachsene Töchter, nun kamen wir drei noch dazu. Aber die haben alles getan, um uns den Aufenthalt unter den Umständen so angenehm wie möglich zu machen.

Was passierte mit der Wohnung in Kaiserslautern? Meine Mutter hat's nicht lange ausgehalten. Ende November ist sie wieder nach Kaiserslautern gefahren und das Merkwürdige war, obwohl wir ausgewiesen waren, hat man das nicht beanstandet. Man hat sie gelassen und sie hat sogar Handwerker gefunden, die bereit waren, für 'ne Jüdin zu arbeiten. Das war nicht so selbstverständlich, aber sie war mal 'ne angesehene Geschäftsfrau und sie hat Leute gefunden, die für sie arbeiten. Das, was nicht gestohlen war, die Wohnung war ja offen, als sie nicht da war, haben sie geleimt. Maler waren da, also jedenfalls sie hat alle Handwerker zusammen geholt, die sie brauchte. Ich kam dann Weihnachten nach Hause, die Wohnung war wieder in Stand gesetzt, also man konnte sie bewohnen.

Wie sind Sie dann wieder nach Köln gekommen? Weil ein Arzt mich mal gerettet hat im letzten Moment, hab ich gesagt, ich will Doktor werden. Ich hab immer alles verbunden, meine Puppen, mich selber. »Ich will Doktor werden.« Das war ja alles hinfällig geworden. Juden konnten nicht mehr zum Studium kommen. Aber ich dachte, Krankenpflege ist ja auch schön, kann man auch helfen und heilen. Da war noch ein jüdisches Krankenhaus [in Köln] und ich hab die Oberin gelöchert, sie soll mich doch einstellen. Sie sagte: »Sie sind noch viel zu jung. Sie müssen noch warten, bis Sie das Alter haben.« Aber als ich denn dreimal bei ihr war, da sagte sie: »Da ist eine alte Dame, die hat einen künstlichen Darmausgang, die können se mal pflegen, da können se mal sehen, ob das Ihr Traumberuf ist«. Und nach dem hauswirtschaftlichen Jahr bin ich zu dieser alten Dame gekommen und es war mein Traumberuf. Ich hab sie gepflegt, ich bin mit ihr spazieren gegangen, ich hab ihr vorgelesen, ich hab immer alles getan, was man so tun konnte, und das Jahr ging

DEPORTATION

vorbei. Und endlich bin ich ins Krankenhaus gekommen und ich war ganz glücklich. Ich bin in dem Krankenhaus eingezogen, hab gerne gepflegt und war Lernschwester. Und nachts saßen wir denn, weil Fliegeralarm war, mit den Patienten im Keller, und tagsüber mussten wir arbeiten, also so ganz leicht war das nicht, aber ich hab das gerne getan.

Wie war die Situation in Deutschland für die Juden zu der Zeit? Es hat sich so vieles geändert, zum Beispiel, jüdische Frauen mussten alle den zusätzlichen Namen Sarah tragen, die Männer den zusätzlichen Namen Israel. Wir kriegten Kennkarten, große Kennkarten, und ein großes schwarzes »J« war vorne drauf, also man konnte sofort sehen: »Juden«.

Da begannen aber ja schon die Deportationen, oder? Die Deportationen haben schon angefangen und ich hatte Angst um meine Mutter. Die wird vielleicht alleine deportiert und ich sitze in Köln, oder umgekehrt. Ich wollte zu meiner Mutter. Und ich fragte die Oberin, die soll mir vier Wochen frei geben, ich möchte meine Mutter sprechen, da sagte sie: »Das kann ich nicht. Sie wissen, an manchen Tagen fehlt uns jede Hand«. Aber ich wollte unbedingt meine Mutter sprechen. Ich bin dann einfach zur Gestapo gegangen, zur Geheimen Staatspolizei, und hab nachgefragt, ob ich mich vier Wochen von Köln entfernen darf, und ich hab die Erlaubnis gekriegt von der Gestapo. Juden durften nicht mehr so reisen. Obwohl ich dort [in Kaiserslautern] geboren bin, musste ich Aufenthaltsgenehmigungen haben. Und ich bin denn nach Kaiserslautern gefahren. Meine Mutter und ich haben beraten, aber sie wollte nicht von Kaiserslautern weg und ich wollte ja gerne meinen Lehrvertrag zu Ende machen.

Haben Sie eine Lösung gefunden? Das hat sich alles erübrigt. Nach drei Wochen Aufenthalt in Kaiserslautern kam ein Päckchen mit meiner Schwesterntracht und ein paar Kleinigkeiten aus meinem Kölner Zimmer. Die Oberin schrieb 'n Abschiedsbrief und schrieb, in einer Nacht sei das Bürgerhospital bombardiert worden und daraufhin hätte man das intakte jüdische Krankenhaus geräumt. Alle ins Fort Müngersdorf, das war ein geschliffenes Fort, gebracht. Das Krankenhaus existierte sozusagen als jüdisches Krankenhaus nicht mehr. Also ich konnte nach Köln nicht mehr zurück. Was jetzt?

Wo haben Sie dann weitergearbeitet? Nun saß ich in Kaiserslautern fest und es war ja noch Krieg und ich konnte ja nicht den ganzen Tag zu Hause sitzen und gar nichts tun. Dann bin ich einfach zu einer Eisengießerei gegangen, das war eine schmutzige, schmutzige Arbeit, die ich da machen musste, aber es war mir ganz egal, es war nur ein paar Minuten von meinem Elternhaus entfernt. Ich wollte immer in der Nähe von meiner Mutter sein. Und ich hab dort gearbeitet '42 und '43, bis zum 6. Juli.

Was geschah am 6. Juli 1943? Da rief auf einmal der Vorarbeiter: »Geh mal nach draußen, da steht ein Nachbar, der will dich sprechen«. Naja, das konnte nichts Gutes sein, das wusste ich schon. Und er sagt: »Fahr schnell nach Hause, ich hab vor euerm Haus einen Personenwagen mit Saarbrücker Kennzeichen gesehen, und zwei Uniformierte sind raus gestiegen, in euer Haus gegangen, da spielt sich was ab«. Und ich bin nach Hause gefahren mit seinem Rad schnell, zwei Minuten, und kam dann ins Haus und alle Türen waren offen. Und ich hör schon aus dem nebenliegenden Zimmer, wie meine Mutter mit den beiden Uniformierten sprach, man hörte »Deportation«. Wir hatten immer alles schon fix und fertig, die Koffer, weil wir schon vom 10. November wissen, wenn man so schnell alles rein schmeißt in den Koffer, dass da manches zurückbleibt und manches Unnütze mitgeht. Der [Uniformierte] hat mich kaum gesehen, da sagt er: »Nein, Sie nicht, nur Ihre Mutter.« Das war natürlich ein herber Schlag. Ich hab dann auf ihn eingeredet, ich hab gedacht, ich kann ihn umstimmen, ich hab ihm gesagt: »Ein Monat, zwei Monate werd ich ja doch auch deportiert, lassen Sie mich doch mit meiner Mutter, lassen Sie mich doch mit meiner Mutter.« Und schließlich hab ich gesagt: »Kaiserslautern möchte judenrein werden, dann haben sie ja noch eine Jüdin weniger, lassen Sie mich doch.«

Wie hat der Uniformierte reagiert? Er sagte immer: »Nein, nein.« Und erst, als meine Mutter und ich uns verabschieden, wir mussten ja mit rechnen, wir sehen uns nie mehr wieder und wir weinten beide bitterlich, da sagte er: »Naja, dann steigen Sie schließlich ein, aber nur bis Saarbrücken.« Und unterwegs hab ich immer auf ihn eingeredet, ich hab so gehofft, er lässt sich umstimmen, irgendwie, ne? Aber er sagt immer: »Nein, nein, nein, das geht nicht.« Nun kamen wir in Saarbrücken an vor der Lerchesflur, das ist das Gefängnis. Und die Beschließerin stand da, da gab er ihr einen Schein und sagte: »Der Schein ist für die Mutter und für die Tochter bring ich ihn morgen.« Er hat sich also umstimmen lassen, ohne mir das zu gestehen. Und ich war froh, ich konnte mit meiner Mutter in eine Zelle. Meine Mutter war unruhig, die hatte schon unterwegs immer mich angestoßen. »Sei doch still, sei doch still.« Jeder Monat zu Hause kann lebensrettend für mich sein, meinte sie. Die war unglücklich und hat mir Vorwürfe gemacht.

Am nächsten Morgen bin ich dann zur Gestapo gerufen worden und kam zu einem Herrn Zöller, Zöllner, Züller, ich weiß nicht mehr genau. Jedenfalls er fragte mich: »Sie wollen also mit Ihrer Mutter?« Ich sagte ja. »Wissen Sie, wo Ihre Mutter hinkommt?« Das konnt ich nicht wissen. »Ihre Mutter kommt nach Auschwitz.« Oh, das war ein Schlag für mich, denn ich wusste ja wohl, was Auschwitz bedeutet. Viele Leute sagen mir ja, sie haben gar nichts davon gewusst. Aber meine Mutter. Und Juden durften überhaupt gar kein Radio mehr haben. Ich bin,

[weinend] ich bin — Entschuldigung.

[Stille, fängt sich]

...aber meine Mutter hat ihres behalten aus unerfindlichen Gründen. Hat es eingepackt. Sie wusste, sie durfte es nicht benutzen, hat es nur in 'nen Kissenbezug gepackt und in den Kleiderschrank gestellt, und ich hab das Ding eines Tages entdeckt, hab's angeschmissen, hab festgestellt, dass man BBC in Deutsch abends hören kann. Und denn hab ich ganz schreckliche Berichte gehört, also

AUSCHWITZ

ich wusste sehr wohl, was Auschwitz ist, zum Beispiel: »Heute kam ein Zug mit so und so viel Waggons in Auschwitz auf der Rampe an, der Zug war fünf Tage unterwegs in der glühenden Hitze, die Menschen kriegten nichts zu essen. Aus dem Osten, Menschen kriegten nichts zu essen, nichts zu trinken, und mussten sich in einer Ecke des Zuges entleeren, und als der Zug auf der Rampe ankam und man die Türen öffnete, die Waggontüren, fielen die Toten heraus und die Handvoll, die noch lebte, lief oben drauf, und die erschoss man.« Also solche Berichte hörte ich jeden zweiten Tag und ich weiß sogar noch, Lindley Fraser und Sefton Delmer, das waren die beiden Reporter. Jedenfalls, Auschwitz, das wusst ich was das war, aber ich war damals 19 Jahre alt, ich hab an meinen eigenen Tod noch nicht glauben wollen.

Sie sind dann zusammen mit Ihrer Mutter nach Auschwitz deportiert worden. Ein oder zwei Tage später sind wir in den Zug gesetzt worden nach Auschwitz, und zwar ging das so: Saarbrücken–Frankfurt, Frankfurt–Kassel, Kassel–Leipzig, und von da in Richtung Auschwitz, die einzelnen Stationen weiß ich nicht mehr. Jedenfalls, wir wurden in normalen Zügen transportiert, das war kein Judentransport, das war ein Gefangenentransport, also Leute, die eigentlich ins Gefängnis gehörten. Ich war in jedem Abend in einem anderen Gefängnis, also in den Stationen, die ich jetzt gerade genannt hab. Abends konnten wir uns ein bisschen erfrischen, 'n bisschen waschen und denn kriegten wir 'n Süppchen oder irgendso etwas. Warmes und 'ne Ration Brot für den nächsten Tag und dann ging es wieder, nächste Station, jeden Abend in einem anderen Gefängnis, bis wir in Auschwitz waren. Ungefähr am siebten, achten Tag. In Auschwitz wurden wir ausgeladen, also die Waggons, mit denen wir fuhren. Das waren die, die wir heute auch immer noch haben mit den Sechsersitzen und nur dass die Fenster verscharrt waren mit Holz und den ganzen Tag das Licht brannte. Man konnte nicht rausgucken, man konnte auch nicht reingucken.

Können Sie uns erzählen, was geschah, als Sie in Auschwitz ankamen? In Auschwitz angekommen sind wir ausgeladen worden auf 'n Lastwagen und dann fuhren wir durch Auschwitz hindurch, das hieß Stammlager. Die Männer waren gerade beim Zählappell, das war ein bedrückender Anblick, das zum ersten Mal zu sehen, die waren alle in grau-blau gestreifte Anzüge gekleidet. Dann fuhren wir weiter nach Birkenau. Ich sag immer, ich war in Auschwitz, das stimmt, aber ich war in Auschwitz-Birkenau, das ist das eigentliche Vernichtungslager, dort sind die Krematorien und die Gaskammern. Und wir kamen dann in einen großen, großen Raum, Sauna nannte sich das. Dort standen Tische mit Frauen dahinter, wir mussten uns ausziehen und die Koffer wurden auf die Tische gelegt. »Sind das eure Koffer?« — »Ja.« Dann wurden sie weggeschafft. Jeder Faden musste abgelegt werden, ob das 'ne Brille war oder 'n Ohrring, kein Stückchen durfte mehr bleiben, und dann wurden wir rasiert, also alle behaarten Körperstellen wurden rasiert, und dann mit einer trüben Brühe desinfiziert und dann wurden wir tätowiert, hier meine

Nummer hab ich. [zeigt die auf ihren Arm tätowierte Nummer]

Und dann haben wir einfach so zugeworfen gekriegt unsere Kleidung, ob die passte oder nicht, zu groß, zu klein, zu eng, zu weit spielte keine Rolle. Das waren alles abgetragene, die die Häftlinge wohl reingebracht hatten, alte Kleider, und die Frauen, die da hinter den Tischen standen, die waren auch alle in Zivilsachen gekleidet, und dann kamen wir auf unseren Block. Das war ein Quarantäneblock.

Was war der Quarantäneblock? Quarantäne, das war etwas weg von den anderen Blocks, damit wir, falls wir Krankheiten eingeschleppt hätten, dass die nicht verbreitet wurden im Lager. Da blieben wir vier Wochen und wir brauchten nicht zu arbeiten, aber wir mussten raus. Da war eine sogenannte Wiese, da wuchs so viel Gras wie auf diesem Tisch. Eine Wiese, das war festgetretener Boden und keine Handbreit Schatten, und wir kriegten kein Wasser oder irgendwas zu trinken tagsüber. Wir kriegten morgens etwas, das nannte sich Tee, das war ausgekochtes Gras. Die Häftlinge sollten Kräuter pflücken. Wenn sie keine fanden, mit etwas mussten sie zurückkommen, dann haben sie Gras gepflückt, und das wurde uns gekocht als Tee. Na wie das schmeckte, das kann man sich vielleicht vorstellen. Jedenfalls, wir blieben da vier Wochen und wir merkten, das ging schon bergab. Das Essen, das war schändlich, also das kann man gar nicht Essen nennen. Wir kriegten zum Teil ausgekochte Kartoffelschalen und die mussten wir denn in Mund nehmen und an manchen Tagen kriegten wir das Obere von Runkelrüben, aber keine Spur Fett oder Salz oder irgendwas drin. Schrecklich war das. In Auschwitz war es so, man rechnete mit einem gesunden Menschen ungefähr drei Monate, dass er das aushalten würde.

Was geschah nach den vier Wochen auf dem Quarantäneblock? Nach vier Wochen kamen wir in einen anderen Block. In dem neuen Block waren so wie Pferdeställe abgeteilt und in solch einer Fläche konnten dann sechs Menschen liegen. Meine Mutter und ich lagen da, mit noch einer Mutter und ihrer Tochter, und wir deckten uns zu mit einer seidenen Steppdecke. Das war mal 'ne schöne seidene Steppdecke, aber inzwischen war die zerrupft und zerrissen, die Wolle quoll überall heraus und die Wolle, das war das Schlimmste, war voller Ungeziefer, Läuse, Flöhe, Wanzen, alles was man sich denken kann. Ich hab sehr darunter gelitten unter den Wanzen und hab gekratzt, und das hat sich alles entzündet. Und wir kriegten eine Arbeit, die war wirklich schrecklich. Wir mussten jeden Morgen von unserem Block aus eineinhalb Kilometer gehen. Ich hab nicht erzählt: Wir kriegten Schuhwerk, das waren solche Holzklötze, die waren zugehauen wie eine Pantine ungefähr, aber höher, und vorne war ein Stück Stoff drüber genagelt, damit der Fuß sich 'n bisschen halten konnte. Damit mussten wir laufen, jeden Morgen eineinhalb Kilometer. Und zwar auf einem Weg, rechts und links ein Krematorium, Krematorium eins und zwei. Wir gingen durch beide Krematorien hindurch, das war aber abgeteilt durch Draht. Da gingen wir jeden Morgen vorbei und ´43 war ein Jahr, wo viele europäische Juden nach Auschwitz kamen, sehr viele. Da konnte man Tausende am Tag vergasen, aber mit Verbrennen kam man nicht mehr nach. Wir sahen jeden Morgen Berge von Leichen da liegen, die nicht verbrannt werden konnten. Später hatte man sie mit etwas Brennbarem übergossen und hat sie angesteckt, als es gar nicht mehr ging. Da mussten wir jeden Tag vorbei.

Welche Arbeit mussten Sie dann verrichten? Und unsere Arbeit, das war eine grausame Arbeit. Es war ein Fischteich, das war einmal ein schöner Fischteich, und der war inzwischen ganz verrottet. Das Wasser roch und war modrig geworden und der ganze Tümpel war trübe. Wir mussten da rein und mussten Schilf rausholen. Irgendwer hat schon das Schilf gemäht gehabt, das lag da schon, mit Haken sollte es an Land gebracht werden, und ich war eine von den Jüngsten, ich war 19 Jahre alt. Stand bis zu den Achseln im Wasser und mit den Kleidern natürlich und haben das Richtung Ufer geschoben. Alle, die hinter mir waren, haben das weitergeschoben, am Ufer standen Frauen, die mussten das nehmen und aufs Land werfen. Wie wir rochen und wie wir aussahen, das kann man nicht beschreiben, wirklich wahr. Und das war richtig 'ne Qual, und wir waren immer nass und immer feucht, wir sind nie trocken geworden. Nachts durch den Schlaf, durch die Ruhe, die Wärme es hat ein bisschen getrocknet, aber wir wurden nie trocken. Aber ich hatte diese schrecklichen Phlegmone oder im Sprachgebrauch eitrige Bindegewebsentzündung. Fünf Mark Stück große, eitrige Wunden und keinen Lappen, kein Stück Papier, nichts, dass man sich hätte sauber machen können. Ich bin nicht zum Krankenrevier gegangen, weil ich wusste, wenn man dort hingeht, wenn man wirklich krank ist, behalten die einen da. Die haben einem vielleicht ein kleines Verbändchen angelegt, wenn man was hatte, aber wenn man wirklich krank war, kam man da nicht zurück.

Wie ging es mit Ihrer Krankheit weiter? Hat das denn keiner gemerkt? Dann hieß es auf unserem Block »Selektion«. Sie wissen, was Selektion ist? Wir durften Schlüpfer anbehalten, unsere übrige Kleidung mussten wir so über den Kopf tragen, und da sind wir am Arzt vorbei gegangen. Meine Mutter war vielleicht zwanzig Meter vor mir und es kam, wie ich befürchtet hatte: Ich wurde rausgenommen und meine Mutter hat mich gar nicht mehr wieder gesehen und ich habe meine Mutter auch nicht mehr wieder gesehen. Ich wurde sofort weg geschafft auf Block 25, das war damals der »Todesblock« für Frauen, die schon im Lager arbeiteten, die also schon im Lager waren, nicht Neuzugänge. Der Block war überfüllt, übervoll, und das Licht brannte, und wir wussten sofort, morgen ist »Vergasung«. Abends um eine bestimmte Zeit wurde im ganzen Lager das Licht gelöscht, nur ein paar Birnen, so dass man sich auskennen konnte. Auf Block 25 brannte die ganze Zeit das Licht, wir kriegten nichts mehr zu essen, wir durften auch nicht mehr zu den Latrinen, zu dem Zweck standen im ganzen Block verteilt Eimer, wo die Frauen sich drauf entleeren mussten. Der Block war so voll, ich habe keinen Platz mehr gefunden zum Stehen, zum Liegen schon mal gar nicht, und ich bin dann schließlich unter so eine Koje gekrochen. Ich wollte gar nicht mit jemandem zusammen sein und ja, ich hab mich darunter verkrochen. Ich weiß gar nicht, wie die Nacht vorbei ging. Und der Block 25 bildete mit dem nächsten Block einen Innenhof, vorne abgeschlossen mit einem zweiflügeligen Tor und hinten mit einer hohen Mauer, und morgens war Zählappell in diesem Innenhof. Anscheinend hat alles gestimmt, ab und zu ging das Tor auf, man warf Tote aus den Nachbarblocks rein, die waren alle verhungert, die sollten verbrannt werden.

Wie ging es weiter? Jeder Block hatte vier oder fünf Leute, Stubendienst nannte sich das, das waren Häftlinge, die mussten der Blockältesten helfen. Und schließlich ging das Tor auf, draußen fuhren Autos vor und die Blockältesten fingen an zu schlagen: »Los, los, auf die Autos!« Jeder wusste doch, was das heißt, und keiner wollte darauf, und da ging das Prügeln los und das Schreien, die Frauen waren ganz verzweifelt und sind auf die Erde gefallen. Die haben da gekniet und haben gebetet und geschrien, haben sich die Brust zerkratzt. Wenn sie Haare hatten, haben sie sich die Haare gerauft, und es war eine einzige Panik und ich konnte auch nicht mehr. Ich habe mich einfach fallen lassen, auf die Erde, man hat mir auf die Hände getreten, man hat mich umgerissen, man ist über mich hinweg gestolpert und ich hab nur einen Wunsch gehabt: Ich wollte noch einmal, solange ich lebe, noch einmal in meinem Leben die Sonne sehen, und ich hab gebetet, ich hab gesagt: »Ich möchte leben, aber wie du willst.« Und ich war ganz getröstet, ich hab die Sonne gesehen, ich hab nicht geschrien und nichts. Aber man hat auf mich getreten und über mich hinweg gestolpert, ich hab mir den Kopf angeschlagen. Und in diesem ganzen Chaos höre ich auf einmal diese Nummer rufen und ich gucke hoch und sehe, da ist ein SS-Mann. Wenn der gerufen hat, das war ein Befehl, dann musste man ankommen, und ich hab mich durchgedrängt und bin zu dem SS-Mann hingegangen. Der hatte einen Karteikasten unterm Arm, 'ne Karteikarte in der Hand. Der packt mich an der Schulter, macht die Blocktür auf und schubst mich rein und sagt: »Mensch, du hast mehr Glück als Verstand!« Was das bedeuten sollte, das wusste ich damals nicht. Ich kam da rein, draußen das Tohuwabohu, das Geschrei, die Panik von den Menschen, der Schrecken, und drinnen war es totenstill. Ich denke, der Block ist leer, da kam auf einmal eine Frau auf mich zu, ganz weiß im Gesicht, ganz eingehüllt in eine Decke und sagt: »Kommst du auch nach Ravensbrück?« Ich wusste gar nicht, was Ravensbrück bedeutet. Ich sag: »Ich weiß nicht.« Ich wollte am liebsten sagen: »Lass mich in Ruh!« Die war noch ganz durcheinander von dem Erlebten und sie sagte: »Ich komm nach Ravensbrück.«

Was hatte das zu bedeuten? Und zwar war das etwas, was ich nicht wusste. Der SS-Mann, der hätte uns beide abends schon suchen müssen und hat uns nicht gefunden, wahrscheinlich mich nicht, weil ich schon da auf Block 25 war und diese Frau, weiß ich nicht warum, die hat aber schon am Abend gewusst, dass sie nicht ins Gas geht, während ich die ganze Nacht das Ganze durchkosten musste.

Das ist wirklich unglaublich. Wie ging es dann weiter? Wir waren ja nackt, wir mussten Kleider suchen aus dem Berg, den die anderen alle abgeliefert haben. Das war genauso schmutzig wie das, was wir abgelegt hatten, und wir haben uns angezogen, kriegten was zu essen und dann mussten wir helfen, den Block sauber machen. Und während wir dabei waren, da kam auf einmal eine Läuferin, so nannten wir das, vom Krankenrevier und sagte, was da übrig geblieben sei, das sollte ins Krankenrevier, und da dachte ich, oh jetzt ist die Falle zu, jetzt werden wir noch nachgeliefert denen, die uns vorausgegangen sind, aber es war doch nicht so.

Konnten Sie Ihre Mutter noch einmal wiedersehen? Wir kamen auf den Krankenblock und da auf einmal lief eine Frau auf mich zu und sagte: »Was, du lebst? Und die Mutter müsst ihr festhalten, dass sie nicht an den elektrischen Stacheldraht geht.« Die musste an-

RAVENSBRÜCK

nehmen, dass ich tot bin, und wollte nicht mehr leben. Mein Vater war tot, Geschwister hatte ich keine und ja, also sie wollte nicht mehr leben. Da habe ich erst wieder an meine Mutter denken können, die mir so nah stand, und ich hatte ein paar Worte geschrieben und die Frau hat versprochen, die bringt es ihr am selben Tag noch hin. Wir kamen dann auf einen Block und zwar 85 Frauen, die nach Ravensbrück sollten, und zwar warum? Himmler hat einen Erlass herausgegeben, nach dem »Mischlinge« oder »Halbjuden«, wie er sie nannte, nicht mehr getötet werden sollten, nicht mehr in Vernichtungslager gebracht werden sollten, sondern in der Rüstung eingesetzt werden. Und wir sollten eingesetzt werden für Ravensbrück für Siemens & Halske, für Geräte für Unterseeboote, und ja, so sind wir da eine Nacht in dem einen Block geblieben.

Meine Mutter wusste ja nun Bescheid und ich hab aber gesagt, ich gehe aus Auschwitz nicht heraus, wenn ich meine Mutter nicht nochmal gesehen habe. Es war mir ganz egal, was passiert, ich dachte, ich will meine Mutter nochmal sehen, ich geh doch hier nicht weg, ohne meine Mutter nochmal gesehen zu haben. Und ich habe mich dann aufge-macht und bin auf den Block gegangen und meine Mutter war auch da, sie hat ja inzwischen gewusst, dass ich lebe, die war glücklich, mich noch zu sehen, und sie war glücklich, dass ich aus Auschwitz raus kam, das wertete sie immer als Chance für mein Überleben. Sie ist noch ein Stück auf der Lagerstraße mit mir mit runtergegangen und dann beim Abschied, da hat sie mir das gesagt, was ich vorhin sagte: »Du wirst überleben und wirst erzählen, was sie mit uns gemacht haben.« Dann haben wir uns unter Weinen verabschiedet. Ich weiß überhaupt nicht, was sie sonst noch mehr gesagt hat, alles wie weg. Was das heißt, von seiner Mutter sich zu verabschieden und weiß, man sieht sich nie wieder. Naja, ich hab sie auch nicht wieder gesehen.

Sie wurden dann weiter nach Ravensbrück gebracht, wie lief das ab? Am nächsten Tag sind wir dann verschickt worden nach Ravensbrück. Und in Ravensbrück, da war ungefähr die gleiche Prozedur wie in Auschwitz. Die Koffer mussten auf die Tische gelegt werden. Dahinter standen Frauen mit dieser graublauen sauberen Kleidung und fragten uns, ob das unsere Koffer sind, und als ich die Koffer dann sah, die Sachen, die da drin waren, die meine Mutter eingepackt, auch selbst genäht hat, da fing ich an zu weinen. Wenn ich daran dachte, wo ich sie zurückgelassen hatte. Ich hab der Frau gesagt: »Gib mir doch irgendwas aus dem Koffer.« »Das darf ich doch nicht, das darf ich doch nicht.« Wenn ich das in Auschwitz gefragt hätte, hätte ich nach zwei Worten schon auf der Erde gelegen, hätten die mich schon geschlagen, Gott weiß wie. Als sie hörte, wo meine Mutter zurückgeblieben ist, und als sie sah, wie ich weinte, gab sie mir doch einen Waschhandschuh, und ich hab den lange aufbewahrt, aber er ist mir irgendwie abhanden gekommen. Entweder habe ich ihn verloren oder er ist gestohlen worden. Sie hätte das nicht dürfen, aber sie hat es doch getan.

Wie ging es in Ravensbrück für Sie weiter? Ja, dann waren wir da auch in Quarantäne, aber wir konnten auch raus, und dann hofften wir so sehr, dass Siemens uns endlich aufruft. Siemens hat immer nur im Monat ein, zwei genommen von den 85, die aus Auschwitz gekommen sind. Ich bin erst '44 im Januar dorthin gekommen. Im September sind wir hingekommen, und im Januar bin ich denn aufgerufen worden, zu Siemens. Wir mussten eine kleine Prüfung machen, Intelligenz und Geschicklichkeitsprüfung, und die haben alle 85 bestanden, denn man brauchte jede Hand. '44 im Januar waren wir 22 Frauen, die nicht nach Hause schreiben konnten. In anderen Lagern konnten wir nicht schreiben, das war nicht erlaubt, und wir wollten aber wissen, was mit unseren Leuten ist.

Wie und wann haben Sie erfahren, was mit Ihrer Mutter geschehen ist? Da waren wir 22 Frauen, wurden zur Kommandantur gerufen und da kriegten von 22 20 Todesnachricht. Unter anderem auch ich, dass meine Mutter am 8. November '43 verstorben sei. Also wenige Wochen, nachdem ich dort weg gekommen bin. Wie, weiß ich nicht, ob sie vergast worden ist, noch, ob sie erschlagen worden ist, ob sie verhungert ist. Ich konnte nur im Moment denken: Gott sei Dank, keiner kann sie mehr quälen, keiner kann ihr mehr was tun. Das war mein Gedanke. Das muss man sich vorstellen, dass man das von jemandem, den man wirklich liebt, denken muss. Jedenfalls, wir waren eine traurige Gruppe, die wir zurück kamen ins Lager, eine weinende Gruppe, aber wir hatten immer die Hoffnung, wir hofften, hofften, dass MUSS doch vorbei gehen, dass MUSS doch einmal ein Ende haben.

Wie war die Zeit in Ravensbrück? Ich bin da manchmal auch ausgebrochen, um zu zeigen und mir selber zu beweisen, dass ich noch ein Mensch bin. An meinem 20. Geburtstag hatte ich am Abend vorher mein Brot – wir kriegten ja einmal eine Ration Brot am Tag, das für abends und morgens reichen musste – in so ein Beutelchen getan. Da hatte ich eine Zahnbürste drin. Da habe ich mein Brot dazu gesteckt, für meinen 20. Geburtstag. Ich wollte einmal satt sein. Und am Morgen greife ich hinter mein Kopfkissen, da war das weg. Gestohlen. Ich kann gar nicht sagen, was für Gefühle ich hatte. Einerseits war ich todtraurig und andererseits wütend, weil ich an den dachte, der mich bestohlen hatte. Können Sie sich vorstellen, nicht wahr? Dann sind wir zur Arbeit geschickt worden. Da wurde ich raus genommen zum Walze ziehen. Die Walze. In meiner Erinnerung ist das immer noch ein großes Ding, obwohl sie gar nicht so riesig ist.

Viele Frauen haben sich die Füße verletzt und ich habe gedacht: »Du ziehst heute nicht die Walze, egal was passiert! Es ist dein 20. Geburtstag und du bist so bestohlen worden, du ziehst nicht die Walze!« Ich habe überlegt, wie ich das bewerkstelligen sollte, das konnte ich mir nicht vorstellen, und ich bin hin und her gezogen und habe bloß gedacht: »Den Gefallen sollen sie nicht haben, ich will heute nicht Walze ziehen, ich will für die heute nicht arbeiten.« Und auf einmal kam so eine Gruppe vorbei, vom Krankenrevier, und ich habe mich da einfach darunter gemischt. Wenn die mich erwischt hätten, ich wäre totgeschlagen worden. Die hätten mich so geschlagen.

Das war ja Arbeitsverweigerung. Es war mir alles ganz egal. Ich wollte einfach nicht tun, was die von mir wollten, und keiner hat mich erwischt. Wenn ich heute daran denke, da bin ich ganz heilfroh, dass ich das getan habe. Ich habe mir einmal wieder bewiesen: Ich bin noch ein Mensch, ihr habt nicht über mich zu befehlen!

Sie sagten eben, dass man schon das Gefühl hatte, der Krieg müsse bald zu Ende sein. Wie haben Sie das tatsächliche Ende des Krieges erlebt? Die Neuzugänge haben berichtet, mit dem Krieg stand's nicht gut. Wir hofften auf Kapitulation, dass mal einmal ein Ende sei. Wir waren so halb verhungert. Im Osten wurden Lager aufgelöst und die [Häftlinge] kamen dann auch durch Ravensbrück hindurch und die mussten verköstigt werden. Also, es wurde immer enger, Weihnachten sind wir bestimmt zu Hause, haben wir gewettet, und Weihnachten haben wir gehungert, denn da war Pferdegulasch angesagt, aber das gab es eben nicht fürs ganze Lager. Die hatten nicht genug gekocht. Der Block kriegte Kostenzug, weil irgendein Stück Papier rumgeflogen ist, wir haben die Fenster nicht gut geputzt, und da war wieder was anderes, also die haben so viele Kostenzüge gemacht, dass es endlich langte. Und unser Block hat gehungert, aber wir haben auch Weihnachten überstanden und hofften, hofften, hofften. Also, wenn die Hoffnung nicht gewesen wäre und die Nachrichten von außen, dann wäre es zum Verzweifeln gewesen. Und dann endlich, im April, sagte ein Aufseher: »Geht in den Block und holt eure sieben Sachen!« Aus einem Lappen hatte ich mir ein Beutelchen genäht, hatte eine Zahnbürste gekauft, [für] eine Ration Brot, 'nen Kamm gekauft, [für] eine Ration Brot. Alles, was man haben wollte, das war die Währung im Lager: Brot.

Sie wurden gemeinsam mit vielen anderen Frauen ja auf den sogenannten Todesmarsch geschickt. Wir sollten unsere sieben Sachen holen, dann sind wir in Marsch gesetzt worden. Auf die Kopfsteinpflasterstraßen von Mecklenburg. Und wir liefen auf der einen Seite, in der Mitte auf der Straße gingen die Flüchtlingstrecks von Ostpreußen und Vorpommern und auf der linken Seite gingen die Männer von Sachsenhausen im Gänsemarsch hintereinander. Manchmal sahen wir einen Mann, der umgefallen war vor Schwäche, oder erschossen. Wir wussten genau, wenn wir nicht mehr können, was mit uns passiert. Wir wurden dann erschossen.

Wie lange ging denn das? Das ging tagelang. Und zum Schlafen gingen wir nur in Straßengräben, wo sollten wir denn sonst bleiben, es war ja gar keine Möglichkeit. Wir liefen und liefen und liefen und ja, das ging tagelang, und wie gesagt, immer abends in den Straßengraben. Es war ja April und es war noch kalt in der Nacht. Und wir liefen und liefen und wir konnten nicht mehr, wir waren schlapp, hungrig, wir sind ja halb verhungert schon aus dem Lager rausgekommen. Ich war mit zwei Freundinnen zusammen. Und die SS hat das wohl gemerkt, wir wurden ja begleitet von der SS. Hat wohl gemerkt, dass wir nicht mehr können, dass wir schlapp waren. Und schließlich sagte ein SS-Mann: »Gut, ihr könnt nicht mehr, aber legt euch hin jetzt, bis morgen früh um fünf, dann ist aber Schluss, dann steht ihr wieder auf und geht weiter.«

Das muss ein sehr erleichterndes Gefühl gewesen sein. Wir waren glücklich, dass wir uns hinwerfen konnten. Ich hab meine Schuhe ausgezogen, meine Blasen haben sich entfaltet, meine Füße taten weh und meine Freundinnen lagen neben mir. Die eine war 16, die andere war 18, zwei Schwestern. Wir waren froh, dass wir ausruhen konnten. Und nach 'ner Stunde kam der SS-Mann mit 'nem Gewehrkolben an und stieß uns an: »Los, los, los, steht auf, der Russe tritt euch schon gleich in ein bestimmtes Körperteil!« Und das war das erste Mal, dass ich das Gefühl hatte, ich kann nicht mehr, ich muss aufgeben. Da sagte die jüngere der beiden Schwestern: »Du weißt, was dir passiert, du wirst erschossen.« Und die Ältere sagte: »Steh doch auf, jetzt hast du so lange durchgehalten, es kann sich doch nur noch um Tage drehen.« Und mehr auf ihr Drängen als auf mein Wollen, bin ich aufgestanden und wir sind weiter gelaufen, wir haben uns geschleppt. Mit hängenden Köpfen und schleppenden Füßen sind wir da geschlurrt über die Straßen und der Zug hat sich immer weiter auseinandergezogen. Das ging vielleicht eine Stunde und wir konnten nicht mehr, die Füße taten mir weh, alles tat mir weh. Und auf einmal sehen wir, dass vor uns die Frauen lachen, weinen, sich umarmen. Da kommt ein amerikanischer Jeep auf uns zu und die Soldaten winken. Da haben wir begriffen, wir sind plötzlich frei. Wir stehen auf der Straße und sind plötzlich frei.

Wo sind Sie nach der Befreiung hingekommen? Wo ich hingekommen bin? Hach, das ist auch wieder eine lange Geschichte. [lacht]

Das will ich ganz kurz machen. Mit meinen Freundinnen sind wir in eine Scheune. Wir wollten nur eins: schlafen und uns mal waschen. Da war so ein Wässerchen, da haben wir uns gewaschen, ohne Seife, das Schlimmste weggeschafft. Dann sind wir in die Scheune gegangen, die wollten uns da nicht haben, so schmutzig, wie wir waren. Wir waren Fünfe, und als sie hörten, dass drinnen was mit uns los war, dann haben sie uns doch was zu trinken, was zu essen gegeben, und wir haben da wirklich eine Nacht zugebracht. Und dann jedenfalls sind wir weitergegangen bis in einen Ort, Banzkow hieß der, da bin ich hängen geblieben, das war damals noch amerikanisch besetzt. Und die Amerikaner mussten weg dort, die Russen sind vorgerückt und ich wollte auf keinen Fall wieder mit so vielen Leuten zusammen sein.

Das ist verständlich. Was haben Sie dann gemacht? Ich bin alleine geblieben in dem Ort. Und die Amerikaner haben uns ja vorher versorgt mit Brot und so, und nun ich musste alleine Betteln gehen. Ich hatte ja keinen Pfennig. Da ist eine Frau, die war immer sehr anständig und sehr nett zu uns, da bin ich hingegangen, und ich hab um Milch gefragt, ich weiß nicht mehr. Da sagt die: »Du bist ganz alleine zurück geblieben?« »Ja!« »Die anderen sind alle weg?« »Ja, nach Lübeck.« Überlegt sie einen Moment und sagte: »Du wohnst noch in dem Schuppen?« Ich sag: Ja.« Sie sagte: »Weißt du was, wir haben noch ein Bett frei, aber dann musst du bei uns im Kinderzimmer schlafen.« Die Kinder waren so alt wie ich,

WEITERLEBEN

also alle so 19, 20, 22. Ich hätte ihr wohl um den Hals fallen können.

Also, ich war wie ein Kind im Haus. Ich hab den Haushalt geführt, ich konnte kochen und so weiter. Da bin ich bis November geblieben. Dann konnte ich schwarz über die Grenze gehen, also von den Russen weg, auf amerikanisches Gebiet. Dann habe ich gesehen, dass ich nach Kaiserslautern kam, das ist ja mein Geburtsort, und hab geguckt, ob ich da jemanden treffe irgendwie noch, aber niemanden mehr getroffen.

Und dann bin ich zu einem alten Bekannten gegangen, aber da musste ich ungefähr zwei Kilometer laufen, in der Nacht. Dort war ich auch ein zwei Tage und dann bin ich nach Köln gekommen. Wann war das noch? Ich weiß schon gar nicht mehr genau. Da hat mich ein Vetter abgeholt, und bei meinen Verwandten in Köln bin ich ein Jahr geblieben. Dort habe ich auch meinen Mann kennengelernt und so bin ich hier in Lathen gelandet.

Hatten Sie damals überlegt, nach Israel auszuwandern? Nein. Dazu hatte ich gar keine Kraft. Ich hatte schwer mit dem Herzen zu tun und ich hätte das überhaupt nicht geschafft. Ich hatte einen Gedanken: Ich wollte meine Verwandten finden. Ich war doch ganz alleine. Vater tot, keine Geschwister, Mutter tot. Die Schwester meiner Mutter wollte ich finden und habe sie auch gefunden.

Ich habe gelesen, dass Sie und Ihr Mann später beinahe nach Israel gezogen wären. Beinahe. Wir haben ein schönes großes Haus gehabt hier in der Nähe. Und einen großen Garten dabei, ein großes Grundstück. Die Kinder sind da schön aufgewachsen. Und ja, dann wollten wir nach Israel. Da hat mein Mann alles verkauft. Ich sag immer, der hat das Pferd von hinten aufgezäumt. Wir sind nach Israel gegangen, aber noch nicht, um dort zu bleiben, sondern um alles zu regeln, wenn wir mal bleiben, und haben ein Grundstück gekauft, ein schönes großes Grundstück mit schönem Blick zum Meer. Und haben einen Architekten gehabt, der hat sich unser Haus hier angesehen. Wir wollten sowas Ähnliches wieder haben. Und wie soll ich sagen, wir haben die Sprache nicht gesprochen und man hat dann einfach gesagt, er soll unterschreiben beim Grundstückskauf. Er kam sich vor wie ein Analphabet. Und er hat alles getan, was er musste, aber als er dann nach Hause kam, eines Tages wurde er krank. Kein Arzt konnte ihm helfen, wir wussten nicht, was mit ihm los ist. Und ich habe mich zu ihm gesetzt und gesagt: »Nun sag mir mal, irgendwas ist doch da.« Und mein Mann, der so stark war, der so viel mitgemacht hat, fing an zu weinen. Ich hab ihn nie weinen gesehen, und sagte: »Ich kann hier nicht weg!« Er war eben ein Emsländer. Dann sind wir wieder hier geblieben. Mein Mann ist wieder erst der Mann geworden, den ich kannte, der tatkräftige Mann, als er hier das Grundstück kaufte.

War es denn nach dem Ende des Krieges schwierig für Sie, in Deutschland zu bleiben? Nein, ich war krank, ich hab noch einen schweren Herzschaden. Und ich konnte nicht arbeiten, ich konnte gar nichts. Es war mir auch nicht schwer, ich hab auch heute noch keine Ressentiments gegen Menschen. Man fragt, ob ich keinen Hass gegen die Deutschen habe. Gott sei Dank habe ich Hass überhaupt nie kennengelernt. Weder gegen Deutsche, noch gegen irgendjemand anderes. Ich kenne keinen Hass. Und auch mein Mann, der ist durch Verleumdung ins Lager gekommen. Also man hat gesagt, der hätte irgendwas über Hitler gesagt. Damals jeder jüdische Mann wusste, wenn er den Mund aufmacht gegen Hitler, was ihm passiert, und daraufhin ist er inhaftiert worden. Und als er zurückkam haben seine Freunde gesagt, den Verleumder soll er anzeigen, damit ihm zurecht geschieht, was ihm zusteht, aber er hat gesagt, der wird sein Recht schon kriegen. Ich rühre ihn nicht an. Er hat nichts unternommen und da waren wir ziemlich gleich mit. Ich bin froh, dass ich das nicht kenne. Hass zerfrisst einen selber und der, der gehasst wird, der merkt gar nichts davon. Mein Mann ist hier geboren, der kannte jeden Einzelnen. Damals war Lathen noch nicht so groß.

Ihr Mann kam hier aus Lathen? 1947 haben Sie ihn geheiratet und drei Kinder haben Sie, oder? Ja, drei Kinder und sechs ganz liebe Enkel. Darf ich mal eben gucken, ich glaube da ist nämlich eine Nachricht gekommen.

Ja, natürlich. [Erna liest ihre Nachrichten auf dem Tablet.]

Was machen Ihre Enkel? Ich sagte, dass ich Medizin studieren wollte. Ich habe nie die Kinder dazu angestoßen. Mein Sohn ist Gynäkologe in Israel und ein Enkel ist Heilpraktiker für fernöstliche Medizin, also mit Akupunktur und so weiter. Und meine Tochter ist Physiotherapeutin, und ein Enkel, der hat promoviert, Augenarzt. Ja, ohne dass ich geschubst habe, ich war noch ganz erstaunt. Er war auch 'ne ganze Zeit in Japan und als er zurückkam, hab ich ihn besucht, und da hab ich gefragt: »Und was willst du studieren?« Und wie geschossen kam Medizin. Ich sag: »Ich denk, du willst etwas, was du weitergibst, also irgendwie was vermitteln?« Und er sagte: »Ja, und du hast recht, Medizinprofessor wäre gar nicht schlecht.« Und er ist auf einem guten Weg, der ist so strebsam, aber er weiß genau, wann er damit aufhören muss. [lacht]

Und hier hat er eine Auszeichnung gekriegt. Da kann man sich doch freuen. Ich freu mich sowieso, dass ich das erleben darf. Also, sie hören ja, wie kurz ich davor stand. Dass ich das erleben durfte, einen guten Mann zu haben, drei ordentliche, liebe Kinder und sechs Enkel. Ich warte jetzt auf Urenkel, aber da ist nix. Da tut sich nix. [lacht]

GLAUBE　　　　　　　　WEITERGEBEN

Sie haben gesagt, dass Sie auch gebetet haben. Hat sich die Bedeutung, jüdisch zu sein, für Sie geändert? Ganz sicher. Auch wenn ein frommer Jude sagen würde, dass ich gar kein Jude bin, weil ich nicht regelmäßig in den Gottesdienst gehe, weil ich vielleicht auch Fleisch esse, was nicht rituell geschlachtet ist. Also, bestimmte Dinge halte ich gar nicht ein, aber es ist schon so, dass es eine Bedeutung für mich hat.

Aber in dieser Zeit haben Sie sich an Gott gewendet? Ja, aber ich muss eigentlich sagen, es ist erst noch später gekommen, dass ich wirklich glauben konnte. Ich bin nicht streng gläubig und halte mich an jede Glaubensregel. Sagen wir mal so: Ich versuche, nichts Böses zu tun.

Seit wann erzählen Sie Ihre Geschichte eigentlich öffentlich? Seit '98. Da kam ein Kaiserslauterner Historiker hierher und hat ein Interview gemacht. '95 hat der das gemacht, und sagte: »Sie hören von uns.« Und dann hab ich die ganze Zeit nix gehört bis '97, und '98 hab ich dann gesprochen.

Okay, und wo haben Sie das erste Mal öffentlich gesprochen? In Kaiserslautern, vor Erwachsenen, in der Volkshochschule. Da war eine Franziskanerin von meiner Schule und die sagte »Ich hab garnicht gewusst, sie waren bei uns auf der Schule, sie werden von mir hören.« Und dann bin ich eingeladen worden dorthin und dann hat es sich allmählich wie eine Lawine immer vergrößert und heute ist das so, ja dass ich sehr, sehr viel zu tun hab. Ich sag immer im Scherz: Mein Geschäft blüht. [lacht]

Andere haben sich entschieden, nie wieder mit Deutschen zu reden und nie wieder nach Deutschland zurückzugehen. Das Schweigen bringt die Menschen einander auch nicht näher. Ich finde, man sollte versuchen, aufeinander zuzugehen, und wenn man einen Menschen anguckt und das ist ein Deutscher oder ein Farbiger oder sonst noch was, und das ist ein anständiger und guter Mensch. Was kann ich denn dagegen haben?

Und Sie haben dann ja relativ spät erst angefangen, öffentlich zu erzählen. Haben Sie in den Jahrzehnten davor auch schon darüber nachgedacht? Ich hätte das gerne getan, aber mich hat keiner aufgefordert, und ich kann mich doch nicht anbieten: »Wollt ihr meine Geschichte hören?« Das war mir doch zu dumm. Mein Mann und ich, wir haben immer wieder darüber gesprochen, über das, was uns wichtig war, nicht? Wir haben nicht nur zurück geguckt, sag ich immer, wir haben auch in die Zukunft geguckt. Aber wir haben immer wieder darüber gesprochen. Mein Mann hat seine erste Familie verloren, seine Frau, einen siebenjährigen Jungen und seine beiden Eltern. Wir haben natürlich immer wieder davon gesprochen. Ja, er von seinen Problemen und ich von meinen. Und das hat uns irgendwie geholfen. Besser als das irgendwie ein Mensch könnte, der professionell wäre. Mein Mann wusste genau, wovon ich sprach, und ich wusste genau, wovon er sprach.

Sie erzählen Ihre Geschichte immer wieder. Ist es nicht schwer, sich jedes Mal neu zu erinnern? Dazu kann ich nur eins sagen und das sage ich immer, wenn ich danach gefragt werde: Ich kann darüber nicht so sprechen, wie über meinen letzten Ferienaufenthalt. Das ist selbstverständlich. Aber es berührt mich natürlich nicht mehr so, wie es ganz am Anfang war.

Haben Sie auch mit Ihren Kindern über das Erlebte gesprochen? Nein, wir haben eben nicht gesprochen. Man sagte immer früher, wenn man mit den Kinder spricht, dann belastet man sie, und wenn man nicht spricht, dann hat man kein Vertrauen zu ihnen. Wir sind den Mittelweg gegangen. Wir haben uns unterhalten, mein Mann und ich, die Kinder haben manches aufgeschnappt, wir haben auch Freunde eingeladen. Wir haben im Kreis gesessen und die Kinder haben spitze Ohren gehabt. Und haben zugehört, das ein oder andere aufgeschnappt und erst, als sie schon ziemlich erwachsen waren, haben wir uns gedacht, unsere Kinder wissen eigentlich nicht richtig was davon. Da fing meine Tochter an zu lachen und sagte: »Wir wissen mehr, als ihr glaubt.« Heute kann ich natürlich mit allen reden. Sind ja schon erwachsen. Was heißt erwachsen. Mein Sohn wird schon 70 dieses Jahr.

70 schon? Ja.

Tochter Ruth: Wir haben das schon sehr früh mitbekommen. Zum Beispiel wenn es schöne Situationen gab, dann hat es meiner Mutter weh getan, dass ihre Mutter nicht dabei sein konnte. Da hat sie geweint oder irgendeine Bemerkung gemacht. Diese Emotionalität haben wir also immer mitbekommen. Es war nicht nötig, dass in der Familie explizit darüber gesprochen wurde. Erst später wollte ich es dann auch hören, weil ich es auch nicht vergessen wollte. Es ist ja meine Mutter.

Was ist Ihre Motivation, diese Geschichte immer und immer wieder zu erzählen? Das hat zwei Motivationen. Zum Ersten, dass es nicht vergessen wird, dass gewarnt wird. Zum Zweiten, dass es nicht alleine meine Geschichte ist, sondern die Geschichte von Hunderttausenden, die von zu Hause weggerissen worden sind, wie ich auch. Die in ein Lager eingesperrt worden sind, wie ich auch. Die Hunger erlitten und Prügel, und ich bin vom Tod verschont geblieben. Ich habe auch Gott sei Dank nie Prügel gekriegt. Ja, für die spreche ich, weil die es nicht mehr können, dass die nicht vergessen sind.

Und Menschen wie Katharina [von HEIMATSUCHER e.V.] erzählen Ihre Geschichte jetzt auch in Schulen weiter. Was bedeutet Ihnen das? Ja, natürlich viel, denn man sagt ja, alle, die einen Zeitzeugen hören, oder das, was sie erleben, sind Zweitzeugen, nicht? Und ich bin froh, dass da Menschen sind, die sich dieser Sache annehmen. Und ich bin froh über all das Interesse überhaupt, was besteht.

Was glauben Sie, was bewirkt das, dass junge Leute Ihre Geschichte heute hören? Das weiß ich nicht, was das bewirkt. Ich hoffe, dass es etwas bewirkt. Was es bewirkt, kann ich nicht sagen. Aber ich hoffe, dass wenn da Hundert zuhören, dass da von einer Handvoll vielleicht was hängen bleibt. Ich kann nicht erwarten, dass das bei allen eine Wirkung hat, aber ich hoffe, bei einem Bruchteil wenigstens.

Sie kriegen ja auch ganz viele Briefe, ganz viel Post, von Schülern, die Ihre Geschichte hören. Was bedeutet das für Sie? Ja, das zeigt, dass die jungen Menschen doch irgendwie mitdenken und versuchen zu verstehen. Das bedeutet mir schon allerhand, dass die sich überhaupt damit befassen. Nachher noch. Von Katharina habe ich auch einen ganzen Stapel gekriegt. Ich habe wieder eine ganze Schublade voll.

Was würden Sie sagen, was Ihnen am meisten geholfen hat, sich hier wieder ein Leben aufzubauen, neben den Gesprächen mit Ihrem Mann? Tja, ich weiß es nicht. Hauptsächlich die Gespräche mit meinem Mann. Ich bin insofern geschädigt, als dass ich nicht mehr einfach auf Menschen zugehen kann.

Wenn heute Menschen auf mich zukommen, dann bin ich völlig offen, aber ich kann nicht mehr auf Menschen zugehen, seien es Nachbarn oder irgendwer. Ich würde niemals unangemeldet oder uneingeladen vorbeikommen. Das ist natürlich etwas, das mich sehr stört. Aber was mir am meisten geholfen hat, war mein Mann und die Hoffnung, dass es gut wird für uns. Mein Mann hatte noch mehr Lebensmut als ich.

Wollten Sie auch noch mal zurück nach Kaiserslautern? Nein, niemals. Ich scheue mich heute noch davor, nach Kaiserslautern zu gehen. Ich war vor einiger Zeit dort, um dort zu sprechen. Aber ich gehe niemals wieder dahin zurück. Nur als der Film über mich gemacht wurde, war ich da und habe es auch gerne gemacht. Aber ich würde nicht freiwillig hingehen. Da weiß man ja auch von den Nachbarn, wie sie sich verhalten haben.

Wie kann man in einem Land leben, das einem so etwas angetan hat? Ich weiß es auch nicht wirklich. Vielleicht hat die Familie geholfen, die mich so aufgenommen hat. Vielleicht will man an das Gute glauben, auch wenn es schwer fällt.

Können Sie mit einem guten Gefühl auf Ihr Leben blicken und sagen, Sie hatten ein gutes Leben? Ich sage dann immer, wie eine Dichterin mal gesagt hat: In meinem Garten wuchsen nicht nur Disteln, es wuchsen auch Rosen, und vielleicht ist es sogar umgekehrt, dass in meinem Garten nicht nur Rosen wuchsen, sondern auch Disteln. Eine ganze Menge Disteln.

Danke!

DIE BEGEGNUNG

Das Interview mit Erna de Vries war unser erstes in Deutschland. Es brachte ein ganz neues Gefühl mit sich — nicht durch das aufwühlende, fremde Israel zu laufen, um unsere Interviewpartnerin zu besuchen, sondern nach nur einer knappen Stunde Autofahrt in das verschlafene niedersächsische Lathen einzufahren. Mit einem Mal wurde die unmittelbare Nähe zum Schauplatz der Schoah spürbar.

Bestückt mit frischen Nussecken treten wir in ein gepflegtes Familienhaus einer tapferen Frau, die sich bewusst entschieden hatte, nach den grausamen Erlebnissen in mehreren KZs, in Deutschland zu bleiben. Erna selbst empfängt uns mit offenen Armen, so dass wir keine Scheu haben, all die Fragen zu stellen, die uns interessieren. Auch ihre Tochter Ruth und ihre Enkelin sind beim ersten Gespräch dabei. Auf Einladungen hin besucht Erna besonders gerne Schulen, überhaupt habe sie fast noch nie eine Anfrage abgelehnt, nur ein Mal, als sie wirklich krank war. Aus unserer Begegnung wissen wir nur zu gut, dass es Überwindung kostet, einer Überlebenden persönliche Fragen zu ihrer Vergangenheit zu stellen. Aber noch eindrücklicher haben wir erfahren, dass, wenn man sich traut, diese Barriere zu überwinden, eine ganz besondere Begegnung entstehen kann.

Auch sechs Jahre nach unserem ersten Gespräch sind wir noch immer in gutem Kontakt mit Erna. Mindestens einmal im Jahr besuchen wir sie, telefonieren aber noch viel öfter. Auch mit ihrer Tochter Ruth tauschen wir uns regelmäßig aus. Manchmal trifft man sich auch zufällig, wie bei der Fernsehshow von Markus Lanz. Und immer wieder ist die Freude riesig. Für uns wuchs aus der ersten Begegnung eine Freundschaft, die uns viel bedeutet. Diese stolze, offene und kluge Frau in unserem Leben zu wissen und ihr von unseren Besuchen in Schulen zu berichten, ist ein großes Geschenk.

»Das Schweigen bringt die Menschen einander auch nicht näher. Ich finde, man sollte versuchen aufeinander zuzugehen, und wenn man einen Menschen anguckt und das ist ein Deutscher oder ein Farbiger oder sonst noch was, und das ist ein anständiger und guter Mensch. Was kann ich denn dagegen haben?«

BRIEFE VON KINDERN UND JUGENDLICHEN

Liebe Frau de Vries,

Ich finde es toll, dass sie ihre Geschichte erzählen und sie nicht für sich behalten. Es ist total interessant davon zu hören, was sie erlebt haben, da es nicht selbstverständlich ist. Ich habe bei ihrer Geschichte mitgefühlt und mir kamen an manchen Stellen die Tränen, weil es so traurig war und man sich diese Situation gar nicht vorstellen kann. Ich habe sehr viel Respekt vor ihnen, weil sie mit ihrer Mutter mitgegangen sind und viel Stärke bewiesen haben.

Mit freundlichen Grüßen,

Violetta, 15 Jahre alt.

10. Klasse

Liebe Erna,

ich möchte mich dafür bedanken, dass Sie Ihre Erfahrungen mit uns teilen. Ihre Geschichte hat uns alle sehr berührt, auch wenn wir uns das Alles noch nicht ganz vorstellen können. Ich finde es auch sehr wichtig über diese Sachen zu reden. Es sollte nicht in Vergessenheit geraten. Außerdem finde ich es sehr beeindrucken, wie Sie über Ihre Geschichte reden. Ich wünsche Ihnen viele Grüße und Gesundheit,

Mieke, 14 Jahre

9. Klasse

Liebe Erna de Vries,

Mein Name ist Nele und ich bin 16 Jahre alt. Meine Schulklasse hat heute ihre Geschichte, und auch die von anderen Überlebenden gehört. Ich finde es sehr schlimm was ihnen passiert ist und könnte mir garnicht vorstellen in ihrer Position zu sein. Ich denke, dass sie stolz sein können soetwas überlebt zu haben und stärke bewiesen zu haben. Auch wenn sie traurig sind, wegen dem was sie durchmachen mussten, helfen sie zu verhindern, dass soetwas jemals nochmal passiert, indem sie ihre Geschichte erzählt haben. Ich bin mir sicher, dass sie auch noch lange weiter erzählt wird.

Mit freundlichen Grüßen,
Nele

10. Klasse

Liebe Erna,

mich hat deine Geschichte sehr berührt und ich bewundere dich dafür, dass du sie uns erzählst und uns so die Möglichkeit gibst, zu erfahren wie es war und wie schlimm es für dich war. Ich glaube wir (die es nicht selbst erlebt haben) können nie genau wissen, wie du dich gefühlt hast, aber dadurch dass du es uns berichtest, können wir versuchen es zu verstehen.

Ich bewundere deine Stärke und finde es echt super toll!

Ich wünsche dir noch ein wunderbares erfülltes Leben!

♡

Deine Jule, 15 Jahre

9. Klasse

Liebe Erna de Vries,

ich habe eben Ihre Lebensgeschichte erzählt bekommen und das erste was ich dachte war: WOW, was für eine starke Frau! Ihre Vergangenheit ist eigentlich so traurig, dass man losheulen könnte, doch als ich dann erfuhr, was sie aus ihrem Leben gemacht haben und als ich Videos von ihnen gesehen habe, auf denen sie sehr glücklich aussehen und wirken, wurde mir bewusst, dass man weiterkämpfen muss. Ich finde, dass Sie mir (und auch allen anderen aus meiner Klasse) sehr geholfen haben, da ich jetzt darüber nachdenke und mich in schwierigen Situation an sie zurückerinnern werde. Dafür, dass Sie zulassen, dass Ihre Lebensgeschichte erzählt wird, möchte ich hiermit danken. Vielen, vielen Dank.
Ich wünsche Ihnen noch ganz viel Freude, Gesundheit und Frieden!
Viele liebe Grüße
Lena (14 Jahre alt) ☺

Liebe Erna,

ich bin sehr berührt von der Geschichte die uns von ihnen erzählt wurde. Ich möchte innen sagen, dass sie den Auftrag ihrer Mutter sehr gut erledigt haben. Ich wünsche ihnen, dass sie trotz dieser unmenschlichen Lebensgeschichte ihren Frieden finden und Menschen um sich haben, die sie glücklich machen. Außerdem wünsche ich ihnen für die weiteren Jahre Glück, Gesundheit und Liebe.

Viele herzliche Grüße,

Lucy, ♡
(13 Jahre)

Liebe Erna de Vries,

Ich habe heute in der Schule ihre Geschichte gehört. Ich war sehr geschockt was Ihnen damals passiert ist und habe für sowas kein Verständnis.

Ich war sehr beeindruckt, dass sie mit ihrer Mutter gegangen sind. Das zeigt sehr viel Mut und wie wichtig ihre Mutter Ihnen ist. Als ich gehört habe das sie an ihrem 20. Geburtstag einmal satt werden wollen, aber Ihnen das Brot gestohlen wurde, war ich sehr gerührt und kann mir überhaupt nicht vorstellen was das für eine Enttäuschung gewesen war.

Ich finde es gut das ihre Geschichte weiter erzählt wird und hoffe und würde mich für sie freuen, wenn das noch viele Jahre weiter erzählt wird.

Ich wünsche Ihnen viel Gesundheit und noch viele schöne Momente mit ihrer Familie und Freunden.

Liebe Grüße, Katharina, 15 Jahre

STUMM

189.000 Überlebende der Schoah
geboren in Europa,
leben heute in Israel

WARUM EIN STUMMES PORTRÄT?

Anna Damm und Sarah Hüttenberend sind 2011 nach Israel gefahren, weil sie von diesen Menschen gehört haben. Überlebende, die Unaussprechliches erleben mussten. Die aus ihrer Heimat vertrieben, in Israel auf eine gute Zukunft hofften, heute aber immer noch unter Armut, Krankheit und Einsamkeit leiden. Unser Projekt sollte ursprünglich ein möglichst vollständiges Bild der Situation mit positiven und negativen Seiten zeichnen: Menschen, die die Kraft hatten weiterzumachen, ebenso wie diejenigen, die mit dem Schatten des Erlebten nicht mehr fähig waren, ein geregeltes Leben zu führen.

Vielen Überlebenden ist es, selbst vertrauten Personen gegenüber, nicht möglich, über das Vergangene zu sprechen. Doch um nicht ein falsches Bild von immer glücklichen und versöhnten Überlebenden zu vermitteln, ist es uns ein großes Anliegen, diese Lücke zumindest symbolisch zu füllen. Wir möchten in Gedenken an die Überlebenden, deren Leben bis heute durch die Nationalsozialisten zerstört worden ist, ein Bild leer lassen.

»Es ist absolut inakzeptabel, dass sich Holocaust-Überlebende in Israel täglich zwischen Essen und Medikamenten entscheiden müssen.«

Nathan Durst, AMCHA

DIE AUSWIRKUNGEN DER SCHOAH BIS HEUTE

Derzeit leben 189.000 Zeitzeug*innen der Schoah in Israel — jede*r Vierte von ihnen unterhalb der Armutsgrenze. Sie müssen sich täglich entscheiden, ob sie Nahrung oder Medikamente kaufen.

Nach dem Ende des Krieges kamen sie voller Hoffnung in ein neues Land. Dieses Land sollte ihnen die so lang entbehrte Sicherheit, Akzeptanz, Geborgenheit und Heimat wiedergeben. Doch was sie vorfanden war ein gerade gegründeter Staat, eine heterogene Gesellschaft, die sich miteinander arrangieren musste. Die dort lebenden Menschen waren nicht auf die starke Traumatisierung der Überlebenden vorbereitet und konnten ihnen kaum helfen. Viele erkannten ihr Leid und ihre Erlebnisse nicht an, wollten es schlichtweg nicht hören. Dieses gesellschaftliche Trauma ließ die Überlebenden verstummen.

Bis heute haben viele nicht wieder angefangen zu reden, dabei sind es gerade die Stummen, denen zugehört und geholfen werden müsste. So ist es, laut Nathan Durst, AMCHA, »sehr leicht, diese Opfer zu vergessen, denn sie machen keinen Lärm«.[3]

Die Überlebenden der Schoah konnten lange Zeit keinen Lärm machen. Ihnen fehlte die Kraft, über das Erlebte zu sprechen. Immer wieder werden sie von ihren Erinnerungen überwältigt. Ein Geruch, ein Geräusch, ein Wort oder ein Bild können dazu führen, dass der lange errichtete Schutzwall aus Schweigen und Verdrängen, die Mauer zwischen dem gegenwärtigen Leben und den Erinnerungen an die Schoah einbricht. Dieser Teil ihrer Identität, das extreme Trauma der Schoah, wird wieder gegenwärtig und überwältigt die Überlebenden.[4]

Die meisten Menschen in unserem Kulturkreis können sich ein Leben mit solch einer Traumatisierung kaum vorstellen. Wir wachsen heute zumeist in Sicherheit, mit dem Schutz und der Geborgenheit einer Familie und der Vertrautheit einer Heimat auf. Für viele von uns ist Heimat mehr ein Gefühl als ein Ort; wir verbinden damit Familie, Freunde, Respekt, Wertschätzung und Akzeptanz.

---

[3] *http://www.sueddeutsche.de/politik/holocaust-ueberlebende-in-israel-die-vernachlaessigten-opfer-1.637149, letzter Zugriff 03.07.2018.*

[4] *Vgl.: Grünberg, Kurt/Markert, Friedrich: Child Survivors – geraubte Kindheit, in: Werner Bohleber (Hrsg.): Psyche. Zeitschrift für Psychoanalysen und ihre Anwendungen, Heft 5, 2016, S.430.*

Freuen wir uns über etwas, trauern oder werden verletzt, teilen wir das mit unserer Familie und unseren Freunden. Teilen lässt unsere Freude größer werden, vermag Trauer zu lindern und Verletzungen zu heilen. Diese Sicherheiten fehlten den Überlebenden. Sie hatten alles verloren: ihre Heimat, ihre Familie, ihre Freunde, ihre Identität, ihren Namen, sich selbst.

Nach dem Krieg versuchten sie, sich ein neues Leben aufzubauen. Doch woran sollten sie sich orientieren? Das Leben »davor« war weit weg, sie kannten es kaum noch oder gar nicht. Selten gab es noch jemanden aus ihrer Familie oder von ihren Freunden, der*die ihnen hätte helfen können, die Trauer zu lindern, Verletzungen zu heilen oder die noch so kleinste Freude zu teilen. So erlitten die Überlebenden in der Nachkriegszeit ein soziales Trauma: Diejenigen, die sie so sehr brauchten und die ihnen hätten helfen können, waren ermordet worden.

Die Traumatisierung durch die Schoah betrifft jedoch nicht nur die Überlebenden: Sie geben ihre Gefühle von Angst und Verlust an ihre Kinder weiter, weswegen auch diese häufig psychologische Hilfe suchen.

Auch wenn die Überlebenden lange geschwiegen haben, fangen einige von ihnen im Alter an zu sprechen. Sie kämpfen mit Depressionen, Einsamkeit, Sorgen, Albträumen, Schuldgefühlen und Ängsten. Das Trauma der Schoah setzt sich fort; es ist wie eine »sich [...] nicht schließende Wunde [...]«.[5]

Die Schoah ist kein Ereignis, das mit dem 8. Mai 1945 endete. Sie ist über 70 Jahre später in den Überlebenden, ihren Kindern und in unserer Gesellschaft spürbar und wirksam. Wie wir heute lernen, erinnern und weitergeben ist wesentlich dafür, wie die Schoah und ihre Auswirkungen in der Erinnerungskultur und in einer Zukunft ohne Zeitzeug*innen wahrgenommen werden.

Von Vanessa Eisenhardt, Leiterin der Bildungsarbeit von HEIMATSUCHER e.V.

[5] *Platt, Kristin: Historische und traumatische Situation. Trauma, Erfahrung und Subjekt. Reflexionen über die Motive von Zerstörung und Überleben, in: Mihran Dabag, Antje Kapust und Bernhard Waldenfels (Hg.): Gewalt. Strukturen, Formen, Repräsentationen, München 2000, S. 260.*

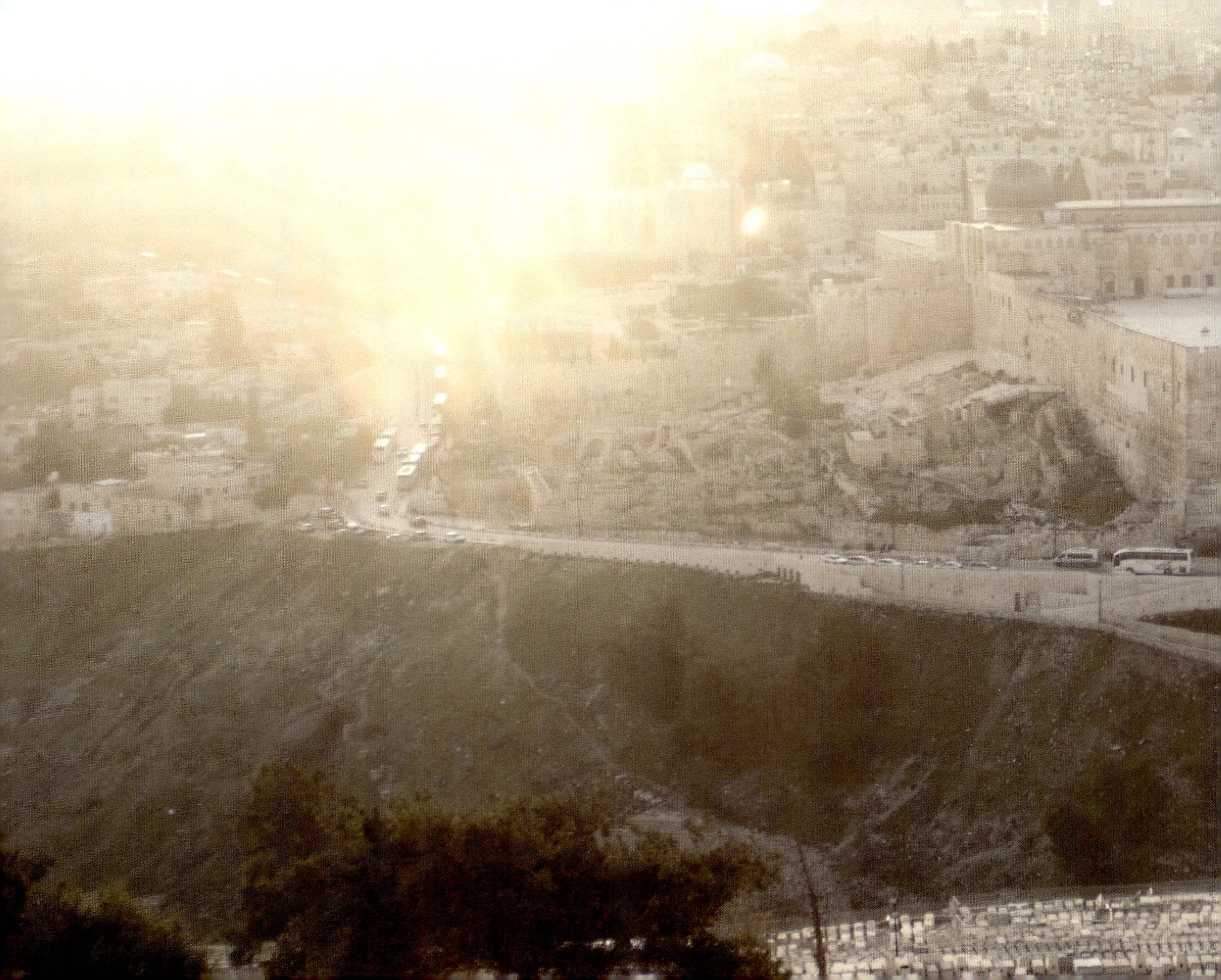

AUSBLICK

EIN VEREIN – VIELE STIMMEN

Was als studentisches Projekt der zwei Gründerinnen begann, ist zu einem lebendigen Verein herangewachsen. Mehr als 100 Ehrenamtliche wirken gemeinsam für die Vision von HEIMATSUCHER und finden im Verein Menschen, die sich, wie sie selbst, gegen Rassismus und Antisemitismus einsetzen. Die Lebensgeschichten der Zeitzeug*innen machen ihnen Mut, Widerstand zu leisten, Brücken zu bauen, verantwortlich für ihre Überzeugungen einzustehen und aktiv unsere Zukunft als Zweitzeug*innen mitzugestalten. Sie sind es, die unseren Verein mit Leben füllen.

Ein letztes Interview mit einigen unserer Ehrenamtlichen soll einen Blick hinter die Kulissen und einen Ausblick auf eine mögliche Zukunft unserer Arbeit ermöglichen.

2018, Deutschland

HEIMATSUCHER bedeutet für mich...

Ruth Künzel: ...eine Art geistige Heimat, denn hier kann ich mit vielen Gleichgesinnten auf Augenhöhe zusammenarbeiten, Diskurse über die Zeit des Nationalsozialismus führen, didaktische Konzepte oder auch die Außendarstellung des Vereins diskutieren, neue Erfahrungen sammeln.

Franziska Penski: ...einen Ort zu haben, an dem ich mich für eine Herzensangelegenheit einsetzen kann.

Marina Kauffeldt: ...die Möglichkeit, immer wieder über mich selbst hinauszuwachsen. Hier wird an mich geglaubt, HEIMATSUCHER macht mich stark und glücklich.

Wiebke Hiemesch: ...ein Team, das unendlich viel Energie aufwendet, weil es daran glaubt, mit seiner Arbeit etwas bewegen zu können.

Steven Hensel: ...Freundschaft in ganz unterschiedlichen Ausprägungen: zwischen Zeitzeug*innen, Vereinsmitgliedern und Schüler*innen und zwischen vielen der unterschiedlich alten Ehrenamtlichen in ganz Deutschland. HEIMATSUCHER ist schlichtweg generationsübergreifend.

Vanessa Eisenhardt: ...eine ganz konkrete Möglichkeit zu handeln. Bevor ich HEIMATSUCHER kennengelernt habe, wollte ich mich schon länger ehrenamtlich engagieren. Ich war auf der Suche nach einer Möglichkeit, mich gesellschaftlich und auch ein Stück weit politisch einzubringen. Nachdem ich Herrn Pluznik, Katharina und Sarah erlebt hatte, war mir schnell klar, dass ich endlich gefunden habe, was ich gerne machen wollte. HEIMATSUCHER bedeutet für mich auch Wertschätzung und viel Liebe. Ich hatte von Anfang an das Gefühl, willkommen zu sein und wertgeschätzt zu werden. Wundervoll war und ist für mich die Erfahrung, dass mir Vieles zugetraut wurde und ich auf diese Weise Einiges erreichen konnte, von dem ich nie erwartet hätte, dass ich das kann.

Philipp Tybus: ...einen Ort zu haben, an dem ich dabei mitwirken kann, eine Brücke zwischen Alt und Neu, zwischen Geschichte und Gegenwart zu schlagen. Und dabei stehen immer die Menschen im Vordergrund: die Überlebenden, deren Geschichten wir erzählen, die Schüler*innen, die wir erreichen; aber auch die tollen Menschen, die sich bei HEIMATSUCHER engagieren und die auch mir das Gefühl geben, hier im Verein eine Art »Heimat« zu haben.

Warum engagierst Du Dich bei HEIMATSUCHER? Philipp Tybus: Wegen der immer wieder inspirierenden Menschen, die wir treffen und die zeigen, dass Menschlichkeit das Wichtigste ist, was wir auf dieser Welt haben und jungen Menschen vermitteln können.

Franziska Penski: Weil ich meinen Teil dazu beitragen will, die Welt ein bisschen besser zu machen. Wie sagten schon Die Ärzte so schön: »Es ist nicht deine Schuld, dass die Welt ist, wie sie ist, es wär nur deine Schuld, wenn sie so bleibt!« Schon seit meiner Schulzeit ist es mir ein persönliches Anliegen, mich gegen Diskriminierung in jeglicher Form stark zu machen, und HEIMATSUCHER bietet mir einen Platz, um dies mit einem liebevollen und engagierten Team zu tun.

Ksenia Eroshina: HEIMATSUCHER vereint für mich viele Werte, die ich wichtig finde: Einerseits wäre da die wissenschaftliche Aufarbeitung des Holocausts. Wir befinden uns ständig im Dialog mit anderen Akteuren der historisch-politischen Bildung, reflektieren unsere Arbeit aus interdisziplinären Perspektiven, aus den Erziehungs- und den Geschichtswissenschaften und wagen neue und wichtige Methoden, sei es die Oral History oder den Einsatz von Geschichten Überlebender ab der 4. Klasse. Andererseits ist es der wertvolle und vor allem wertschätzende Umgang auf so vielen Ebenen, der mich beeindruckt und auch mich selber immer wieder reflektieren lässt: Welcher Mensch will ich sein und wie gehe ich mit meinem Gegenüber um? Sei es im Umgang mit den Überlebenden, mit den Schüler*innen, aber auch besonders in einem so großen Team! Ich durfte ganz wundervolle, begeisterte und engagierte Menschen kennenlernen!

Steven Hensel: Weil ich leider die Notwendigkeit sehe, die Jugend, die in den meisten Fällen absolut keine Schuld trifft, dass sie nichts über das größte Menschheitsverbrechen weiß, gegen Diskriminierung und Ausgrenzung stark zu machen.

Ruth Künzel: Seit der 6. Klasse habe ich mich immer wieder intensiv mit dem Nationalsozialismus und der Verfolgung insbesondere der jüdischen Bevölkerung auseinandergesetzt, zunächst im schulischen und familiären Kontext und durch das Lesen diverser Jugendromane zu dem Thema, später auch durch Praktika und Forschungsprojekte. Mit HEIMATSUCHER habe ich nun einen Verein gefunden, bei dem ich dieses Interesse teilen und mich gemeinsam mit anderen weiter damit auseinandersetzen kann. Denn wenn ich eins gelernt habe, dann, dass dieses Thema so viele Facetten aufweist, dass man nie auslernt.

Wiebke Hiemesch: Während meiner wissenschaftlichen Arbeit zu den verfolgten Kindern im Nationalsozialismus begegnete ich vielen Überlebenden nationalsozialistischer Zwangslager. Die Gespräche waren zutiefst beeindruckend und ich spürte den Wunsch, auch anderen davon zu berichten. Die Menschen vertrauten mir ihre Lebensgeschichten an, dafür war ich sehr dankbar und wollte sie für diese Menschen weitertragen, damit ihre Geschichten auch dann nicht vergessen werden, wenn sie nicht mehr leben. Mit HEIMATSUCHER habe ich andere Menschen gefunden, die ähnlich bewegt und motiviert wurden und die daraus ein Konzept für die Bildungsarbeit mit Kindern und Jugendlichen entwickelten.

▶

Was bedeutet das Thema der Schoah für Dich? *Franziska Penski:* Das Thema bedeutet mir sehr viel, da es ein Thema ist, welches gerne in den Hintergrund geschoben wird. »Das Thema hatten wir jetzt schon tausend Mal!«, »Man muss die Vergangenheit auch mal ruhen lassen!«. Doch nur, wer aus den Taten der Vergangenheit lernt, kann für die Zukunft bessere Entscheidungen treffen.

Besonders deutlich wird dies heutzutage in Bezug auf die Flüchtlingskrise oder den Aufstieg von Parteien wie der AfD. Wir müssen heute handeln, um unsere Zukunft zu gestalten! Wir haben in der Hand, was passieren wird, und daher ist es so wichtig, vergangene Themen präsent zu halten.

Steven Hensel: Es ist für mich als erwachsener Mann immer noch unbegreiflich, dass Menschen anderen Menschen so etwas antun können. Und das im wahrsten Sinn des Wortes: Ich kann es nicht begreifen und mir kaum vorstellen.

Deshalb ist es so wichtig, Schülerinnen und Schüler durch Erfahrungen aus der Vergangenheit in der Gegenwart fit für die Zukunft zu machen.

Marina Kauffeldt: Das Thema beschäftigt mich schon seit meiner Kindheit und hat mich immer bewegt. Ich habe schon als Kind viele Fragen gestellt und hatte das Glück, dass niemand gesagt hat: »Du bist zu jung dafür.«, sondern dass mir meine Fragen altersentsprechend beantwortet wurden und ich immer ermutigt wurde, mich weiter damit zu beschäftigen.

Warum sollten sich gerade junge Menschen dafür interessieren? *Ruth Künzel:* Der Nationalsozialismus und die Schoah sind auch heute noch ein wichtiger Bestandteil der deutschen Erinnerungskultur. Sie begegnen uns in Film und Fernsehen, in der Literatur, an öffentlichen Orten in Form von Denkmälern sowie in der politischen Auseinandersetzung. Um sich an erinnerungskulturellen Diskussionen beteiligen zu können, ist es essenziell, sich mit der Geschichte auseinanderzusetzen — egal, woher man kommt. Die Überlebensgeschichten bieten dabei einen persönlicheren Zugang zu einem komplexen Thema, das häufig nicht greifbar erscheint, wenn man sich allein die Zahlen vor Augen führt.

Franziska Penski: Besonders junge Menschen haben einen großen Einfluss darauf, wie unsere Zukunft einmal aussehen wird. Viele ältere Leute wollen über das Thema »Holocaust« nicht mehr reden und daher wird es totgeschwiegen. Doch es ist wichtig, die Geschichten weiterzutragen, damit sie nicht in Vergessenheit geraten, und dafür brauchen wir die jungen Generationen.

Wiebke Hiemesch: HEIMATSUCHER gibt jungen Menschen einen Zugang zu Geschichte als eine gelebte Geschichte. Mit Lebensgeschichten vermittelt der Verein ein historisches Bewusstsein. Das tut er jedoch nicht durch abstrakte Zahlen und Zusammenhänge, sondern indem die Ehrenamtler*innen den Kindern und Jugendlichen Begegnungen mit individuellen Lebensverläufen ermöglichen. Die Schoah rückt zeitlich immer weiter von der Gegenwart weg. Umso wichtiger ist es, dass junge Menschen verstehen, dass eine dauerhafte Aufgabe darin liegt, gegen Unrecht und Rassismus zu kämpfen. Die Arbeit von HEIMATSUCHER trägt dazu bei, dass Kinder und Jugendliche erkennen, dass sie Geschichte mitgestalten und es in ihrer Verantwortung liegt, Menschenrechtsverbrechen zu verhindern.

Wie hat die Arbeit bei HEIMATSUCHER Dein Leben beeinflusst? *Vanessa Eisenhardt:* Ich weiß Kleinigkeiten mehr zu schätzen, wie zum Beispiel, dass sich jemand meinen Namen merkt und mich mit diesem anspricht. Das bedeutet für mich die Anerkennung von Identität und Individualität. Auch wenn es nur ein einzelnes Wort ist, drückt es für mich Respekt und Wertschätzung aus.

Ruth Künzel: Ich hinterfrage meinen Sprachgebrauch häufiger. Verwende ich unbewusst Täter*innensprache, da sie in den normalen Sprachgebrauch übergegangen ist (z.B. der Begriff »asozial«)? Schließe ich mit meiner Sprache bestimmte Gruppen aus? Impliziert sie Gewalt?

Franziska Penski: HEIMATSUCHER hat mir einen Ort gegeben, an dem ich so sein kann, wie ich bin. Und ich habe einen Platz gefunden, an dem ich mich für eine Herzensangelegenheit einsetzen kann.

Marina Kauffeldt: Es hat mich selbstsicherer gemacht. Ich traue mir jetzt mehr zu und kann meinen eigenen Standpunkt auch besser vertreten. Ich glaube, es ist gerade heute in unserer Gesellschaft wichtig, sich eine eigene reflektierte Sichtweise zu bilden und diese dann auch vertreten zu können.

Wiebke Hiemesch: Das Engagement vom HEIMATSUCHER-Team beeindruckt mich sehr und steckt an, Neues denken und wagen zu wollen.

Steven Hensel: Ich versuche, die vielen Lebensweisheiten und Ratschläge der Überlebenden auf mein Leben zu übertragen. Das bedeutet manchmal auch, unbequeme Sachen anzusprechen und für die eigenen Überzeugungen aufzustehen, wenn etwas Unrechtes passiert. Schweigen ist unterlassene Hilfeleistung.

Was ist Dein schönster HEIMATSUCHER-Moment? *Marina Kauffeldt:* Es ist unglaublich schwierig, einen Moment auszuwählen. In den letzten drei Jahren habe ich unglaublich viele tolle Sachen durch HEIMATSUCHER erlebt und durfte sehr viel lernen. Ich habe beeindruckende und tolle Menschen kennengelernt.

Einer der schönsten Momente war es wahrscheinlich für mich, als ich Rolf Abrahamsohn zum ersten Mal in seiner Wohnung besucht habe und ihm einen unglaublichen Stapel von über 60 tollen Kinderbriefen übergeben durfte. Ich habe ihm Briefe vorgelesen und gemerkt, wie sehr ihn die Worte der Kinder bewegten.

Steven Hensel: Als die Zeitzeugin Elisheva auf einem gemeinsamen Gruppenfoto mit anderen Ehrenamtler*innen meine Hand genommen hat und sie ganz fest gedrückt hat. Zudem gibt es viele weitere kleine Momente, wie die Beerdigung meines Freundes Wolfgang Lauinger auf einem jüdischen Friedhof, intensive Zeitzeug*innengespräche und die unterschiedlichsten Reaktionen von Schüler*innen bei Schulbesuchen.

Ruth Künzel: Da gibt es so viele. Das ist schwer, da einen rauszusuchen. Vielleicht die Begegnung mit Leon Weintraub in Oświęcim und dann fast ein Jahr später das Interview mit ihm in Stockholm.

Franziska Penski: Ein Treffen mit Eva Weyl und Micha Schliesser. Es war ein ganz besonderes Treffen in Evas Wohnung in Amsterdam. Es war so, als würde man gute Freunde besuchen gehen. Wir verbrachten einen schönen Nachmittag mit netten Gesprächen und gutem Essen!

Ksenia Eroshina: Es sind die Momente der Wertschätzung, die ich jeden Tag seit bereits zwei Jahren von und für jede*n Ehrenamtliche*n bei HEIMATSUCHER erlebe!

Das ist das große Vertrauen der Zeitzeug*innen, das sie uns entgegenbringen, und die berührten Antworten auf die Briefe der Kinder und Jugendlichen!

Das sind die stillen Momente mit den Schüler*innen, die plötzlich begreifen, dass Geschichte nicht nur ein langer Text im Geschichtsbuch ist, sondern auch noch Spuren im Heute hinterlässt!

Das ist ein einfaches »Danke!« für das Engagement für den Verein, von Lehrer*innen, Mitgliedern und allen, die sich von der Arbeit der HEIMATSUCHER begeistern lassen.

Gab es einen Moment, in dem Du dachtest »Da muss ich mitmachen!«? *Steven Hensel:* In dem Moment, als ich Chava Wolf in dem Video sah, in dem sie sagte, dass ihr zum ersten Mal jemand zuhöre und sie als Menschen sehe, und dass die Schüler*innenbriefe eines der schönsten Geschenke in ihrem Leben gewesen seien. Ich habe jedes Mal Gänsehaut am ganzen Körper.

Franziska Penski: Ein Treffen mit dem Holocaust-Überlebenden Leon Weintraub. Ein Zitat von ihm begleitet mich seitdem tagtäglich: »Jeder Mensch ist ein Mensch!« Ein so kurzer und simpler Satz, dessen Bedeutung sich kaum in Worte fassen lässt!

Egal, welche Religion, Herkunft, Hautfarbe, Sexualität usw. wir haben, wir sind in erster Linie alle Menschen und jeder hat es verdient, als solcher behandelt zu werden. Dafür will ich mich einsetzen und stark machen. Und ich möchte die Geschichten dieser besonderen Menschen weitererzählen, damit sie nicht in Vergessenheit geraten. Denn sie haben es verdient, gehört zu werden!

Ruth Künzel: Im September 2015 fand im Café Fleur in Köln eine HEIMATSUCHER-Veranstaltung mit der Zeitzeugin Tamar Dreifuss statt. Danach stand für mich fest, hier möchte ich wirklich aktiv mitarbeiten.

Wie hat HEIMATSUCHER Deine Sicht auf die Schoah verändert? *Ruth Künzel:* Meine Sicht ist persönlicher geworden. Hinter den Zahlen stecken nun ganz deutlich einzelne Menschen, deren Geschichten ich kenne. Auch mit vielen Orten verbinde ich nun einzelne Schicksale. Dadurch wird mir auch bewusst, wie unterschiedlich die Verfolgung im Nationalsozialismus erlebt und wahrgenommen wurde und dass eine Reduzierung auf Auschwitz den Schicksalen und dem Ausmaß der Verfolgung und Ermordung insbesondere der jüdischen Bevölkerung Europas, aber auch u.a. der Sinti und Roma, der Homosexuellen und der politisch Verfolgten nicht gerecht wird.

Franziska Penski: Es ist auch für mich ein persönlicheres Thema geworden. Menschen zu treffen, die diese schlimme Zeit überlebt haben, macht für mich den Holocaust nahbarer. Zu wissen, dass noch Menschen leben, die diese Zeit miterlebt haben, zeigt mir, wie nah diese Vergangenheit noch ist. Außerdem hat mich HEIMATSUCHER sensibler für heutige Themen gemacht. Ich werde wütend, wenn ich im Fernsehen sehe, wie Flüchtlingsunterkünfte niedergebrannt werden oder wie Menschen mit »Ausländer raus!«-Schildern rumlaufen. Wir können noch so viel aus der Vergangenheit lernen, wenn wir uns ihr stellen und sie nicht verschweigen.

Vanessa Eisenhardt: Durch mein Geschichtsstudium mit den Schwerpunkten Täter- und Gewaltforschung im Kontext des Holocausts war ich mit dem Thema schon vorher sehr vertraut. Allerdings war es trotzdem sehr weit weg von meinem eigenen Leben. Für mich war der Holocaust ein bloßes Forschungsinteresse. Dadurch, dass ich bei HEIMATSUCHER die Menschen kennengelernt habe, deren Schicksal in der Fachliteratur immer wieder analysiert wurde, ist für mich der Holocaust näher gerückt und etwas ganz Persönliches geworden.

Philipp Tybus: Geschichte, gerade die Zeit des NS-Regimes, darf nie vergessen werden. Sie sollte aber auch nie nur rückblickend betrachtet werden und für sich stehen. HEIMATSUCHER hat mir noch einmal sehr bewusst gemacht, dass hinter jeder Geschichte Menschen und Schicksale stehen, die einem auch heute noch ans Herz gehen sollten, damit man aus diesen individuellen Geschichten und der Geschichte von Verfolgung und Überleben wirklich etwas lernen kann.

Wie stellst Du Dir die Zukunft von HEIMATSUCHER vor? *Ksenia Eroshina:* Ich glaube das, was HEIMATSUCHER für mich ganz besonders macht, ist gerade die bewegte Geschichte des Vereins selber. Die Entwicklung des Vereins hätte sich wohl keine der Gründerinnen und auch nicht wir Ehrenamtlichen vorstellen können. Angefangen hat das Ganze mit einer kleinen Idee, einem studentischen Projekt. Was daraus geworden ist, ist der Wahnsinn: Über 1.500 Schüler*innen wurden 2017 erreicht, wer hätte das noch vor sieben Jahren gedacht? All die Preise, all die Kontakte, so viele Ehrenamtliche. Die vielen berührenden, fröhlichen, traurigen Momente. Der Verein ist so gesund und Schritt für Schritt gewachsen, und mittlerweile investieren so viele tolle und unterschiedliche Menschen Zeit und Kraft in die Vision des Vereins. Ich hoffe und glaube, dass der Verein auch zukünftig an dieser Vision festhalten wird: Den Menschen eine Stimme geben, die dann möglicherweise nicht mehr selber von der Vergangenheit berichten können. Ich glaube, die Arbeit von HEIMATSUCHER wird in 10 Jahren sogar noch viel wichtiger sein als jetzt. Ich hoffe, unsere Vision, als Zweitzeug*innen die Verantwortung dafür zu tragen, dass die (Über-)Lebensgeschichten von Holocaust-Überlebenden nicht vergessen werden, wird viele viele weitere Menschen dazu bewegen, sich genau dafür einzusetzen und mitzumachen.

Vanessa Eisenhardt: Ich wünsche mir, dass HEIMATSUCHER immer größer wird. Es sollen noch unzählige Begegnungen, Interviews, Ausstellungen und vor allem Schulprojekte stattfinden. Durch meine Arbeit sind mir so wundervolle und großartige Menschen begegnet und ich möchte, dass das noch mehr Menschen erleben können.

Philipp Tybus: Das Ziel wird es sein, als Verein zu wachsen, um mit unserer Arbeit noch mehr junge Menschen erreichen zu können. Dazu gehört es, professionelle Strukturen und Prozesse, also ein »Fundament«, aufzubauen. Gleichzeitig bin ich mir sicher, dass bei HEIMATSUCHER das Herz und die Menschen immer im Vordergrund stehen werden: Professionalität und Menschlichkeit funktionieren hier zusammen!

Steven Hensel: Ich wünsche HEIMATSUCHER, dass der Verein für viele Jahre seine wichtige Arbeit weiter fortsetzen kann. Ich hoffe, dass wir langfristige Maßnahmen in der Bildungsarbeit bewerkstelligen können, die finanziert und inhaltlich optimiert für lange Zeit Bestand haben werden.

278

Erinnerung ist eine Aufgabe, der sich jede Generation von Neuem stellen muss. Wir sind von Herzen dankbar, dass immer wieder unglaublich engagierte, neugierige, kritische, herzliche, verantwortungsbewusste und respektvolle Menschen Teil unserer Arbeit werden. Ihr seid dieser Verein und gemeinsam werden wir Vergangenheit bewahren und Zukunft gestalten.

Danke jedem*r Einzelnen von Euch!

Wir möchten mit den Überlebensgeschichten (jungen) Menschen auch zukünftig einen emotionalen Zugang zur Verfolgung während des NS-Regimes ermöglichen und sie stark machen, sich für eine Gesellschaft ohne Rassismus und Antisemitismus einzusetzen.

Unsere Vision

WIR DANKEN

KNIPEX-Werk, C. Gustav Putsch KG,
allen 67 Unterstützer*innen unserer betterplace-Kampagne,
Buch- und Offsetdruckerei H. Heenemann GmbH & Co. KG, Buchbinderei buks! GmbH, Reinhart & Wasser Bibliotheks- und Verlagsbuchbinderei GmbH sowie Papier Union GmbH, mit deren Hilfe die Gestaltung und der Druck finanziell möglich gemacht wurde.

Das Herzstück dieses Buchs sind die Lebensgeschichten der Zeitzeug*innen. Sie haben uns mit offenen Armen in ihre Wohnungen und in ihr Leben eingeladen. Sie haben ganz private, unvorstellbar schreckliche und ebenso die schönen Momente mit uns geteilt. Wir können nicht in Worte fassen, wie dankbar wir Ihnen dafür sind und versuchen Ihnen unsere Dankbarkeit besonders durch unsere Arbeit im Verein, durch die vielen Briefe von Kindern und Jugendlichen und auch mit diesem Buch zu zeigen.

Immer wieder beeindruckt sind wir von den so einfachen und gleichzeitig treffenden Worten, die die Kinder und Jugendlichen in ihren Briefen an die Zeitzeug*innen finden. Was die meisten Erwachsenen sprachlos werden lässt, ermutigt sie, ihren Gefühlen Ausdruck zu verleihen. Wir könnten keinen besseren Ausblick im Anschluss an jedes Interview finden, als diese Briefe. Danke für Eure mutigen Herzen und Eure Worte.

Aus einem Projekt von fünf Studentinnen ist in den letzten Jahren die Arbeit von über 100 Ehrenamtlichen geworden. Jede*r Einzelne von ihnen hat Teil an diesem Buch und so gilt auch unser Dank dem gesamten Ehrenamtsteam. Danke für Euer Engagement, die unglaubliche Arbeit und die Herzensfreude, mit der Ihr helft zu Erinnern und Weiterzugeben.

Ein letzter Dank gilt Carina Gödecke, die uns mit der Veröffentlichung der ersten Auflage 2012 kennengelernt hat und uns seither auf unserem Weg begleitet und immer wieder unterstützt.

ISBN 978-3-935431-54-5